普通高等教育新工科电子信息类课改系列教材

U0617327

数字电子技术基础

主　编　王中训

副主编　李　辉

参　编　胡国四　韩吉衢　王金伟

西安电子科技大学出版社

内 容 简 介

本书共 8 章，内容包括逻辑代数基础知识、门电路、组合逻辑电路、触发器、时序电路、脉冲波形的产生与整形、数模与模数转换器以及 Verilog HDL 语言等。附录为常用集成电路芯片介绍。

本书紧密结合课程改革和最新人才培养方案要求，内容编排突出基础知识的系统性和内容叙述的连贯性，适应少学时课程教学，便于学生自学。本书语言通俗易懂，注重培养学生对基本概念和基础知识的理解能力和实际应用能力。

本书可作为普通高等学校电子科学与技术、电子信息工程、通信工程、物联网、自动化、电气工程等相关专业本科生"数字电子技术基础"课程的教学用书，也可作为相关工程技术人员的参考书。

图书在版编目(CIP)数据

数字电子技术基础/王中训主编. --西安：西安电子科技大学出版社，2024.6
ISBN 978 - 7 - 5606 - 7247 - 2

Ⅰ. ①数… Ⅱ. ①王… Ⅲ. ①数字电路—电子技术—高等学校—教材 Ⅳ. ①TN79

中国国家版本馆 CIP 数据核字(2024)第 073821 号

策　　划　毛红兵
责任编辑　薛英英
出版发行　西安电子科技大学出版社(西安市太白南路 2 号)
电　　话　(029)88202421　88201467　　邮　编　710071
网　　址　www.xduph.com　　　　　电子邮箱　xdupfxb001@163.com
经　　销　新华书店
印刷单位　陕西精工印务有限公司
版　　次　2024 年 6 月第 1 版　2024 年 6 月第 1 次印刷
开　　本　787 毫米×1092 毫米　1/16　印张　16.5
字　　数　389 千字
定　　价　48.00 元
ISBN 978 - 7 - 5606 - 7247 - 2
XDUP 7549001 - 1

＊＊＊如有印装问题可调换＊＊＊

前　言
Preface

　　本书作为电子技术与应用方面各专业重要基础课程的教材，内容涵盖了数字信号的编码与表达，数字信息的运算、存储、记忆、测量、传输与控制等基础理论知识，以及硬件的基本工作原理和软件初步实现方式。通过学习本书，学习者能够了解数字电子技术方面的基本概念、基础知识，并掌握基本技能，包括典型数字电路的分析与设计的能力，计算机系统、通信设备以及各类专用芯片等大规模集成电路系统基础知识的理解和应用能力等。

　　本书是作者结合多年来的教学研究与实践、国内优秀教材以及学生的反馈编写而成的。根据新课改基本理念和教育部《普通高等学校教材管理办法》的精神，考虑到学时缩减和专业课程群建设对课程学习提出的要求和带来的变化，本书在编写上，一方面坚持基础知识呈现的系统性和全面性，对数字逻辑基本概念和电路工作原理进行了多角度的考察和讨论，为学生后续课程的学习打下坚实基础；另一方面则着力于压缩篇幅、精炼内容，并处理好生产实践知识在入门阶段的复杂性问题。

　　近年来，随着计算机、电子技术、通信等领域的高速发展，芯片集成架构和设计理念不断融合，新的工具和新的技术手段快速迭代，新的产品形态不断涌现，产业调整和重组方兴未艾，很多实用的概念和规则变得不再适用，一些宏观的分类边界也越来越模糊，这种形势发展为新教材的编写带来了一定的困难和挑战。在这种情况下，教材内容若能处理得当，就能够进一步激励和促进学生对专业知识的学习，否则会对学生学习并掌握基础知识产生冲击和不利影响。根据长期以来的教学实践和体会，编写过程中，我们从"数字电子技术基础"的基础课程定位出发，通过在教材中加强对基础知识关键问题和常见问题的讲解，力争把基本概念讲清，把原理机制讲透，确保学生在一些派生和引申的概念理解上不出现原则性偏差。本书在工程技术实践相关内容的更新和取舍上也贯彻了这一原则。本书遵循电路分析与电路设计并重的思路，在这方面的内容安排上没有对学生提出设计层面的更高要求。

　　具体内容上，本书第 1 章首先以简明的方式介绍了逻辑代数运算和逻辑函数变换的概况，使学习者对逻辑代数的普适性和完备性有充分的认知，从而能够深入领会逻辑代数在解决实际问题时的作用和价值。第 2 章和第 4 章对相关典型电路的演化作了简明扼要的回顾和说明，交代清楚了一些概念间的联系，其中，有些知识从技术上不见得是非常重要的，但却涉及一些极易引起初学者困惑的问题。要学好"数字电子技术基础"这门课程，应当坚持公式和抽象符号、图表、电路结构和软件编程有机结合的学习方式。第 3 章和第 5 章通过图表结合等方式深入剖析了多个综合性电路，考查了电路分析和电路设计的典型方法和诸多细节，启发学生从不同角度入手解决问题。第 6 章通过 555 定时器设计了施密特触发器、集成单稳触发器和多谐振荡器。第 7 章介绍了数模转换电路(D/A 转换器)和模数转换电路(A/D 转换器)的原理和设计。第 8 章简要介绍了 Verilog HDL 语言的基本语法和特点。本书提供，附录以方便学生使用和查阅参考，同时也可以使理论知识编排得更加紧凑。本书前 7 章在每章末均附有大量习题，供学生检验学习效果并提高解决问题的能力。

参与本书编写的大多数是长期承担"数字电子技术基础"授课任务的一线教师，包括王中训教授，李辉、胡国四、韩吉衢、王金伟 4 位副教授。

本书得到"电子信息科学与技术"国家一流专业建设点、山东省本科教学改革研究重点项目(Z2021052)的资助。

由于编者水平有限，不足之处在所难免，敬请读者批评指正。

编　者
2024 年 1 月

目 录
CONTENTS

绪　　论

信息技术是现代社会发展的三大支柱之一。随着信息科学、信息技术的迅猛发展和生产力水平的空前提高，全球信息化的浪潮几乎改变和重塑了社会生产和人们日常生活的每一个方面。作为现代信息技术的一个重大应用成果和当代信息资源开发利用的基础工作之一，信息的数字化使得文字、数据、声音、图像等各种类型的信息都可以按照一定的编码规则转变成相应的数字形式，具有方便复制、易于存储、快速传输和可以共享等特点，从而形成了信息资源不同于传统资源的独特性。数字化的信息通常以离散化的形式出现，这种离散性可能来自于离散过程本身，也可能来自于连续过程的量化。后者如连续变化的物理过程中对实验数据的记录。在这种情况下，观察结果往往通过采样的方式以表格形式呈现出来，从而量化或者离散化了过程的连续性。自然地，表格中的每个数字都是离散的信息元素。

数字系统本质上都是针对离散信号和离散过程的。如果问题本身就是离散化的，则数字系统就可以直接采用变量的自然形式加以处理。如果涉及的是连续过程变量，首先应当对连续变量本身进行量化或数字化。这时需要适当的模/数转换环节对连续过程变量进行采样和量化。所有数字电子系统中的信号只有两个离散信号值，对应一位二进制数字的 0 或 1。由于元器件本身的物理限制，今天的数字系统设计仅限于使用二进制信号。事实上，多值系统（如十进制）用电子电路实现困难、可靠性较低，而晶体管电路中晶体管的通断较易描述和控制：使通断分别代表两个可能的信号值，这样的电路制造相对容易，性能也更可靠。再加上人们日常的逻辑习惯，二进制数值的数字系统获得了更为广泛的研究和应用。

本书介绍数字逻辑系统的基本原理和基础知识，这类系统涵盖了人们熟悉的电子计算器、通用计算机、移动通信设备和各种专用芯片等。从信息的角度看，数字系统处理的是离散元素和符号，包括电脉冲、字符、数字和逻辑代数运算等。这些离散元素的组合和序列构成了信息表达的主体。借助布尔、图灵、香农和冯·诺依曼等人的创造性贡献，人们认识到，数字逻辑系统能够通过程序和指令实现信息处理、数据存储和任务传输，并在实时和大规模高速自动数据处理方面具备强大的技术优势和重要的应用价值。

人们日常生活中非常熟悉的一个数字逻辑系统是电子计算器，它的输入设备是键盘，输出设备则是一块数字显示屏。加、减、乘、除等运算指令通过功能键输入计算器，数据则由数字键输入。计算结果以数值形式直接显示在屏幕上。

下面我们简单介绍数字逻辑系统中一个极具代表性的典型例子：数字计算机。图

0.0.1 是数字计算机的结构示意图。存储单元中存储了程序以及输入输出和中间过程的数据；处理器单元执行算术运算和其他数据处理任务，即负责对程序指定的数据进行运算；控制单元监督管理不同单元之间的信息流动，根据指令内容指示处理器执行与指令内容对应的操作并管理和监控程序指令；计算机用户通过键盘等设备把程序和数据输入存储器，通过显示器或者打印机等输出设备把接收到的计算结果呈现出来。实际上，外围输入和输出设备也是由机电部件驱动并由数字电路控制的专用数字系统。

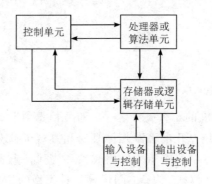

图 0.0.1　数字计算机结构示意图

　　虽然有些计算器和数字计算机很像，也有打印和可编程功能，但是数字计算机的功能远比计算器强大，它不仅能实现算术运算，还可以实现逻辑运算以及根据内外部条件通过编程实现决策。要理解数字计算机中每一个数字模块的运作机制，必须掌握数字系统的基础知识和一般性质。本书将介绍数字系统设计的基本工具，如二进制数码、逻辑代数和数字电路的基本模块等；进而介绍数字计算机处理器单元中的基本组件；另外，分别在组合电路和时序电路中介绍计算机存储器单元的工作原理和特性，而与控制单元有关的设计也会在体现时序电路基本原则的基础上进行讨论。

第1章 逻辑代数基础知识

数字电子计算机处理的是以二进制形式表示的离散信息元素,其他形式的离散信息元素(如十进制数)在计算机中都需要事先用二进制数进行编码,然后基于二进制信号和二值逻辑对数据进行处理。相应地,各种信息存取设备也以二值存储元件为基本单元。因此有必要首先介绍各种二值概念。

二进制逻辑涉及二值变量以及具有逻辑意义的操作,它用数学方式描述和实现二进制信息的处理,因此特别适用于数字系统的分析和设计。本章的一个主要任务是说明二进制逻辑等价于布尔逻辑,并用布尔逻辑代数的观点和方法研究数字逻辑电路和二进制信号。

1.1 数制、码制与二进制的应用介绍

1.1.1 数制与码制

1. 十进制数及其推广

一个十进制数,其不同位分别对应 10 的不同整数次幂。比如,十进制数 3608 可以理解为如下不同权重数字的组合:

$$3608 = 3 \times 10^3 + 6 \times 10^2 + 0 \times 10^1 + 8 \times 10^0$$

带有小数点的十进制数 3608.27 有如下表示:

$$3608.27 = 3 \times 10^3 + 6 \times 10^2 + 0 \times 10^1 + 8 \times 10^0 + 2 \times 10^{-1} + 7 \times 10^{-2}$$

十进制数也称为以 10 为基数(底)的数,因为最终记法里的系数需要乘以 10 的整数次幂来加权表示该系数的真实大小。二进制系统是另一个常用的数值系统,该系统中的系数只允许取 0 或 1,比如二进制数 11010.11。需要注意的是,无论是十进制数还是二进制数,它代表的都是一个实数。以上记法可以自然推广到其他进制。

一般地,基数为 $r(a_i < r)$ 的数字的计算公式为

$$a_n a_{n-1} \cdots a_1 a_0 \cdot a_{-1} a_{-2} \cdots a_{-m} = a_n \times r^n + a_{n-1} \times r^{n-1} + \cdots + a_1 \times r^1 + a_0 \times r^0 +$$
$$a_{-1} \times r^{-1} + a_{-2} \times r^{-2} + \cdots + a_{-m} \times r^{-m}$$

例如,十六进制数中每一位的系数有 16 种可能取值。若用 A 代表 10,B 代表 11,C 代表

12，……，F 代表 15，则 0～9、A～F 共 16 个符号表示出了当前位系数的全部可能取值。

基数为 r 的数字运算遵循和十进制算术运算规则类似的运算规则，其中，r 进制中每一位系数仅允许使用 r 种可能的符号。两个二进制数做加法时，每位的和也只能是 0 或 1，当前位若是两个 1 相加便给出向高一位的进位。做减法时，当前位若需向高一位借位，借 1 相当于当前位多出 2（十进制中借一位相当于当前位多出 10）。二进制的乘法更简单一些，因为乘数只能取 0 或者 1。当乘数为 0 时，当前位的积为 0；当乘数为 1 时，当前位的积等于当前位被乘数的值（假设此时低位没有向当前位进位）。以下是二进制数加、减、乘、除算术运算法则的示例。

$$
\begin{array}{llll}
\text{被加数：} 1011 & \text{被减数：} 1011 & \text{被乘数：} 101 & \\
\text{加数：} +1100 & \text{减数：} -1001 & \text{乘数：} \times 11 & \text{除数：} 101\overline{)1101}\ \overset{10}{} \\
\text{和：}\ \ 10111 & \text{差：}\ \ 0010 & \ \ 101 & \ \ -101 \\
& & +101 & \ \ \ \ 11 \\
& & \text{积：}\ 1111 &
\end{array}
$$

2. 数制转换

不同数制之间是可以相互转换的。二进制数可以转换为十进制数。一个二进制数代表系数为 0 或者 1 的一串数字，而每一位的权重由 2 的不同次幂给出。例如，将一个 4 位二进制数 1111 转换为与其等价的十进制数，可以由 2 的 4 个幂次之和求出。若将基数为 r 的数转换为等价的十进制数，则可以通过对每一个系数按照 r 的相应次幂加权后再求和得到。比如，二进制数 11010.11 对应的十进制数为 26.75。以十进制数为参照，将二进制数换算为十进制数的算法如下：

$$(11010.11)_2 = (1 \times 2^4 + 1 \times 2^3 + 0 \times 2^2 + 1 \times 2^1 + 0 \times 2^0 + 1 \times 2^{-1} + 1 \times 2^{-2})_{10} = 26.75$$

这里需要把右边括号内的加法运算理解为十进制数的加法。同样，把十六进制数换算为十进制数的算法如下：

$$(A61E)_{16} = (10 \times 16^3 + 6 \times 16^2 + 1 \times 16^1 + 14 \times 16^0)_{10} = (42526)_{10}$$

不同进制的数字间的对应关系如表 1.1.1 所示。

表 1.1.1　不同进制的数字间的对应关系

十进制 （基数 10）	二进制 （基数 2）	八进制 （基数 8）	十六进制 （基数 16）	十进制 （基数 10）	二进制 （基数 2）	八进制 （基数 8）	十六进制 （基数 16）
00	0000	00	0	08	1000	10	8
01	0001	01	1	09	1001	11	9
02	0010	02	2	10	1010	12	A
03	0011	03	3	11	1011	13	B
04	0100	04	4	12	1100	14	C
05	0101	05	5	13	1101	15	D
06	0110	06	6	14	1110	16	E
07	0111	07	7	15	1111	17	F

从十进制数到二进制数或者 r 进制数的转换也很方便。如果一个十进制数包括整数部分和小数部分，则每一部分需要单独转换。一个十进制整数转换为一个二进制整数的方法可以通过例子加以说明。

【例 1.1.1】　把十进制数 $(27)_{10}$ 转换为二进制数。

【解】　这是二进制数转换为十进制数的逆过程。首先，将 27 除以 2 得到整数商和余数，将得到的商再除以 2，得到新的整数商和新的余数，如此反复，直至得到的整数商为 0。把每一步得到的余数按产生的先后顺序从右到左排列，得到的就是给定十进制整数对应的二进制数。

$$
\begin{array}{ccc}
 & \text{整数商} & \text{余数} \\
\dfrac{27}{2} & 13 & a_0 = 1 \\[2mm]
\dfrac{13}{2} & 6 & a_1 = 1 \\[2mm]
\dfrac{6}{2} & 3 & a_2 = 0 \\[2mm]
\dfrac{3}{2} & 1 & a_3 = 1 \\[2mm]
\dfrac{1}{2} & 0 & a_4 = 1
\end{array}
$$

$$(27)_{10} = (a_4 a_3 a_2 a_1 a_0)_2 = (11011)_2$$

从十进制数到任意 r 进制数的转换类似，只需要在每一步中将除以 2 改为除以 r。

从十进制数小数到二进制数小数的转换需要用乘法，把需要转换的小数部分乘 2 取整。该方法可以通过如下例子说明。

【例 1.1.2】　把 $(0.35)_{10}$ 转换为二进制小数。

【解】　首先，把 $(0.35)_{10}$ 乘以 2，得到整数部分 0 和一个新的小数部分 0.7；再把得到的新的小数部分 0.7 乘以 2，得到新的整数 1 和新的小数部分 0.4；如此反复，直至得到的小数部分为 0 或得到的新的小数部分可以满足精度要求为止。然后把先后得到的整数部分从左到右在小数点后排列起来，即得到最终的转换结果。转换过程如下：

$$
\begin{array}{ccc}
 & \text{整数} & \text{小数} \\
0.35 \times 2 & 0 & 0.7 \\
0.7 \times 2 & 1 & 0.4 \\
0.4 \times 2 & 0 & 0.8 \\
0.8 \times 2 & 1 & 0.6 \\
0.6 \times 2 & 1 & 0.2 \\
0.2 \times 2 & 0 & 0.4 \\
0.4 \times 2 & 0 & 0.8 \\
0.8 \times 2 & 1 & 0.6 \\
0.6 \times 2 & 1 & 0.2 \\
0.2 \times 2 & 0 & 0.4
\end{array}
$$

$$(0.35)_{10} = (0.01\dot{0}11\dot{0})_2$$

把十进制小数转换为其他 r 进制小数可以通过类似操作，只要将乘以 2 改为乘以 r，并且注意取整部分只能为 $0 \sim (r-1)$。

【例 1.1.3】 把 $(0.125)_{10}$ 转换为八进制小数。

【解】 $(0.125)_{10} = (0.1)_8$。

同时具有整数部分和小数部分的十进制小数，在转换的时候需要把整数部分和小数部分分别按照上述步骤单独转换后再合并起来。综上易知：

$$(27.35)_{10} = (11011.010110)_2$$

最后讨论二进制数、八进制数和十六进制数之间的转换。由于 8 和 16 分别是 2 的 3 次方和 4 次方，因此每一个八进制数正好对应一个 3 位二进制数，每一个十六进制数则对应一个 4 位二进制数。从二进制数转换为八进制数，只需要把待转换的二进制数从小数点开始分别往两边分节，每 3 位视为一节，每一节按照表 1.1.1 所示的对应关系转换为相应的八进制数字。最后的转换结果应保持各节的前后顺序不变。转换过程如下：

$$(\underline{010}\ \ \underline{011}\ \ \underline{100}\ \ \underline{101}.\ \underline{001}\ \ \underline{100})_2 = (2345.14)_8$$
$$\ \ 2\quad\ \ 3\quad\ \ 4\quad\ \ 5\quad\ \ 1\quad\ \ 4$$

从二进制数转换为十六进制数的方法类似，只需要把待转换的二进制数从小数点开始，每 4 位一组往两边分节，每一节按照表 1.1.1 所示的对应关系转换为相应的十六进制数字。最后的转换结果仍然需要保持各节的顺序不变。转换过程如下：

$$(\underline{110}\ \ \underline{1001}\ \ \underline{1010}.\ \underline{0111}\ \ \underline{1110})_2 = (69A.7E)_{16}$$
$$\ \ 6\qquad 9\qquad A\qquad\ 7\qquad\ E$$

从八进制数或者十六进制数到二进制数的转换是上述转换的逆过程。八进制数每一位的值根据表 1.1.1 转换为相应的 3 位二进制数，逐位转换后保持顺序即可。

$$(57.26)_8 = (\underline{101}\ \ \underline{111}\ .\ \underline{010}\ \ \underline{110})_2$$
$$\qquad\quad\ \ 5\qquad 7\ \ .\ \ 2\qquad 6$$

相应地，十六进制数的每一位的值需转换为 4 位二进制数。

3. 二进制代码

1) 十进制数字的二进制编码

数字电子系统中用到的是只有两个不同值的信号和只有两个稳定状态的电路元件。二进制信号、二状态电路元件和二进制数字之间可以直接一一对应。例如，n 位二进制数可以由 n 个二状态电路元件表示，每个电路元件具有相当于 0 或 1 的输出信号。

一个数字系统中定长的二进制位串往往不仅要表示和计算二进制数，还需要表示和处理许多非数值的其他离散的信息元素。这些离散的信息元素在数字系统术语中称为二进制代码。通常数字计算机只能处理 1 和 0，因而代码也必须是二进制形式的。二进制代码并不改变它们所代表的信息元素的含义。如果随机检查一个计算机存储器中的内容，会发现它们大多数时候代表某种类型的编码信息而不是二进制数。要在二进制代码中表示一组 2^n 个不同的元素，最少需要 n 位，这是因为最多只可能以 2^n 个不同的方式安排 n 比特位。例如，4 个不同的对象可以由一个 2 位代码表征，每个对象对应 4 组比特组合中的一组，即 00、01、10、11。区分 8 个元素至少需要 3 位代码，其中各元素可由如下代码标记：000、001、010、011、100、101、110、111。这些例子表明，n 位代码的 $0 \sim (2^n - 1)$ 个不同组合，

可以给至多 2^n 个不同的对象进行编码。当集合中要编码的元素数量不是 2 的整数次幂时，可能存在冗余比特组合。

例如一组十进制数字 0、1、2、…、9，区分十个元素的二进制代码必须至少为 4 个比特位。4 位代码可以形成 16 种不同的组合，由于只有十个数需被编码，剩余的 6 种组合就是冗余组合。表 1.1.2 为对十进制数字进行二进制编码的若干常见方案(十进制码)。

表 1.1.2　十进制数字的二进制编码

十进制数字	(BCD)8421 码	余 3 码	8421	2421	二—五进制 5043210
0	0000	0011	0000	0000	0100001
1	0001	0100	0111	0001	0100010
2	0010	0101	0110	0010	0100100
3	0011	0110	0101	0011	0101000
4	0100	0111	0100	0100	0110000
5	0101	1000	1011	1011	1000001
6	0110	1001	1010	1100	1000010
7	0111	1010	1001	1101	1000100
8	1000	1011	1000	1110	1001000
9	1001	1100	1111	1111	1010000

BCD 码通过给二进制代码中的位指定权重编码成十进制数。仿照一个二进制数的权重分配，BCD 码中 4 个比特依次代表权重 8、4、2、1。例如，比特组合 0110 可以按权重分配解释为十进制数 6，因为 $0 \times 8 + 1 \times 4 + 1 \times 2 + 0 \times 1 = 6$。也可以将负的权重分配给十进制码，如 8421 码所示。在这种情况下，位组合 0110 被解释为 $0 \times 8 + 1 \times 4 + 1 \times (-2) + 0 \times (-1) = 2$，代表十进制数字 2。表 1.1.2 中也显示了其他加权代码如 2421 码和 5043210 码等。余 3 码属于非加权代码，其代码分配是从 BCD 码的相应值加 3 获得的。

当指定数据时，计算机用户习惯以十进制形式给出数据。输入的十进制数字通过二进制编码存储在计算机内部。每个十进制数字至少需要 4 个二进制存储元件。计算机执行算术运算时，可以把十进制数转换为二进制数表示，或者直接以十进制执行算术运算并将所有数字都以编码形式保留。例如，当十进制数 395 转换为二进制数时，等于 110001011，由 9 位二进制数字组成。若用 BCD 代码表示相同的数字 395，则需要 12 位，每个十进制数字占用 4 个二进制位，即 0011 1001 0101，其中前 4 位表示百位的 3，接下来的 4 位表示十位的 9，最后 4 位表示个位的 5。请注意，十进制数转换为二进制数和十进制数的二进制编码是不同的，虽然最终结果都是一系列二进制比特。从数制转换中获得的称为二进制数，通过编码获得的则是根据代码规则排列的二进制代码。因此，数字系统中的一系列 1 和 0 有时代表一个二进制数，有时则代表由给定的二进制代码所指定的其他离散量信息。

对于 0～9 的十个十进制数字，BCD 码和二进制数的转换结果是相同的。对于大于 9 的数字，数制转换结果和 BCD 码完全不同。如十进制数 13 的二进制转换结果为 1101；而用 BCD 码的十进制数 13 为 00010011。表 1.1.2 列出的 5 种二进制编码中，8421 BCD 码最为常用。

表 1.1.2 中最后一列所示的二进制编码方式中，每个十进制数字都是由排列在不同权重位置上的 5 个 0 和 2 个 1 构成的。该编码具有错误检测的能力。在信号传输过程中，信号可能会发生畸变，致使其中一个或多个位上的数字可能出现错码。接收端的电路检测到多于(或少于)2 个 1 存在时，表示接收到的比特组合不符合编码规则，即检测到了传输错误。

2）检错码

引入物理通信介质的任何外部噪声都可能在比特传输过程中造成错误，检错码通过特定的编码方案可以有效识别和检测这类错误。实现错误检测最常用的方法之一是利用奇偶校验。奇偶校验是指在信息的传输中增加一个额外比特位，称为奇偶校验位，它的赋值使信息传输中 1 的总数为奇数(奇校验)或偶数(偶校验)。表 1.1.3 所示为一个 4 位信息和一个奇偶校验位 P 的赋值关系。如果采用奇校验，则 P 比特位上的赋值应使 4 个信息位和 P 共 5 个比特中 1 的个数为奇数；如果采用偶校验，则 P 比特位上的赋值应使 5 个比特中 1 的个数为偶数。

表 1.1.3 校 验 位

奇校验		偶校验		奇校验		偶校验	
信息	P	信息	P	信息	P	信息	P
0000	1	0000	0	1000	0	1000	1
0001	0	0001	1	1001	1	1001	0
0010	0	0010	1	1010	1	1010	0
0011	1	0011	0	1011	0	1011	1
0100	0	0100	1	1100	0	1100	1
0101	1	0101	0	1101	1	1101	0
0110	1	0110	0	1110	1	1110	0
0111	0	0111	1	1111	1	1111	0

奇偶校验位有助于检测信息传输过程中的错误。在发送端为每个消息产生奇偶校验位，消息与奇偶校验位一起发送。在接收端检查接收数据的奇偶性。如果接收到的信息的奇偶性与校验位不一致，则意味着在传输过程中至少有一位发生了变化。此方法可以检测传输消息中有奇数个错误的情况。偶数个错误的情况需要采用额外的检错方案。

检测到错误后如何处理取决于特定的应用程序。一种可能性是在假定错误是随机的并且不会再发生的情况下请求重传。这时，如里接收器发现奇偶校验错误，则发回确认失败消息；如果没有检测到错误，则接收方发回确认消息。发送端通过重发消息来响应确认失败消息，直到接收方实现正确的奇偶校验为止。如果经过多次尝试后仍然传输错误，程序可能会自动中止传输或报错。

3）格雷码

数字系统仅以离散形式处理数据，而物理系统往往具有连续的输出信号。这些输出信息在应用于数字系统之前须通过模/数转换器将模拟量转换为数字形式，此时常用的编码方式是表 1.1.4 中所示的格雷码。格雷码的特点在于，在一组数的编码中，任意两个相邻的代码只有一位数字的差别。例如，表中 7 和 8 的格雷码分别为 0100 和 1100，只有左起第一位代码不同，其他 3 位一致。作为对比，7 和 8 对应的二进制数 0111 和 1000 在所有 4 个位上的值都不同。

表 1.1.4　4 位格雷码

格雷码	等效的十进制数	格雷码	等效的十进制数
0000	0	1100	8
0001	1	1101	9
0011	2	1111	10
0010	3	1110	11
0110	4	1010	12
0111	5	1011	13
0101	6	1001	14
0100	7	1000	15

在二进制数字的正常序列从一个数字到下一个数字的过渡期间可能产生错误或具有模糊性的情况下，通常会考虑使用格雷码。使用二进制数时，如果最右边的位比其他 3 位需要更多的时间转换，则从 0111 到 1000 的变化过程中可能导致出现错误的数字 1001。而格雷码中相邻两个数字的转换只有一位发生变化，因此有效解决了上述问题。

4）ASCII 字符码

数字计算机键盘显示时，需要处理的数据除数字外，还包括字母和符号。数字字母字符集通常由 10 个十进制数字、26 个字母和一些特殊字符构成。比如在 ASCII 码（American Standard Code for Information Interchange，美国信息交换标准码）中，由 7 位二进制码 $D_6D_5D_4D_3D_2D_1D_0$ 编码 128 个字符，如表 1.1.5 所示。字母 A 在 ASCII 码中约定为 1000001（列 100，行 0001）。

ASCII 码包含用于各种控制功能的 94 个可打印图形字符和 34 个非打印控制字符。94 个可打印图形字符由 26 个大写字母（A～Z）、26 个小写字母（a～z）、10 个数字（0～9）和 32 个特殊可打印字符（如%、∗ 和 $）组成。34 个非打印控制字符（见表 1.1.6）在 ASCII 码表中是用英文缩写标记的，其完整功能名称列于字符右侧。控制字符用于传送数据并将打印的文本排列成规定的格式。

表 1.1.5　美国信息交换标准码(ASCII)

$D_3D_2D_1D_0$	$D_6D_5D_4$							
	000	001	010	011	100	101	110	111
0000	NUL	DLE	SP	0	@	P	`	p
0001	SOH	DC1	!	1	A	Q	a	q
0010	STX	DC2	"	2	B	R	b	r
0011	ETX	DC3	#	3	C	S	c	s
0100	EOT	DC4	$	4	D	T	d	t
0101	ENQ	NAK	%	5	E	U	e	u
0110	ACK	SYN	&	6	F	V	f	v
0111	BEL	ETB	'	7	G	W	g	w
1000	BS	CAN	(	8	H	X	h	x
1001	HT	EM	)	9	I	Y	i	y
1010	LF	SUB	*	:	J	Z	j	z
1011	VT	ESC	+	;	K	[	k	{
1100	FF	FS	,	<	L	\	l		
1101	CR	GS	—	=	M	]	m	}
1110	SO	RS	.	>	N	^	n	~
1111	SI	US	/	?	O	—	o	DEL

表 1.1.6　控 制 字 符

NUL	空白，无效	DLE	数据通信交换码
SOH	标题开始	DC1	设备控制 1
STX	正文开始	DC2	设备控制 2
ETX	文本结束	DC3	设备控制 3
EOT	传输结束	DC4	设备控制 4
ENQ	询问	NAK	否定
ACK	承认	SYN	空转同步
BEL	报警	ETB	信息块传输结束
BS	退格	CAN	取消
HT	水平制表	EM	媒体用毕
LF	换行	SUB	代替，替换
VT	垂直制表	ESC	扩展
FF	换页	FS	文件分隔
CR	回车	GS	组分隔
SO	移出	RS	记录分隔
SI	移入	US	单元分隔
SP	空格	DEL	删除

ASCII 码是 7 位码，但大多数计算机的数据处理以字节（8 bit）为基本单位。因此，在一字节中除一个 ASCII 字符外可用最高位对其进行扩展，该位的用途则取决于具体的应用程序，比如用最高位为 1 的扩展 ASCII 字符表示其他符号，如希腊字母或斜体字体；当用于数据通信时，可以使用该最高位作为字符校验位。

1.1.2　二进制逻辑

数字系统中，可以使用二进制数 1 或 0 给变量赋值表示如真或假、是或否等逻辑含义，而数字处理可以理解为对二进制变量的逻辑运算。这种二进制逻辑实现了对二进制信息处理和操作的严格数学描述，因而在数字系统的分析和设计中得到了广泛应用。

1. 二进制逻辑的定义

二进制逻辑由二进制变量和逻辑运算法则构成。变量用字母表示，如 A、x 等，每个变量有且只有两个可能取值：1 或 0。基本逻辑运算主要由与、或、非构成。逻辑运算与表示当且仅当 $x=1$ 且 $y=1$ 时，$z=1$；否则 $z=0$。与运算用圆点表示，在不会引起歧义的情况下也可以省略圆点。例如，记作 $x \cdot y = z$ 或 $xy = z$，读作 x 与 y 等于 z。或运算用加号表示，即 $x+y=z$，读作 x 或 y 等于 z。或运算表示当 $x=1$ 或者（和）$y=1$ 时，$z=1$；否则当 $x=y=0$ 时，$z=0$。非运算是在变量上方加一横线表示的。例如，$\bar{x}=z$，读作非 x 等于 z。非运算表示如果 $x=1$，则 $z=0$；如果 $x=0$，则 $z=1$。

二进制逻辑运算与我们熟悉的二进制算术运算不同，一个逻辑变量的可能取值只有 1 或 0。例如，二进制算术运算中，有 $1+1=10$；而在二进制逻辑运算中，却可能有 $1+1=1$（读作 1 或 1 等于 1）。

对于 x 和 y 的每组取值组合，都有一个由逻辑运算定义的 z 值。用列表的形式全面给出逻辑运算的含义就形成了真值表。真值表以一种紧凑的形式包含了变量所有可能的取值组合，并显示了变量的每组取值组合与操作结果之间的对应关系。与、或以及非运算的真值表见表 1.1.7。

表 1.1.7　与、或、非运算的真值表

与				或				非	
x	y	$x \cdot y$		x	y	$x+y$		x	$\bar{x}$
0	0	0		0	0	0		0	1
0	1	0		0	1	1		1	0
1	0	0		1	0	1			
1	1	1		1	1	1			

2. 开关电路和二进制信号

二进制逻辑可由开关电路来演示，如图 1.1.1 所示，因此数字电路有时也称为开关电路。开关 A 和 B 代表两个输入二进制变量，其状态所对应的值在开关断开时为 0，在开关闭合时为 1。类似地，灯 L 代表输出二进制变量，当灯亮时为 1，灯灭时为 0。对于串联的开关，如果 A 和 B 同时闭合，灯 L 将点亮。对于并联的开关，如果 A 或 B 闭合，指示灯 L 将点亮。很明显，应用二进制逻辑的语言，这两个电路可以用与、或运算分别表示：

$$L = A \cdot B \quad （见图 1.1.1(a) 的电路）$$
$$L = A + B \quad （见图 1.1.1(b) 的电路）$$

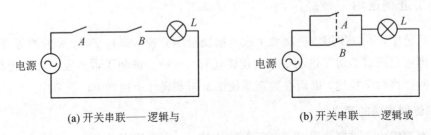

(a) 开关串联——逻辑与 　　　　　　(b) 开关串联——逻辑或

图 1.1.1　二进制逻辑开关电路

　　二进制电平信号约定如图 1.1.2 所示，如果一个数字系统将逻辑 1 定义为标称值为 3 V 的信号，将逻辑 0 定义为标称值为 0 V 的信号，那么每个电平对应的电压与标称值有一个可接受的偏差范围，而在此偏差范围之外的电压在逻辑上是不明确的，通常在稳定工作状态下应当避免。

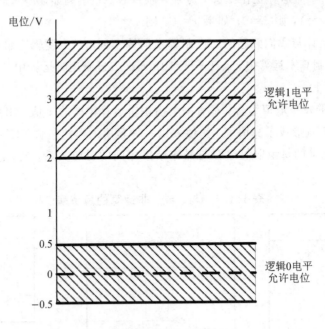

图 1.1.2　二进制电平信号约定

3. 逻辑门

　　数字电子电路也称为逻辑电路。通过将二进制信号以各种可能组合输入逻辑电路，可以实现对信息的精确计算和控制。相应的基本硬件电路模块通常称为逻辑门，它们执行与、或、非逻辑运算并以图 1.1.3 所示的符号表示。数字电路、开关电路、逻辑电路和门电路这 4 种不同的名称所指的电路类型都是相同的。

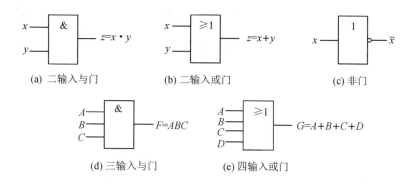

图 1.1.3　数字逻辑电路国标符号

图 1.1.3(a)、(b)是二输入逻辑门，输入信号 x 和 y 可以有 4 种逻辑值组合：00、10、11 或 01。这些输入信号连同与、或门的输出信号的波形图如图 1.1.4 所示，其中涵盖了电路对所有可能的二进制输入组合的响应。图 1.1.3(c)是反相器波形图。与、或门可以有两个以上的输入，图 1.1.3(d)、(e)给出了具有 3 个输入的与门和具有 4 个输入的或门电路符号。如果所有 3 个输入信号逻辑值均为 1，则 3 输入与门将以逻辑 1 输出响应；如果任何一个输入为逻辑 0，则输出产生逻辑 0 信号。对于多输入或门，当任何输入为逻辑 1 时，电路输出逻辑 1；只有当所有输入信号都是逻辑 0 时，输出才为 0。

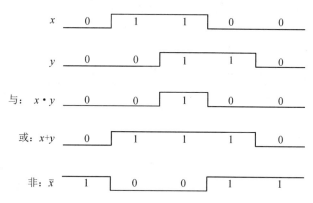

图 1.1.4　典型逻辑门输入—输出对应波形图

1.2　逻　辑　代　数

1.2.1　逻辑代数的基本概念及性质

G. Boole 于 1854 年发展出一套现在称为布尔代数的数学系统，这是一套系统处理逻辑的方法，也称为逻辑代数，其形式定义由 E. Huntington 于 1904 年给出。1938 年，香农(C. Shannon)在其硕士论文《继电器与开关电路的符号分析》中，应用逻辑代数建立了现代数字电路的理论基础。

定义在两元素集合 $B=\{0,1\}$ 上的逻辑代数系统具有两个二元运算(十和·),并假设以下性质成立:

(1) 集合 B 对十运算及·运算封闭:给定集合 B 中的一对元素,十运算及·运算结果均有唯一确定值且为集合 B 中元素。

(2) 十运算及·运算均有恒等元,分别为 0、1,使得 $x+0=0+x=x$,$x\cdot 1=1\cdot x=x$。

(3) 十运算及·运算均满足交换律:$x+y=y+x$;$x\cdot y=y\cdot x$。

(4) ·运算与十运算间有分配律:$x\cdot(y+z)=(x\cdot y)+(x\cdot z)$,$x+(y\cdot z)=(x+y)\cdot(x+z)$。

(5) 集合 B 中,每一个元素 x 都存在唯一的补元素 $\bar{x}$(读作 x 非),使得 $x+\bar{x}=1$,$x\cdot\bar{x}=0$。

需要注意的是,加法结合律和乘法结合律都可以从上述假设中推导出。另外,逻辑代数中没有加法及乘法的逆运算,也即是说,逻辑代数中不存在减法及除法运算。

容易验证,表1.1.6的规定满足以上假设要求:

(1) 每种运算的结果都是 0 或者 1,所以运算对于集合 B 的封闭性是明显的。

(2) 从表1.1.6中可知运算十和·分别具有恒等元 0 和 1:

① $0+0=0$,$0+1=1+0=1$;

② $1\cdot 1=1$,$1\cdot 0=0\cdot 1=0$。

(3) 由表1.1.7中的与、或运算表可知,交换律成立。

(4) 分配律 $x\cdot(y+z)=(x\cdot y)+(x\cdot z)$;$x+(y\cdot z)=(x+y)\cdot(x+z)$ 可通过真值表1.2.1验证:对于 x、y、z 的每组取值,等式都成立。

表 1.2.1 交换律和分配律的真值表

x	y	z	$y+z$	$x\cdot(y+z)$	$x\cdot y$	$x\cdot z$	$(x\cdot y)+(x\cdot z)$
0	0	0	0	0	0	0	0
0	0	1	1	0	0	0	0
0	1	0	1	0	0	0	0
0	1	1	1	0	0	0	0
1	0	0	0	0	0	0	0
1	0	1	1	1	0	1	1
1	1	0	1	1	1	0	1
1	1	1	1	1	1	1	1

(5) 由表1.1.7中的非运算表可知:$x+\bar{x}=1$;$x\cdot\bar{x}=0$。

1.2.2 逻辑代数的基本定理

1. 对偶规则

从逻辑函数 F 出发,只要将函数 F 中所有的"十"变为"·"、"·"变为"十"、"0"变为

"1"、"1"变为"0"，而变量保持不变，原函数的运算先后顺序保持不变，就得到了原函数 F 的对偶函数 F'。原函数 F 与对偶函数 F' 满足如下对偶规则：

（1）原函数与对偶函数互为对偶函数。

（2）任意两个相等的函数，其对偶函数也相等。

2. 基本定理

表 1.2.2 列出了逻辑代数的 4 个假设和 6 个定理。这些定理和假设是逻辑代数中最基本的关系。表中相应行中的等式(a)和(b)根据对偶规则是等价的。

表 1.2.2　逻辑代数的假设和定理

假设(2)	(a) $x+0=x$，　(b) $x \cdot 1=x$
假设(5)	(a) $x+\bar{x}=1$，　(b) $x \cdot \bar{x}=0$
定理 1	(a) $x+x=x$，　(b) $x \cdot x=x$
定理 2	(a) $x+1=1$，　(b) $x \cdot 0=0$
定理 3，还原律	$\bar{\bar{x}}=x$
假设(3)，交换律	(a) $x+y=y+x$，　(b) $x \cdot y=y \cdot x$
定理 4，结合律	(a) $x+(y+z)=(x+y)+z$，　(b) $x(yz)=(xy)z$
假设(4)，分配律	(a) $x(y+z)=xy+xz$，　(b) $x+(yz)=(x+y)(x+z)$
定理 5，德·摩根定理	(a) $\overline{x+y}=\bar{x}\bar{y}$，　(b) $\overline{xy}=\bar{x}+\bar{y}$
定理 6，吸收定理	(a) $x+xy=x$，　(b) $x(x+y)=x$

定理 1(a)：$x+x=x$

证明　$x+x=(x+x) \cdot 1=(x+x)(x+\bar{x})=x+x\bar{x}=x+0=x$

定理 1(b)：$x \cdot x=x$

证明　$x \cdot x=xx+0=xx+x\bar{x}=x(x+\bar{x})=x \cdot 1=x$

定理 2(a)：$x+1=1$

证明　$x+1=1 \cdot (x+1)=(x+\bar{x})(x+1)=x+\bar{x} \cdot 1=x+\bar{x}=1$

定理 2(b)：$x \cdot 0=0$

定理 3：$\bar{\bar{x}}=x$

证明　假设(5)定义了 x 的非 $\bar{x}$。$\bar{x}$ 的非可以是 x，也可以是 $\bar{\bar{x}}$。因为一个元素的非是唯一的，于是得证。

涉及 2 个或者 3 个变量的定理可以从假设和已得到的定理进一步证明，比如吸收定理。

定理 6(a)：$x+xy=x$

证明　$x+xy=x \cdot 1+xy=x(1+y)=x(y+1)=x \cdot 1=x$

定理 6(b)：$x(x+y)=x$

证明　略。

　　类似表 1.2.1，逻辑代数的定理也可以通过真值表证明。对于真值表中逻辑变量的所有可能取值，待证明的等式两边的表达式都应该有相同的结果，如称为吸收定理的定理 6(a)可由表 1.2.3 证明。

表 1.2.3　吸收定理真值表

x	y	xy	$x+xy$
0	0	0	0
0	1	0	0
1	0	0	1
1	1	1	1

表 1.2.4 给出德·摩根定理的证明。

表 1.2.4　德·摩根定理真值表

x	y	$x+y$	$\overline{x+y}$	$\bar{x}$	$\bar{y}$	$\bar{x}\bar{y}$
0	0	0	1	1	1	1
0	1	1	0	1	0	0
1	0	1	0	0	1	0
1	1	1	0	0	0	0

3. 运算符优先性

　　计算布尔表达式的值时必须考虑不同运算符的优先性问题。常见运算符号按照优先级排序依次为：① 括号，② 非运算，③ 与运算，④ 或运算。括号内部的表达式应当先于所有其他表达式完成求值。例如，表达式 $\overline{x+y}$，需要先对变量取或，然后再取非。而式 $\bar{x} \cdot \bar{y}$，则需要先对 x、y 分别取非，然后再将取非后的结果进行与运算。

1.3　逻辑函数及其化简

1.3.1　逻辑函数的概念

　　逻辑函数是由逻辑变量和逻辑运算符构成的表达式。对于给定的变量值，函数的取值只能是 0 或 1。例如，逻辑函数 $F_1=xy\bar{z}$，当 $x=1$、$y=1$ 并且 $\bar{z}=1$ 时，函数 F_1 等于 1；否则，函数 F_1 为 0。逻辑函数除用代数表达式外，也可以用真值表表示。对于一个有 n 个变量的逻辑函数，真值表左侧是 n 个变量的所有 2^n 个取值组合，右侧是每个取值组合所对应的函数值。如表 1.3.1 所示，3 个变量总计有 8 种可能的取值组合，当 $x=1$、$y=1$ 并且

$\bar{z}=1$ 时，函数 $F_1=1$；对于变量其余取值组合，$F_1=0$。

表 1.3.1　$F_1=xy\bar{z}$，$F_2=x+\bar{y}z$，$F_3=\bar{x}\bar{y}z+\bar{x}yz+x\bar{y}$ 和 $F_4=x\bar{y}+\bar{x}z$ **的真值表**

x	y	z	F_1	F_2	F_3	F_4
0	0	0	0	0	0	0
0	0	1	0	1	1	1
0	1	0	0	0	0	0
0	1	1	0	0	1	1
1	0	0	0	1	1	1
1	0	1	0	1	1	1
1	1	0	1	1	0	0
1	1	1	0	1	0	0

同理可得出函数 $F_2=x+\bar{y}z$，$F_3=\bar{x}\bar{y}z+\bar{x}yz+x\bar{y}$ 和 $F_4=x\bar{y}+\bar{x}z$ 的真值表取值。

从表 1.3.1 可以看出，虽然函数 F_3 和 $F_4=x\bar{y}+\bar{x}z$ 代数形式不同，但真值表完全相同。因为真值表已包含了电路功能的全部信息，这两个代数表达式的不同函数实质是相同的，但是它们涉及的计算量是不同的。相对于 F_4，F_3 的计算过程更复杂一些，这就引出了如何在不改变电路功能的前提下尽量化简相应的逻辑函数，以达到优化电路可靠性、提高电路效率、减少电路制造成本等目的这一问题。

1. 代数表达式的化简

用逻辑门实现逻辑函数时，每一个逻辑门对应一个逻辑运算，而逻辑门的每一个输入都代表一个原变量、反变量或前级逻辑门的输出。这样逻辑函数和逻辑门电路就有了对应关系。逻辑函数的化简就意味着使电路中逻辑门数量和逻辑门输入端的数目尽量少。

【例 1.3.1】　化简函数 $Y_1=x+\bar{x}y$，$Y_2=x(\bar{x}+y)$，$Y_3=\bar{x}\bar{y}z+\bar{x}yz+x\bar{y}$，$Y_4=xy+\bar{x}z+yz$，$Y_5=(x+y)(\bar{x}+z)(y+z)$。

解　$\quad Y_1=x+\bar{x}y=(x+\bar{x})(x+y)=1\cdot(x+y)=x+y$

$\qquad Y_2=x(\bar{x}+y)=x\bar{x}+xy=0+xy=xy$

$\qquad Y_3=\bar{x}\bar{y}z+\bar{x}yz+x\bar{y}=\bar{x}z(\bar{y}+y)+x\bar{y}=\bar{x}z+x\bar{y}$

$\qquad Y_4=xy+\bar{x}z+yz=xy+\bar{x}z+yz(x+\bar{x})=xy+\bar{x}z+xyz+\bar{x}yz$

$\qquad\qquad=xy(1+z)+\bar{x}z(1+y)=xy+\bar{x}z$

$\qquad Y_5=(x+y)(\bar{x}+z)(y+z)=(x+y)(\bar{x}+z)$

函数 Y_1 和 Y_2 彼此对偶，相应中间步骤的表达式也互为对偶。函数 Y_3 的化简结果正体现了表 1.3.1 中函数 F_3 和 F_4 的等价性。函数 Y_5 的化简结果是从函数 Y_4 的结果对偶直接导出的。

2. 反函数

函数 F 取非的结果是 $\bar{F}$（也称为反函数），把 F 的每一个函数值取非就得到 $\bar{F}$ 对应的函数值。求函数的反函数时常用到德·摩根定理。表 1.2.4 列出了两个变量的德·摩根定理，通过变量代换，容易把它扩展到 3 个或更多个变量的情况。形式上看，德·摩根定理指的是函数的取反可以通过交换与、或运算符，并将每个位置出现的变量取非（如果该位置出现反变量，则取非后的结果回到原变量）获得。

【例 1.3.2】 用德·摩根定理求函数 $F_1 = \bar{x}yz + \bar{x}\bar{y}z$ 和 $F_2 = x(\bar{y}\bar{z} + yz)$ 的反函数。

解 $\overline{F_1} = \overline{\bar{x}yz + \bar{x}\bar{y}z} = \overline{\bar{x}yz} \cdot \overline{\bar{x}\bar{y}z} = (x + \bar{y} + z)(x + y + \bar{z})$

$\overline{F_2} = \overline{x(\bar{y}\bar{z} + yz)} = \bar{x} + \overline{\bar{y}\bar{z} + yz} = \bar{x} + \overline{\bar{y}\bar{z}} \cdot \overline{yz} = \bar{x} + (y + z)(\bar{y} + \bar{z})$

反函数还可以通过对偶函数求得：首先通过对换与、或运算符并对换常量值 1 和 0 得到函数的对偶函数，然后将对偶函数中出现的所有变量取反。这种方法也称为反演规则，依据的正是德·摩根定理的推广形式。

【例 1.3.3】 用上述对偶函数方法计算例 1.3.2 中的 F_1 和 F_2。

解 $F_1 = \bar{x}yz + \bar{x}\bar{y}z$ 的对偶函数为 $(\bar{x} + y + \bar{z})(\bar{x} + \bar{y} + z)$。

将对偶函数中的所有变量取反，得函数 F_1 的反函数 $\overline{F_1} = (x + \bar{y} + z)(x + y + \bar{z})$；

$F_2 = x(\bar{y}\bar{z} + yz)$ 的对偶函数为 $x + (\bar{y} + \bar{z})(y + z)$。

将对偶函数中的所有变量取反，得函数 F_2 的反函数 $\overline{F_2} = \bar{x} + (y + z)(\bar{y} + \bar{z})$。

1.3.2 逻辑函数的标准与或式

1. 最小项和最大项

逻辑代数表达式中输入变量可能以原变量或者反变量形式出现，因而两个二值变量 x 和 y 通过与运算可以得到 4 个组合：$\bar{x}\bar{y}$、$\bar{x}y$、$x\bar{y}$ 以及 xy。这 4 个与项称为最小项或者标准乘积。

每个最小项都是由包含所有 n 个变量的一个乘积项构成的。用二进制数按照如下约定对最小项进行编号：如果该最小项中某个变量以原变量形式出现，则编号时在该位标记 1；如果该变量以反变量形式出现，则编号时在该位标记 0。这样就为每一个最小项指定了一个 n 位二进制数字。这种记法有一个天然的好处：如果把该编号二进制数按位赋值给对应最小项，则该最小项恰好等于 1。为方便计，我们把最小项记为 m_j，其中下标 j 表示二进制编号的十进制数表示。

n 个变量也可以形成一个或项。因为每个变量可以以原变量形式或者反变量形式出现，这样的或项共有 2^n 个，称为最大项或者标准和。按如下约定对最大项进行编号：如果最大项中某变量为原变量，则编号时在该位标记 0；如果某变量以反变量形式出现，则编号时在该位标记 1。这样每个最大项就是具有相同编号的最小项取非的结果。3 个变量的 8 个最大项和 8 个最小项连同其编号如表 1.3.2 所示。

表 1.3.2　3 变量的最大项与最小项

x	y	z	最小项		最大项	
			表达式	编号	表达式	编号
0	0	0	$\bar{x}\bar{y}\bar{z}$	m_0	$x+y+z$	M_0
0	0	1	$\bar{x}\bar{y}z$	m_1	$x+y+\bar{z}$	M_1
0	1	0	$\bar{x}y\bar{z}$	m_2	$x+\bar{y}+z$	M_2
0	1	1	$\bar{x}yz$	m_3	$x+\bar{y}+\bar{z}$	M_3
1	0	0	$x\bar{y}\bar{z}$	m_4	$\bar{x}+y+z$	M_4
1	0	1	$x\bar{y}z$	m_5	$\bar{x}+y+\bar{z}$	M_5
1	1	0	$xy\bar{z}$	m_6	$\bar{x}+\bar{y}+z$	M_6
1	1	1	xyz	m_7	$\bar{x}+\bar{y}+\bar{z}$	M_7

从真值表容易得到逻辑函数的代数表达式：把真值表中函数值等于 1 的行挑出来，对应的变量取值组合即是构成函数的各个最小项的编号。对这些最小项求和，就得到了逻辑函数的标准与或形式。表 1.3.3 中列出了三变量函数的变量与函数取值的对应关系，从表 1.3.3 中找出函数 F_1 的函数值等于 1 所对应的变量取值组合分别为 001、100 和 111。具有这些编号的最小项分别为 $\bar{x}\bar{y}z$、$x\bar{y}\bar{z}$ 和 xyz。由前文可知，在这些取值组合出现时，对应最小项的值就是 1。显然，把这些最小项取或后得到的函数和真值表 1.3.3 给出的结果一致。这样，就有

$$F_1 = \bar{x}\bar{y}z + x\bar{y}\bar{z} + xyz = m_1 + m_4 + m_7$$

同理有

$$F_2 = \bar{x}yz + x\bar{y}z + xy\bar{z} + xyz = m_3 + m_5 + m_6 + m_7$$

这些例子展示了逻辑代数的一个重要性质，即任何逻辑函数都可以表示为某些最小项的和（这里"和"的意思是对各项取或运算）。

表 1.3.3　三变量函数的真值表

x	y	z	F_1	F_2
0	0	0	0	0
0	0	1	1	0
0	1	0	0	0
0	1	1	0	1
1	0	0	1	0
1	0	1	0	1
1	1	0	0	1
1	1	1	1	1

对布尔函数的反函数，也可以用相同的方法从真值表中导出：把函数值等于零的变量取值组合所对应的最小项挑出来，然后对这些最小项取或运算。表 1.3.3 中的 F_1 的反函数写为

$$\overline{F_1} = \bar{x}\bar{y}\bar{z} + \bar{x}y\bar{z} + \bar{x}yz + x\bar{y}z + xy\bar{z}$$

如果对这个反函数再次取反，显然得到的就是原函数 F_1：

$$F_1 = (x+y+z)(x+\bar{y}+z)(x+\bar{y}+\bar{z})(\bar{x}+y+\bar{z})(\bar{x}+\bar{y}+z)$$
$$= M_0 \cdot M_2 \cdot M_3 \cdot M_5 \cdot M_6$$

这些例子表明了逻辑代数的第二个重要性质：任何逻辑函数都可以表示为最大项的积（这里的"积"指对各项取与运算）。通过真值表直接获得最大项乘积的方法为：挑出函数值等于 0 的行，视该行的变量取值组合为一个二进制编号，把具有相应编号的最大项列出，然后对这些最大项取与运算。把逻辑函数表示为最小项的和以及最大项的积的形式统称为逻辑函数的标准形式。

2. 标准与或形式

我们已经知道，对于 n 个二值变量，可以得到 2^n 个不同的最小项。任何逻辑函数都可以表示为一组最小项之和，称之为逻辑函数的标准与或形式。这些最小项的编号就是真值表中逻辑函数等于 1 的各变量取值组合。因为每个最小项或者包含在函数中，或者没有包含在函数中，所以可能构造出的函数共有 2^{2^n} 个。对于逻辑函数的与或表达式，总可以通过如下扩展方式把逻辑表达式化为标准与或形式：首先检查每一项是否显含所有变量；如果该项不显含某变量 A，就用表达式 $(A+\overline{A})$ 与该项相乘并展开该项。

【例 1.3.4】 把函数 $F = A + \overline{B}C$ 化为最小项之和的标准与或形式。

解 这个函数有 3 个变量 A、B、C。第一项缺失了两个变量 B 和 C，因此第一项扩展为 $A(B+\overline{B})(C+\overline{C})$；同理，把第二项扩展为 $(A+\overline{A})\overline{B}C$；然后展开这两个扩展项，得到

$$F = ABC + AB\overline{C} + A\overline{B}C + A\overline{B}\,\overline{C} + A\overline{B}C + \overline{A}\,\overline{B}C$$

其中，$A\overline{B}C$ 出现了两次，可以移去其中一个而不影响结果。把这些最小项按照编号的升序排列为

$$F = \overline{A}\,\overline{B}C + A\overline{B}\,\overline{C} + A\overline{B}C + AB\overline{C} + ABC$$
$$= m_1 + m_4 + m_5 + m_6 + m_7$$
$$= \sum(1, 4, 5, 6, 7)$$

其中，求和符号"$\sum$"代表对括号中的第 1、4、5、6、7 最小项取或运算。

3. 其他逻辑运算

或非函数是对输入变量取或后再取反；同样，与非是取与运算之后再取非运算的组合运算。"异或"运算和"或"运算类似，不同之处在于当 x 和 y 都等于 1 时，x、y"异或"的结果是 0。"同或"函数意味着当两个二值变量相等时，函数值为 1；否则，函数值等于 0。"异或"和"同或"函数互为反函数。

对于多变量情况，通常会用到以下形式的逻辑函数表达式：

(1) 与或式。

(2) 与非-与非式。

(3) 或与式。

（4）或非-或非式。

（5）与或非式。

对于任何逻辑函数，都可以选用上述任一种形式表达。

首先，任意逻辑函数都可以用标准"与或"形式表达。在"与或"形式的基础上两次取反，再用德·摩根定理去掉下面的反号，就得到了与非-与非表达式。

其次，任意逻辑函数都可以用"或与"式表达。事实上，除通过最大项乘积直接构造外，也可以通过"与或"形式得到"或与"表达式。在反函数"与或"表达式的基础上取反，再用德·摩根定理去掉反号，便可得到函数的"或与"表达式；或者在反函数"与或"表达式的基础上利用反演规则，也可直接写出函数的"或与"式。

在"或与"式的基础上，两次取反后用德·摩根定理去掉下面的反号，就可得到函数的或非-或非表达式。

在或非-或非表达式的基础上，用德·摩根定理去掉内层的反号，便可得到函数的"与或非"表达式。或者在反函数"与或"表达式的基础上直接取反亦可得到"与或非"表达式。

相比与门和或门，在实际应用中，与非门和或非门更为常用。与非门和或非门由于制造工艺的缘故，是几乎所有 IC 数字逻辑系列中普遍使用的基本逻辑门。与非门和或非门在数字电路设计中非常重要，因此必须熟悉如何将"与或"形式的逻辑函数转换成等效的与非门、或非门逻辑表达式。具体可参见下面两个例子。

【例 1.3.5】　将函数"与或"形式 $Y=AB+\overline{A}C$ 变换为"与非"形式。

解
$$Y=\overline{\overline{AB+\overline{A}C}}=\overline{\overline{AB}\cdot\overline{\overline{A}C}}$$

【例 1.3.6】　将函数"与或"形式 $Y=AB+\overline{A}C$ 变换为"或非"形式。

解
$$\overline{Y}=\overline{AB+\overline{A}C}=\overline{AB}\cdot\overline{\overline{A}C}=(\overline{A}+\overline{B})(A+\overline{C})=\overline{A}\,\overline{C}+A\overline{B}+\overline{B}\,\overline{C}$$
$$Y=\overline{\overline{A}\,\overline{C}+A\overline{B}+\overline{B}\,\overline{C}}=(A+C)(\overline{A}+B)(B+C)$$
$$=\overline{\overline{(A+C)(\overline{A}+B)(B+C)}}$$
$$=\overline{\overline{A+C}+\overline{\overline{A}+B}+\overline{B+C}}$$

1.3.3　数字逻辑门

1. 常用逻辑门

人们在选用数字电路器件时通常考虑的因素包括：用物理元件实现逻辑门的可行性和成本；逻辑门输入端扩展到多于两个输入的可能性；保持二元算符的基本性质如交换律和结合律；逻辑门单独或者组合起来实现逻辑函数的能力。事实上，取非、缓冲（传输）、与、或、与非、或非、异或、同或门等常作为标准逻辑门广泛应用于数字逻辑设计中。

图 1.3.1、图 1.3.2 和表 1.3.4 给出了部分常用逻辑门的图标符号和真值表。其中，缓冲电路对输入变量值执行传输功能，使输出的二进制值等于输入值，该电路常用于信号的功率放大并等效于两个反相器级联。"与非"函数是对"与"函数的取反，它的图形符号是在与门图形符号的输出端添加一个小圆圈；"或非"函数是对"或"函数的取反，其图形符号是在或门图形符号的输出端增加一个小圆圈。

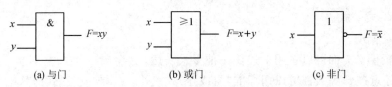

图 1.3.1　与、或、非基本逻辑门的国标符号

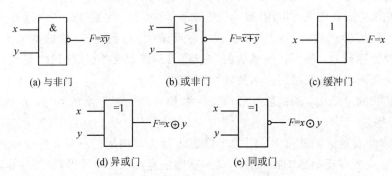

图 1.3.2　其他常用逻辑门的国标符号

表 1.3.4　代数函数真值表

名称	代数函数	真值表		
缓冲	$F = x$	x	F	
		0	0	
		1	1	
与非	$F = \overline{xy}$	x	y	F
		0	0	1
		0	1	1
		1	0	1
		1	1	0
或非	$F = \overline{x+y}$	x	y	F
		0	0	1
		0	1	0
		1	0	0
		1	1	0
异或	$F = x\bar{y} + \bar{x}y$ $= x \oplus y$	x	y	F
		0	0	0
		0	1	1
		1	0	1
		1	1	0
同或	$F = xy + \bar{x}\bar{y}$ $= x \odot y$	x	y	F
		0	0	1
		0	1	0
		1	0	0
		1	1	1

2. 多输入逻辑运算的定义

一个门如果代表的运算是满足交换律和结合律的，就可以扩展到多个输入。例如对于"或"函数，有

$$x+y=y+x \qquad\qquad 交换律$$
$$(x+y)+z=x+(y+z)=x+y+z \qquad 结合律$$

这表明"或"门输入可以互换，并且"或"函数可以扩展为 3 个或多个变量的运算。多输入与门、异或、同或门的情况也是如此。三输入异或门真值表如表 1.3.5 所示。

表 1.3.5　三输入异或门真值表

x	y	z	F
0	0	0	0
0	0	1	1
0	1	0	1
0	1	1	0
1	0	0	1
1	0	1	0
1	1	0	0
1	1	1	1

"与非"门(后文用"↑"表示)和"或非"门(后文用"↓"表示)也可以扩展到两个以上输入。"与非"运算和"或非"运算虽然满足交换律，但并不满足结合律，例如：$(x \downarrow y) \downarrow z \neq x \downarrow (y \downarrow z)$，如图 1.3.3 所示。

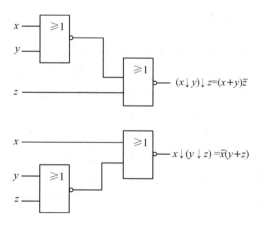

图 1.3.3　或非操作不满足结合律

因此，多输入或非运算约定为对多个变量取或后再取非：

$$x \downarrow y \downarrow z = \overline{x+y+z}$$

类似地，多输入与非门对应的操作也约定为

$$x \uparrow y \uparrow z = \overline{xyz}$$

三输入逻辑门的图形表示如图 1.3.4 所示。

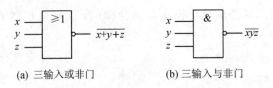

(a) 三输入或非门   (b) 三输入与非门

图 1.3.4 三输入或非门和三输入与非门

借助于常用逻辑门的国标符号,逻辑函数代数表达式可以直接翻译成逻辑电路图。表 1.3.1 中函数 $F_3 = \bar{x}\bar{y}z + \bar{x}yz + x\bar{y}$ 和 $F_4 = x\bar{y} + \bar{x}z$,其对应电路图见图 1.3.5。

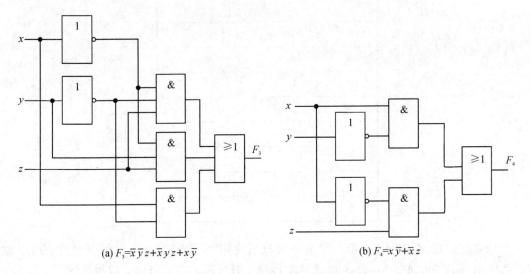

(a) $F_3 = \bar{x}\bar{y}z + \bar{x}yz + x\bar{y}$ (b) $F_4 = x\bar{y} + \bar{x}z$

图 1.3.5 逻辑门实现逻辑函数的电路图

1.3.4 逻辑函数的图形化简法

虽然逻辑函数的真值表是唯一的,但是其代数表达式却可以有许多等价的不同形式。代数表达式的复杂性直接关系到逻辑门电路图的复杂性。逻辑函数虽然可以用代数方法化简,但这种化简过程缺乏可以导出后续步骤的系统规则。卡诺图方法提供了一个化简逻辑函数的直观方案。卡诺图作为真值表的图形表示,由维奇(Veitch)首次提出并由卡诺(Karnaugh)进一步发展。卡诺图是一个矩形格状图,每个方格都代表一个最小项。任何逻辑函数可以表示为某些最小项之和的形式,因此逻辑函数就可以表示为这些最小项所对应的方格所拼成的区域。卡诺图的优点在于它为函数化简提供了一种可视化方案。和真值表一样,对于一个确定的逻辑函数,这种可视图表示是唯一的。最终将得到一个最简代数表达式,后者通常具有最少的乘积项并且每项中变量个数较少,当然有时最简表达式并不唯一。

1. 两变量和三变量卡诺图

图 1.3.6 是两变量的卡诺图。两个变量可以构成 4 个最小项,由于每个最小项对应一个方格,因此卡诺图由 4 个方格构成。图 1.3.6(a)标出了各个方格和最小项编号的对应关系。表格左侧的数字 0 和 1 标记了变量 x 的可能取值,表格顶部的 0 和 1 标记了变量 y 的可能取值。根据最小项的编号规则,在标记为 0 的行中,变量 x 在最小项中以反变量形式

出现；在标记为 1 的行中，变量 x 在最小项中以原变量形式出现。同样，标记为 0 的列中，变量 y 在最小项中以反变量形式出现；标记为 1 的列中，变量 y 在最小项中以原变量形式出现。通过这种方式，图 1.3.6(b)中的每一个方格就对应到确定编号的最小项。如果一个方格对应的最小项出现在逻辑函数的标准与或形式中，就用 1 标记该方格。不同的函数具有不同的最小项构成，所有标记为 1 的方格代表一个具体的函数。例如，函数 $F=xy$ 如图 1.3.7(a)所示。由于 xy 对应最小项编号 m_3，因此在 m_3 的方格内标上 1。类似地，函数 $x+y$ 在图 1.3.7(b)中用 3 个标有 1 的方格表示。

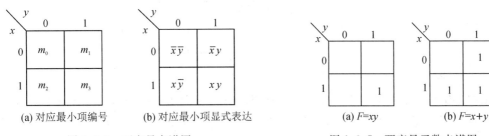

(a) 对应最小项编号　　(b) 对应最小项显式表达　　　　　(a) $F=xy$　　　　(b) $F=x+y$

图 1.3.6　两变量卡诺图　　　　　　　　图 1.3.7　两变量函数卡诺图

图 1.3.8(a)是一个三变量的卡诺图。三变量有 8 个最小项，于是图形法表示中就有 8 个方格对应。注意最小项的排列并不是按照二进制数的大小，而是按照格雷码的顺序排列的，其特点是相邻两个二进制序列只有一位数字有差异。和两变量卡诺图的约定类似，图 1.3.8(b)中表格外围的数字标记了方格和最小项编号的关系。例如，最小项 m_5 对应了行标记为 1、列标记为 01 的方格。因此该方格完整标记为 101，其十进制数对应为 5。

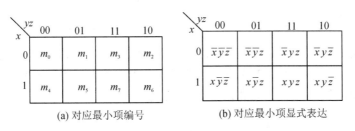

(a) 对应最小项编号　　　　　　　(b) 对应最小项显式表达

图 1.3.8　三变量卡诺图

逻辑函数图形法化简的优势在于充分利用了相邻方格的基本性质。图形中任何两个相邻方格只在一个变量上有原变量和反变量的差别。例如，m_5 和 m_7 是两个相邻方格，m_5 中出现的是 $\bar{y}$，而 m_7 中出现的是原变量 y。除了变量 y，两个方格的其他变量所取形式相同。从逻辑代数的假设可知，两个相邻最小项合并，可得到消去了一个变量的乘积项，而被消去的变量就是有差别的那个变量。例如：$m_5+m_7=x\bar{y}z+xyz=xz(\bar{y}+y)=xz$。两个方格在变量 y 上有差别，因此在相邻最小项合并时该变量在最后的乘积项结果中消失。这样，相邻方格的最小项通过或运算就去掉了一个变量，简化了表达式。例 1.3.7 给出了图形法化简布尔函数的基本步骤。

【例 1.3.7】　用卡诺图化简函数 $F(x,y,z)=\sum(2,3,4,5)$。

　解　首先，画出三变量卡诺图，并在被函数包含的最小项所对应的方格中标记 1，即最小项方格 010、011、100、101 应当标记 1，如图 1.3.9 所示。然后找到可能的相邻方格并用虚线把它们圈起来，这些方格表示可以合并化简。图 1.3.9 中有两个这样的虚线圈，上面被圈区域表示乘积项 $\bar{x}y$，类似地，下面被圈区域表示乘积项 $x\bar{y}$。这两个乘积项的逻辑和给出了最终的化简结果：$F = x\bar{y} + \bar{x}y$。

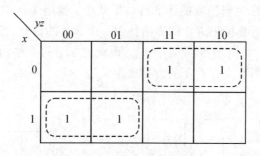

图 1.3.9 例 1.3.7 的卡诺图

依照逻辑相邻的判断标准，有些逻辑相邻的方格在图中看起来可能并不相邻，这里就需要注意几何相邻和逻辑相邻的区别与联系。在图 1.3.8 中，m_0 和 m_2、m_4 和 m_6 是逻辑相邻的，因为最小项间只在一个变量上有原变量和反变量的差别，于是相应最小项可合并化简如下：

$$m_0 + m_2 = \bar{x}\bar{y}\bar{z} + \bar{x}y\bar{z} = \bar{x}\bar{z}$$
$$m_4 + m_6 = x\bar{y}\bar{z} + xy\bar{z} = x\bar{z}$$

在卡诺图中的同一列方格中，最上面和最下面的方格是逻辑相邻的，同一行最左边方格和最右边方格也是逻辑相邻的。应当用对待几何相邻项一样的方式合并这些逻辑相邻项，如例 1.3.8 所示。

【例 1.3.8】 化简逻辑函数 $F(x, y, z) = \sum(3, 4, 6, 7)$。

解 函数的卡诺图见图 1.3.10。有代表最小项的 4 个方格标记为 1。第三列中两相邻方格合并给出乘积项 yz。剩下两个方格仍然是相邻的，可用如图所示的方式圈起来。这两个方格合并给出乘积项 $x\bar{z}$，于是化简结果为 $F = yz + x\bar{z}$。

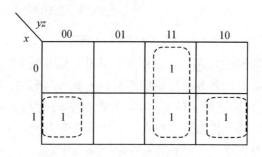

图 1.3.10 例 1.3.8 的卡诺图

现在考虑三变量卡诺图中 4 个相邻方格的合并。任何这样 4 个逻辑相邻的最小项合并，给出只包含一个变量的项。作为例子，将 4 个逻辑相邻项 m_0、m_2、m_4、m_6 合并得到

$$m_0 + m_2 + m_4 + m_6 = \bar{x}\bar{y}\bar{z} + \bar{x}y\bar{z} + x\bar{y}\bar{z} + xy\bar{z}$$
$$= \bar{x}\bar{z} + x\bar{z}$$
$$= \bar{z}$$

圈在一起的相邻方格的数目必须是 2 的整数次幂，比如 1、2、4、8 个等。当更多的最小项被圈进来，合并后的乘积项将会有更少的变量数：一个方格代表一个最小项，给出一个三变量的乘积项（最小项）；两个相邻方格合并给出两变量的乘积项；4 个相邻方格合并给出只有一个变量的项；8 个方格合并给出没有变量的常值函数 1。

【例 1.3.9】　化简逻辑函数 $F(x, y, z) = \sum(0, 2, 4, 5, 6)$。

解　画出卡诺图，如图 1.3.11 所示。首先，第一列和第四列的 4 个相邻方格合并给出乘积项 $\bar{z}$。剩下的方格 101 和之前被圈中的方格 100 合并给出乘积项 $x\bar{y}$。重复使用方格 100 不会改变函数本身，且有助于简化。最后的表达式为 $F = \bar{z} + x\bar{y}$。

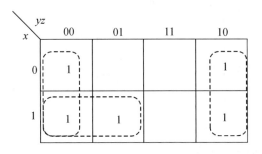

图 1.3.11　例 1.3.9 的卡诺图

如果函数并未写为最小项之和的标准形式，那么在用图形法化简之前需要先把函数写成标准与或形式，然后画出函数的卡诺图再进行化简。布尔逻辑函数与或形式中的每一个乘积项都是 1、2、4 或更多个相邻方格围成的区域。

【例 1.3.10】　化简函数 $F = \overline{AC} + \overline{AB} + A\overline{BC} + BC$。

解　首先给出该函数展开后的标准与或形式：

$$F(A, B, C) = \sum(1, 2, 3, 5, 7)$$

然后画出函数的卡诺图，如图 1.3.12 所示。

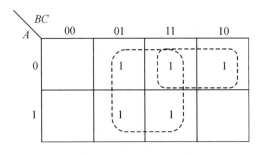

图 1.3.12　例 1.3.10 的卡诺图

最后按图中的虚线框化简，得到化简后的函数：

$$F = C + \overline{A}B$$

2. 四变量卡诺图

图 1.3.13 是四变量卡诺图。图 1.3.13(a) 共有 16 个方格，分别对应 16 个最小项。图 1.3.13(b) 显示了最小项排列与四变量的关系。行列的编号顺序和三变量卡诺图类似，变量

分组后按照格雷码排列。最小项的编号与卡诺图行列编号具有如图所示的对应关系。例如，第三行的编号(11)和第二列的编号(01)给出方格编号 1101，其十进制数值为 13。于是这个方格代表最小项 m_{13}。

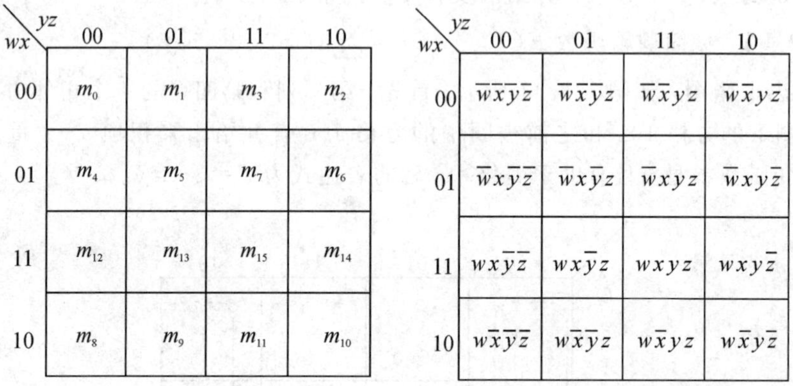

yz
wx
00 01 11 10
00 m_0 m_1 m_3 m_2
01 m_4 m_5 m_7 m_6
11 m_{12} m_{13} m_{15} m_{14}
10 m_8 m_9 m_{11} m_{10}
yz
wx
00 01 11 10
00 $\overline{w}\overline{x}\overline{y}\overline{z}$ $\overline{w}\overline{x}\overline{y}z$ $\overline{w}\overline{x}yz$ $\overline{w}\overline{x}y\overline{z}$
01 $\overline{w}x\overline{y}\overline{z}$ $\overline{w}x\overline{y}z$ $\overline{w}xyz$ $\overline{w}xy\overline{z}$
11 $wx\overline{y}\overline{z}$ $wx\overline{y}z$ $wxyz$ $wxy\overline{z}$
10 $w\overline{x}\overline{y}\overline{z}$ $w\overline{x}\overline{y}z$ $w\overline{x}yz$ $w\overline{x}y\overline{z}$

(a) 对应最小项编号　　(b) 对应最小项显式表达

图 1.3.13　四变量卡诺图

四变量布尔函数的图形化简和三变量情况类似。如果两个方格有一条公共边，那么这两个方格称为逻辑相邻。需要再次强调，卡诺图的上下底边应当认为是一条线，左右边界也应视为同一条线。例如，m_5 和 m_7 是相邻项，m_0 和 m_2 是相邻项，m_3 和 m_{11} 也是相邻项。检查四变量函数的卡诺图，通过画圈合并相邻最小项，容易得到逻辑函数的化简结果。

对于四变量函数的卡诺图，仍然有以下规律：一个方格代表一个最小项，给出有 4 个变量构成的乘积项；两个相邻方格给出由 3 个变量构成的乘积项；4 个相邻方格构成的圈对应两个变量的乘积项；8 个相邻方格构成的圈对应只有一个变量的项；16 个方块组成的区域给出常值函数 1。下面是四变量布尔逻辑函数化简的一些例子。

【例 1.3.11】 化简函数 $F(w, x, y, z)=\sum(0, 1, 2, 4, 5, 6, 8, 9, 12, 13, 14)$。

解　首先画出函数的卡诺图，如图 1.3.14 所示。

yz
wx
00 01 11 10
00 1 1 1
01 1 1 1
11 1 1 1
10 1 1

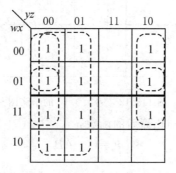

图 1.3.14　例 1.3.11 的卡诺图

再根据卡诺图化简得到

$$F=\overline{y}+\overline{w}\overline{z}+x\overline{z}$$

【**例 1.3.12**】　化简函数 $F = \overline{A}\,\overline{B}\,\overline{C} + \overline{B}CD + \overline{A}BC\overline{D} + A\overline{B}\,\overline{C}$。

解　首先画出函数的卡诺图，如图 1.3.15 所示。

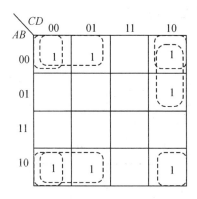

图 1.3.15　例 1.3.12 的卡诺图

化简得到 $F = \overline{B}\,\overline{D} + \overline{B}\,\overline{C} + \overline{A}CD$。

1.3.5　具有约束项的逻辑函数的化简

1. 约束项和约束条件的应用

逻辑函数写为最小项逻辑和的形式，实质上给出了函数在何种取值条件下等于 1。没有包括在函数中的最小项，其编号事实上给出了使函数等于 0 的变量取值条件。这种函数称为完全确定的逻辑函数。在实际问题中，由于变量的某些取值组合可能并不会出现，对应的函数值也未必明确，比如在 8421 BCD 码中，有 6 个 4 位二进制代码并没有对应的十进制数。对于某些输入组合并未指定输出的函数称为不完全确定函数。大多数情况下，我们并不关心这种无关条件下函数的值。无关条件对应的最小项称为函数的无关项或约束项。这些约束项可以用来进一步化简函数表达式。一个约束项的编号对应一个变量取值组合，当变量取这组值时，逻辑函数值不确定。对应到卡诺图，我们通常在约束项对应的方格打上×，表示在该取值组合下函数的值并不确定。当选择逻辑相邻的方格化简函数时，约束项可以根据化简需要自由设为 0 或 1。所有约束项的和给出不完全函数的无关条件或约束条件。

【**例 1.3.13**】　化简函数 $F(w, x, y, z) = \sum(1, 3, 7, 11, 15)$，其中，约束条件为 $d(w, x, y, z) = \sum(0, 2, 5)$。

解　函数卡诺图如图 1.3.16 所示，F 的最小项用 1 来标记，d 的最小项用×来标记。为了得到最简与或表达式，要确保在卡诺图中用圈覆盖了所有 5 个 1，但是根据函数的简化方式，可能包含也可能不包含任何约束项×。yz 项涵盖了第三列中的 4 个最小项。剩下的最小项 m_1 可以与最小项 m_3 结合，给出三变量乘积项 $\overline{w}yz$。但是，通过包含一个或两个相邻的约束项×，可以将 4 个相邻的方格组合成一个两变量乘积项 $\overline{w}x$。在图 1.3.16(a) 中，无关最小项 m_0 和 m_2 被标记为 1，可得最简与或形式的化简结果为

$$F = yz + \overline{w}\,\overline{x}$$

在图 1.3.16(b) 中，将无关最小项 m_5 标记为 1，得到另一个化简结果：

$$F = yz + \bar{w}z$$

上述表达式中的任一个均满足本例所述的条件和化简要求，都是函数的最简与或表达式。

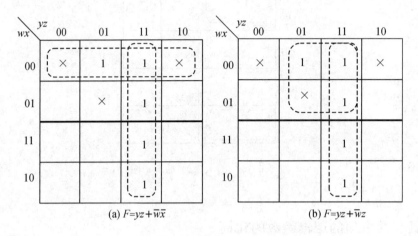

图 1.3.16　约束项举例

例 1.3.11 表明，卡诺图中约束项最初是用×标记的，可被认为是 0 或者 1。具体的选择取决于不完全确定函数的简化方式。一旦选择对某最小项标记为 1，这样化简后得到的函数中将包含该最小项。

2. 机器化简法

当变量数目不超过 5 个或 6 个时，图形化简法很方便。事实上，五变量卡诺图的情况已比较复杂。在多于 4 个变量的情况下，已经无法保证逻辑相邻的项一定是几何相邻的。当变量数目增多时，一个方格的逻辑相邻方块数目也会不断增加，画圈的规则就会非常复杂。通过试错法进行的图形法化简难以判断化简结果是否最佳。表格法克服了这一困难，它有一个固定的实施步骤来确保函数的化简结果最佳，其基本思想是通过穷举法和机器匹配搜索筛选可能包含在最简表达式中的乘积项。对手工计算而言，这一化简方法繁琐、机械，化简的计算量很大，所以这一方法通常适用于机器操作。

另外，目前讨论的是多输入变量和单个输出变量的化简。但一些数字电路可能会有多个输出。这些电路由一组布尔逻辑函数来描述，对应多输出变量。具有多个输出的电路由于各个函数间存在相关性，按照不同函数各自化简的策略有时并不能得到最简结果。这种情况下的化简多是由计算机编程来完成，关键在于尽量让不同函数共用逻辑门。

3. 互斥变量的逻辑函数化简

一组变量中，只要有一个变量等于 1，其他变量就一定为 0，有这种约束的变量，称为互斥变量。由互斥变量构成的逻辑函数中存在大量约束项，给函数化简带来了很大便利。

【例 1.3.14】　三变量函数 Y 是互斥变量逻辑函数，其真值表如表 1.3.6 所示。

表 1.3.6　例 1.3.14 的真值表

A	B	C	Y	说明
0	0	0	0	
0	0	1	1	
0	1	0	1	
0	1	1	×	不会出现
1	0	0	1	
1	0	1	×	不会出现
1	1	0	×	不会出现
1	1	1	×	不会出现

试用图形法求出其最简与或表达式。

　　解　首先画出函数的卡诺图，如图 1.3.17 所示。约束项均视为 1，可以最大程度合并最小项。

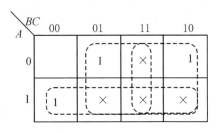

图 1.3.17　例 1.3.14 的卡诺图

得到

$$m_4 + m_5 + m_6 + m_7 = A$$

$$m_2 + m_3 + m_6 + m_7 = B$$

$$m_1 + m_3 + m_5 + m_7 = C$$

最后写出函数的最简与或表达式：

$$Y = A + B + C$$

对于变量互斥的函数，真值表可简化为如表 1.3.7 的形式。

表 1.3.7　例 1.3.14 简化后的真值表

变量	Y
A	1
B	1
C	1

本 章 小 结

本章首先介绍了二进制数码系统，并指出二进制逻辑对于处理该系统的适用性。通过建立布尔逻辑代数体系，我们讨论了逻辑变量表达式的一些特点和运算法则，并在此基础上引入逻辑函数的一般概念和逻辑函数的表示方法及化简。本章的关键结论是，逻辑函数的多种表示形式间具有等价性：如果从逻辑变量代数结构角度看，逻辑代数表达式是自然的；从门电路的角度考察，逻辑电路图是最具象、最接近于物理电路的；从形式逻辑的角度讨论，真值表具有根本意义；而卡诺图和波形图，则可以视为真值表的其他表现形式，其中前者对于不多于 5 个变量的逻辑函数化简具有直观、方便的优点，这种效果是公式法化简逻辑函数往往难以达到的。

习 　 题

1.1　已知逻辑函数的真值表如表 1.1、表 1.2 所示，试写出对应的逻辑函数式。

表 1.1　习题 1.1 表(a)

A	B	C	Y
0	0	0	0
0	0	1	1
0	1	0	1
0	1	1	0
1	0	0	1
1	0	1	0
1	1	0	0
1	1	1	0

表 1.2　习题 1.1 表(b)

M	N	P	Q	Z
0	0	0	0	0
0	0	0	1	0
0	0	1	0	0
0	0	1	1	1
0	1	0	0	0
0	1	0	1	0
0	1	1	0	1
0	1	1	1	1
1	0	0	0	0
1	0	0	1	0
1	0	1	0	0
1	0	1	1	1
1	1	0	0	1
1	1	0	1	1
1	1	1	0	1
1	1	1	1	1

1.2　试用列真值表的方法证明下列异或运算公式。

(1) $A \oplus 0 = A$。　　　　　　　　(2) $A \oplus 1 = \overline{A}$。

(3) $A \oplus A = 0$。　　　　　　　　(4) $A \oplus \overline{A} = 1$。

1.3　证明下列逻辑恒等式(方法不限)。

(1) $\overline{A}\,\overline{B}\,\overline{C}\,\overline{D} + \overline{A}B\overline{C}D + A\overline{B}C\overline{D} + ABCD = \overline{A\overline{C} + \overline{A}C + B\overline{D} + \overline{B}D}$。

(2) $\overline{A}(C \oplus D) + B\overline{C}D + AC\overline{D} + A\overline{B} \cdot \overline{C}D = C \oplus D$。

1.4　证明下列逻辑恒等式。

(1) $A\overline{B} + B + \overline{A}B = A + B$。

(2) $(A + \overline{C})(B + D)(B + \overline{D}) = AB + B\overline{C}$。

(3) $\overline{(A + B + \overline{C})\overline{C}D} + (B + C)(\overline{A}\overline{B}D + \overline{B}\,\overline{C}) = 1$。

1.5　将下列各函数式化为最小项之和的形式。

(1) $Y = \overline{A}BC + AC + \overline{B}C$。

(2) $Y = A\overline{B}\,\overline{C}D + BCD + \overline{A}D$。

(3) $Y = A + B + CD$。

(4) $Y = AB + \overline{\overline{BC}(\overline{C} + \overline{D})}$。

(5) $Y = L\overline{M} + M\overline{N} + N\overline{L}$。

1.6　化简下列逻辑函数(方法不限)。

(1) $Y = A\overline{B} + \overline{A}C + \overline{C} + \overline{D} + D$。

(2) $Y = \overline{A}(C\overline{D} + \overline{C}D) + B\overline{C}D + A\overline{C}D + \overline{A}C\overline{D}$。

(3) $Y = \overline{(\overline{A} + B)}D(\overline{A}\,\overline{B} + BD)\overline{C} + \overline{A}\,\overline{C}BD + \overline{D}$。

1.7　用逻辑代数的基本公式和常用公式将下列逻辑函数化为最简与或形式。

(1) $Y = A\overline{B} + B + \overline{A}B$。

(2) $Y = A\overline{B}C + \overline{A} + B + \overline{C}$。

(3) $Y = \overline{\overline{\overline{A}BC} + A\overline{B}}$。

(4) $Y = A\overline{B}CD + ABD + A\overline{C}D$。

(5) $Y = A\overline{B}(\overline{A}CD + \overline{AD + \overline{B}\,\overline{C}})(\overline{A} + B)$。

1.8　用逻辑代数的基本公式和常用公式将下列逻辑函数化为最简与或形式。

(1) $Y = AC(\overline{C}D + \overline{A}B) + BC(\overline{\overline{B} + AD + CE})$。

(2) $Y = A\overline{C} + ABC + AC\overline{D} + CD$。

(3) $Y = A + \overline{(B + \overline{C})}(A + \overline{B} + C)(A + B + C)$。

(4) $Y = B\overline{C} + AB\overline{C}E + \overline{B}(\overline{\overline{A}\,\overline{D} + AD}) + B(A\overline{D} + \overline{A}D)$。

(5) $Y = AC + A\overline{C}D + A\overline{B}\,\overline{E}F + B(D \oplus E) + B\overline{C}D\overline{E} + B\overline{C}\,\overline{D}E + AB\overline{E}F$。

1.9　用卡诺图化简法将下列函数化为最简与或形式。

(1) $Y(A, B, C) = \sum(m_1, m_3, m_5, m_7)$。

(2) $Y(A, B, C, D) = \sum(m_0, m_1, m_2, m_4, m_6, m_8, m_9, m_{10}, m_{11}, m_{14})$。

(3) $Y(A,B,C,D) = \sum(m_0,m_1,m_2,m_5,m_8,m_9,m_{10},m_{12},m_{14})$。

1.10 用卡诺图化简法将下列函数化为最简与或形式。

(1) $Y = ABC + ABD + \overline{C}\,\overline{D} + A\overline{B}C + \overline{A}C\overline{D} + AC\overline{D}$。

(2) $Y = A\overline{B} + \overline{A}C + BC + \overline{C}D$。

(3) $Y = \overline{A}\,\overline{B} + B\overline{C} + \overline{A} + \overline{B} + ABC$。

(4) $Y = \overline{A}\,\overline{B} + AC + \overline{B}C$。

(5) $Y = A\overline{B}\,\overline{C} + \overline{A}\,\overline{B} + \overline{A}D + C + BD$。

(6) $Y = (A,B,C) = \sum(m_0,m_1,m_2,m_3,m_5,m_6,m_7)$。

1.11 将下列各式化为最大项之积的形式。

(1) $Y = (A+B)(\overline{A}+\overline{B}+\overline{C})$。

(2) $Y = A\overline{B} + C$。

(3) $Y = AB\overline{C} + \overline{B}C + A\overline{B}C$。

1.12 将下列函数化为最简与或函数式。

(1) $Y = \overline{A+C+D} + \overline{A}\,BCD + A\overline{B}\,\overline{C}D$，给定约束条件为 $\overline{A}\,\overline{B}C\overline{D} + \overline{A}\,\overline{B}CD + \overline{A}BC\overline{D} + A\overline{B}C\overline{D} + ABC\overline{D} + ABCD = 0$。

(2) $Y = C\overline{D}(A \oplus B) + \overline{A}B\overline{C} + \overline{A}\,C\overline{D}$，给定约束条件为 $AB + CD = 0$。

(3) $Y = (A\overline{B}+B)C\overline{D} + \overline{(A+B)(\overline{B}+C)}$，给定约束条件为 $ABC + ABD + ACD + BCD = 0$。

1.13 将下列函数化为最简与或函数式。

(1) $Y(A,B,C,D) = \sum(m_3,m_5,m_6,m_7,m_{10})$，给定约束条件为 $m_0 + m_1 + m_2 + m_4 + m_8 = 0$。

(2) $Y(A,B,C) = \sum(m_0,m_1,m_2,m_4)$，给定约束条件为 $m_3 + m_5 + m_6 + m_7 = 0$。

(3) $Y(A,B,C,D) = \sum(m_2,m_3,m_7,m_8,m_{11},m_{14})$，给定约束条件为 $m_0 + m_5 + m_{10} + m_{15} = 0$。

1.14 对于互相排斥的一组变量(即任何情况下不可能有两个或两个以上同时为1)，试证明：

$A\overline{B}\,\overline{C}\,\overline{D}\,\overline{E} = A$，$\overline{A}B\overline{C}\,\overline{D}\,\overline{E} = B$，$\overline{A}\,\overline{B}\,BC\overline{D}\,\overline{E} = C$，$\overline{A}\,\overline{B}\,\overline{C}D\overline{E} = D$，$\overline{A}\,\overline{B}\,\overline{C}\,\overline{D}E = E$。

1.15 求下列函数的反函数并化简为最简与或形式。

(1) $Y = AB + C$。

(2) $Y = (A+BC)\overline{C}D$。

(3) $Y = \overline{(A+\overline{B})(\overline{A}+C)AC + BC}$。

(4) $Y = \overline{\overline{A}\,\overline{B}C + \overline{C}D(AC+BD)}$。

(5) $Y = A\overline{D} + \overline{A}\,\overline{C} + \overline{B}\,CD + C$。

(6) $Y = \overline{E}\,\overline{F}\,\overline{G} + \overline{E}\,\overline{F}G + \overline{E}F\overline{G} + \overline{E}FG + \overline{F}\,\overline{G} + E\overline{F}G + EF\overline{G} + EFG$。

1.16 写出图 1.1~图 1.4 中各逻辑图的逻辑函数式，并化简为最简与或式。

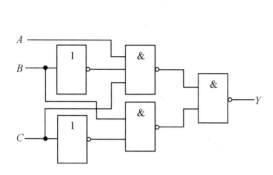

图 1.1 习题 1.16 图(a)

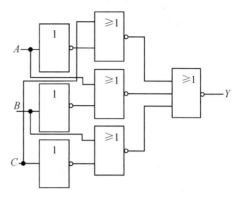

图 1.2 习题 1.16 图(b)

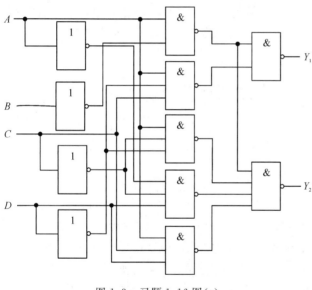

图 1.3 习题 1.16 图(c)

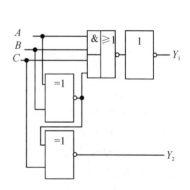

图 1.4 习题 1.16 图(d)

1.17 试画出用或非门和反相器实现下列函数的逻辑图。

(1) $Y = A\overline{B}C + B\overline{C}$。

(2) $Y = (A+C)(\overline{A}+B+\overline{C})(\overline{A}+\overline{B}+C)$。

1.18 试画出用与非门和反相器实现下列函数的逻辑图。

(1) $Y = AB + BC + AC$。

(2) $Y = (\overline{A}+B)(A+\overline{B})C + \overline{B}\,\overline{C}$。

(3) $Y = \overline{AB\overline{C} + A\overline{B}C + \overline{A}BC}$。

(4) $Y = A\overline{B}C + \overline{(\overline{A\overline{B}} + \overline{A}\,\overline{B} + BC)}$。

第2章 门 电 路

本章首先介绍数字逻辑系列常见特征，然后简要描述双极型晶体管电路的属性，着重分析双极型逻辑系列基本逻辑门，最后分析 MOS 和 CMOS 逻辑系列的基本逻辑门。

2.1 数字逻辑芯片

2.1.1 数字逻辑系列

数字集成电路芯片通常封装在陶瓷或塑料管壳中，通过 8～64 个甚至更多个引脚(也称为针)将内部电路的输入输出端引出壳体。芯片内部集成了几个到万门以上的数字逻辑门，并据此大致分为小规模集成电路、中等规模集成电路、大规模集成电路和超大规模集成电路等。小规模集成电路(SSI)只包含几个独立的逻辑门。中规模集成电路(MSI)大约封装了 10～100 个逻辑门，通常可以执行某些基本数字/逻辑运算，比如加法器、译码器、数据选择器(多路复用器)等。大规模集成电路(LSI)大约封装了 100 至数千个逻辑门，如存储器芯片和可编程逻辑器件等数字系统。超大规模集成电路(VLSI)包含了万门以上的逻辑门，如大容量存储器阵列和复杂的微机芯片等。

数字集成电路除上述根据集成度或逻辑功能的分类外，也可以根据它们所属的具体电路技术分为 TTL(Transistor-Transistor Logic)、ECL(Emitter-Coupled Logic)、MOS(Metal-Oxide Semiconductor)以及 CMOS(Complementary Metal-Oxide Semiconductor)数字逻辑系列。TTL 逻辑系列应用范围广泛，ECL 逻辑系列适用于高速运行的系统，MOS金属-氧化物半导体适用于需要高器件密度的电路，而 CMOS 互补金属-氧化物半导体则具有低功耗的优势。

TTL 集成电路芯片以 5400 和 7400 系列的数字命名来区分，它们在电路结构和电气性能参数上完全相同，区别在于工作环境温度条件和电源电压工作范围上：74 系列适合民用，工作环境温度范围为 0～70℃；54 系列适合军用，工作环境温度范围为 -55～125℃。电源电压范围方面，74 系列为 5 V±5%，54 系列为 5 V±10%。

图 2.1.1(a)给出了 TTL 集成电路的两个例子。7404 芯片封装了 6 个反相器，7400 芯片封装了 4 个 2 输入与非门。其他如 7402、7408、7432、7486、7410、7420 型号的产品，分

别封装了若干个 2 输入或非、与、或、异或、3 输入与非、4 输入与非门。芯片通常采用 14 或 16 针引脚封装，引脚从封装一侧的缺口处开始，按照逆时针方向进行编号。

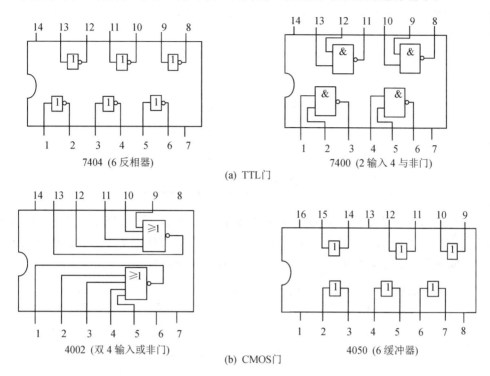

图 2.1.1　典型集成电路举例

TTL 系列根据电气特性，如功耗、传播延迟和开关速度等，可分为如表 2.1.1 所示的多个子系列。

表 2.1.1　TTL 逻辑系列

TTL 系列	前缀	举例
标准 TTL	74	7486
高速 TTL	74H	74H86
低功耗 TTL	74L	74L86
肖特基 TTL	74S	74S86
低功耗肖特基 TTL	74LS	74LS86
高级肖特基 TTL	74AS	74AS86
高级低功耗肖特基 TTL	74ALS	74ALS86

CC4000 系列是符合国家标准的 CMOS 集成电路，电源电压 U_{DD} 的范围为 3～15 V，产品在基本电路输入端和输出端均附加有反相器，构成带缓冲的电路。4000 系列的 CMOS 电路如图 2.1.1(b) 所示。这两款集成电路芯片都有若干标记为 NC(无连接) 的未使用引脚。其他如 CC4001 集成了 4 个 2 输入或非门，CC4011 集成了 4 个 2 输入与非门，CC4069 芯片中封装了 6 个反相器单元等。

74C 系列 CMOS 集成电路芯片与具有相同编号的 TTL 芯片功能相同，引脚或电平兼容，如表 2.1.2 所示。74HC 子系列开关速度较 74C 子系列提高了十倍；74HCT 子系列和 TTL 系列既电气兼容又引脚兼容，即 74HCT 芯片不需要接口电路就可以直接与 TTL 集成电路相连。

表 2.1.2　CMOS 逻辑系列

CMOS 系列	前缀	举例
原始 CMOS	40	4069
与 TTL 引脚兼容	74C	74C04
高速、与 TTL 引脚兼容	74HC	74HC04
高速、与 TTL 电平兼容	74HCT	74HCT04

集成电路数据手册以信号值 H 和 L 来描述逻辑门行为，标准 TTL 逻辑门规定 H 和 L 分别对应逻辑电平电压 3.5 V 和 0 V。选择高电平 H 代表逻辑电平 1 的方案称为正逻辑系统，选择低电平 L 代表逻辑电平 1 的方案称为负逻辑系统，如图 2.1.2 所示。

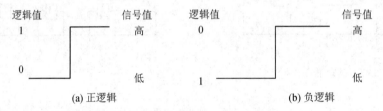

(a) 正逻辑　　　　　　　　(b) 负逻辑

图 2.1.2　正、负逻辑

同一个物理门在正负逻辑系统中可以完成不同的逻辑运算。如表 2.1.3 所示的 TTL 门，如采用 H=1 和 L=0 的正逻辑方案，该逻辑门实现与运算的功能，如表 2.1.4 所示；如采用 L=1、H=0 的负逻辑赋值，该逻辑门实现或运算的功能，如表 2.1.5 所示。

表 2.1.3　逻辑门与正、负逻辑

x	y	z
L	L	L
L	H	L
H	L	L
H	H	H

表 2.1.4　正逻辑方案实现与运算

x	y	z
0	0	0
0	1	0
1	0	0
1	1	1

表 2.1.5　负逻辑方案实现或运算

x	y	z
1	1	1
1	0	1
0	1	1
0	0	0

2.1.2 数字集成电路电气特性

在实际应用中必须考虑数字逻辑电路的电气特性,其主要技术指标包括逻辑门扇出系数、功耗、传播延迟和噪声容限等。

逻辑门扇出系数指的是一个典型逻辑门在保证其正常运行的前提下输出端能够驱动的标准负载数量。标准负载通常定义为同一系列同类逻辑门输入端所需的电流大小。

功耗是门工作时所消耗的功率。门电路功耗等于电源电压 U_{CC} 和电路汲取电流 I_{CC} 的乘积。电路汲取电流一般取输出高电平时从电源汲取电流和低电平时从电源汲取电流的平均值。根据 $P = UI$ 可得逻辑门的平均功耗。例如标准的 TTL 与非门使用 5 V 的电源电压,$I_{CCH} = 1\ mA$,$I_{CCL} = 3\ mA$。容易计算出其平均功耗为 10 mW。一个典型的数字系统的总功耗约为其中所有逻辑门功耗的总和。

输入信号的影响传播到逻辑门输出端会有传播延迟,它决定了逻辑门的运算速度。根据如图 2.1.3 所示的输入和输出波形可以计算出一个门的平均传播延迟时间。测量时通常选择输入电压波形转换的中点和输出电压波形转换的中点之间的时间延迟。当输出从高电平变为低电平时,输入和输出之间的信号延迟时间称为 t_{PHL};当输出从低电平变为高电平时,输入和输出之间的信号延迟时间称为 t_{PLH},其平均值定义为平均传播延迟时间。例如,标准 TTL 门的传播延迟为 $t_{PHL} = 7\ ns$,$t_{PLH} = 11\ ns$,于是,TTL 门的平均传播延迟是 9 ns。

杂散电信号会在逻辑电路之间的连线上产生干扰噪声。噪声容限就是加在数字电路输入信号上所允许的最大噪声电压,是衡量电路抗干扰性的重要指标。噪声容限有直流噪声容限和交流噪声容限,后者还与数字电路的反应速度有关。直流噪声容限的计算方法如图 2.1.4 所示。图中标出了由器件说明书给出的 4 个极限参数,即高电平最小输入高电压 U_{IH}、低电平最大输入低电压 U_{IL}、高电平最小输出高电压 U_{OH} 和低电平最大输出低电压 U_{OL}。

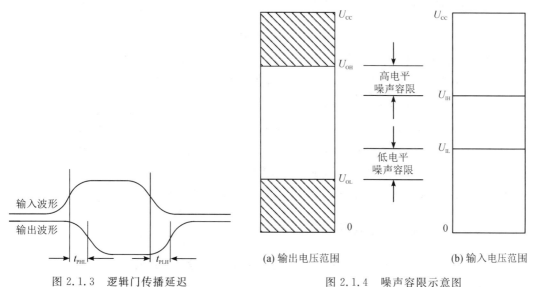

图 2.1.3 逻辑门传播延迟 图 2.1.4 噪声容限示意图

图 2.1.4(a) 显示了典型门电路中可能出现的输出电压范围,图 2.1.4(b) 显示了由门输入限定的高低电平的正常电压范围。为了补偿噪声信号,电路的设计必须确保 U_{IL} 大于

U_{OL} 且 U_{IH} 小于 U_{OH}。噪声容限是($U_{OH}-U_{IH}$)和($U_{IL}-U_{OL}$)中较小的差值。标准 TTL 与非门噪声容限的参数为 $U_{OH}=2.4$ V，$U_{OL}=0.4$ V，$U_{IH}=2.0$ V，$U_{IL}=0.8$ V。在该情况下，高电平噪声容限为 2.4 V－2.0 V＝0.4 V，低电平噪声容限为 0.8 V－0.4 V＝0.4 V。

2.2 分立元器件门电路

2.2.1 二极管门电路

由二极管、三极管和 MOS 管等半导体元器件以及电阻等电路元件可以组成一些简单的分立元器件门电路。比如，可以由二极管和电阻实现逻辑与门及逻辑或门电路，如图 2.2.1 所示。

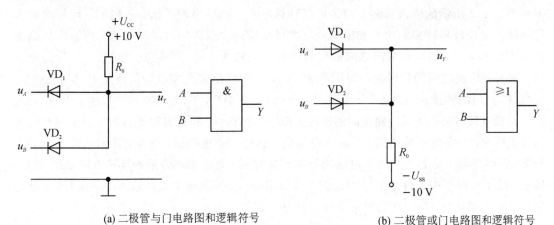

(a) 二极管与门电路图和逻辑符号   (b) 二极管或门电路图和逻辑符号

图 2.2.1　二极管逻辑与门、逻辑或门

图 2.2.1(a)所示电路以 u_A、u_B 为输入端，输出电平取自 u_Y。半导体二极管具有单向导电性，其正向导通电压低至 0.3~0.7 V。因此，如果两输入端均为高电平，则二极管截止，u_Y 的开路电压为电源电压，即输出高电平；如果至少有一个输入端为低电平，则该输入端相应二极管导通，输出电压 u_Y 被钳位在比输入高 0.7 V 的电位上，即输出为低电平。

根据电路功能描述容易看出，该电路执行的是两输入与操作。类似地，可知图 2.2.1(b)所示电路为两输入或门。基于同样的原理，二极管与门和或门很容易扩展到多输入与门和或门的情形，这一点在 ROM 与门阵列和或门阵列中有直接应用。

2.2.2 半导体三极管非门（反相器）

由两个电阻器和一个 NPN 型晶体管可以构成 RTL 数字逻辑系列的反相器，如图 2.2.2(a)所示。电源电压 U_{CC} 为 5 V。电流 I_C 流过电阻器 R_C 和晶体管的集电极，电流 I_B 流经电阻 R_B 和晶体管的基极，发射极接地，其电流为 $I_E=I_B+I_C$。电源电压 U_{CC}、输入电压 U_I 和输出电压 U_O 均为对地电压。

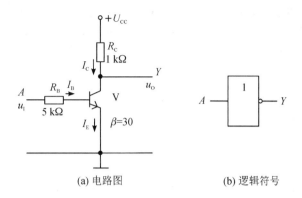

(a) 电路图 (b) 逻辑符号

图 2.2.2 半导体三极管非门(反相器)

图中箭头方向假设为电流正方向,如果基极-发射极电压 U_{BE} 低于 0.7 V,则晶体管截止;如果基极-发射极的正向偏置电压 U_{BE} 大于 0.7 V,则晶体管导通,集电极电流 I_C 开始快速上升,这时 U_{BE} 变化非常小,导通晶体管发射结两端的电压 U_{BE} 很少超过 0.8 V。

当晶体管处于放大区,集电极电流 I_C 近似等于 $h_{FE} I_B$,其中晶体管参数 h_{FE} 称为直流电流增益。如果 $I_C < h_{FE} I_B$,晶体管处于饱和区。据此可以给出判断晶体管饱和的条件:

$$I_B \geqslant \frac{I_{CS}}{h_{FE}}$$

I_{CS} 是晶体管(饱和)导通时集电极电流最大值。U_{CE} 在饱和区不完全为零,通常在 0.2 V 或 0.3 V 以下,称为晶体管的饱和管压降。随着晶体管饱和导通程度的加深,U_{CE} 趋于 0 V。

晶体管截止时,U_{BE} 小于 0.6 V,U_{CE} 可视为开路,基极电流和集电极电流均忽略不计。晶体管导通时,U_{BE} 约为 0.7 V,U_{CE} 可以在较大范围内变化,并且集电极电流 I_C 是基极电流 I_B 的函数。晶体管工作在饱和区,U_{BE} 几乎不变,但 U_{CE} 下降到 0.3 V 以下。一般而言,晶体管导通时,无论是工作在饱和区还是放大区,$U_{BE} \approx 0.7$ V;于是可以得到基极电流。如果基极电流满足晶体管饱和条件,则晶体管工作在饱和区,此时 U_{CE} 应在 0.3 V 以下。

当输入电压 $U_I = L = 0.3$ V 时,$U_{BE} < 0.6$ V,晶体管截止。集电极-发射极电路开路,输出电压 $U_O = H = 5$ V。

当输入电压 $U_I = H = 5$ V 时,发射结导通,取 $U_{BE} = 0.7$ V,计算得到基极电流:

$$I_B = \frac{U_I - U_{BE}}{R_B} = \frac{(5-0.7)\text{V}}{5 \text{ k}\Omega} = 0.86 \text{ mA}$$

事实上,集电极电流不可能超过:

$$I_{CS} = \frac{U_{CC}}{R_C} = \frac{5 \text{ V}}{1 \text{ k}\Omega} = 5 \text{ mA}$$

显而易见,饱和条件满足:

$$I_B \geqslant \frac{I_{CS}}{h_{FE}} = \frac{5 \text{ mA}}{30} = 0.167 \text{ mA}$$

于是我们得出结论:当输入电压 $U_I = H = 5$ V 时,晶体管饱和,输出电压 $U_O = U_{CE} \leqslant 0.3$ V = L。因此图 2.2.2(a)用一个三极管和若干电阻构成了一个逻辑非门电路,其逻辑符号如图 2.2.2(b)所示。

图 2.2.3 所示为 RTL 或非门电路，其工作原理叙述如下。如果所有输入均为低电平，则全部晶体管截止，输出接近电源电压，为高电平；如果任何输入为高，则会驱动相应晶体管进入饱和导通状态，导致输出电平被拉低。

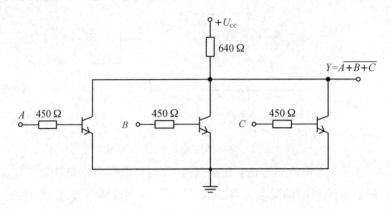

图 2.2.3 RTL 基本或非门电路

RTL 数字逻辑系列从技术早于 DTL(二极管-晶体管逻辑)和 TTL，目前已不再用于数字系统设计。

2.2.3 MOS 三极管非门

和 NPN 和 PNP 双极型晶体管不同，场效应晶体管(FET)是单极型晶体管，因为其动作取决于一种类型载流子的流动。其中，金属-氧化物-半导体场效应晶体管(MOSFET)广泛应用于数字电路。相比于双极型晶体管，MOS 晶体管可以在更小的面积上制造和集成。

MOS 结构有 4 种基本类型。MOS 管根据多数载流子类型分为 P 沟道型或 N 沟道型；根据零栅极电压下沟道区的状态分为增强型或耗尽型。在 N 沟道增强型 MOS 管中，通过导线将源极 S 连接到衬底，并且向漏极 D 施加正电压，当栅极 G 电压低于阈值电压 U_{GS}(约 2 V)时，沟道中没有电流流过。当栅极电压在 U_{GS} 以上时形成 N 沟道，N 型载流子从源极流向漏极。在 P 沟道增强型 MOS 管中，源极通过导线连接到衬底，并且在漏极处施加负电压。当栅极电压高于阈值电压 U_{GS}(约 -2 V)时，沟道中没有电流流过，漏极至源极间开路。当栅极电压在 U_{GS} 以下时，形成 P 沟道。增强型 MOS 管的导通阈值电压取决于所采用的生产工艺，可从 1 V 到 4 V 变化。数字电路中，MOS 管导通时，一般都工作在可变电阻区，其导通电阻较小，通常只有几百欧姆直至毫欧量级。

与半导体三极管非门类似，用 MOS 管和限流电阻也可以构成 MOS 三极管非门，其中 MOS 三极管的图形符号如图 2.2.4 所示。增强型 MOS 管符号的特点是在源漏之间以虚线连接。衬底以箭头标记并且连接到源。在图 2.2.4 中，我们使用了一个省略衬底的替代符号，在这个符号中，箭头标记于源端以显示正电流的方向(P 沟道由源极到漏极方向、N 沟道由漏极到源极方向)。

由于源极和漏极结构对称，MOS 晶体管可以作为双向器件使用。通过永久偏置栅极保持沟道通路，改变 MOS 器件的沟道长度和宽度，可以在制造过程中得到不同阻值的电阻器。

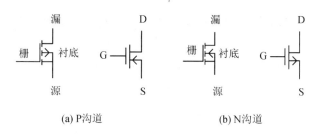

(a) P沟道　　　　　　(b) N沟道

图 2.2.4　MOS晶体管符号

图 2.2.5 所示为使用 MOS 管构建的三种逻辑电路。图 2.2.5(a)所示的反相器电路使用两个 N 沟道 MOS 管构建,其中 V_1 作为负载电阻,V_2 作为有源器件。作为负载电阻的 MOS 管的栅极连接到 U_{DD},保证其始终处于导通状态。当输入端 A 为低电平(电压低于 U_{TH})时,V_2 截止。由于 V_1 始终导通,输出端 Y 的电压约为 U_{DD}。当输入端 A 为高电平(电压高于 U_{TH})时,V_2 导通。电流从 U_{DD} 流过负载电阻器 V_1 并流入 V_2。

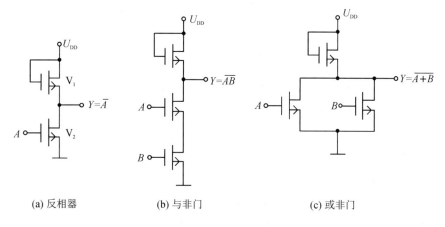

(a) 反相器　　　　(b) 与非门　　　　(c) 或非门

图 2.2.5　N 沟道 MOS 管逻辑电路

图 2.2.5(b)所示的与非门使用两个串联的 MOS 管,输入 A 和 B 都必须为高电平,才能使两个串联的 MOS 管均导通,并使输出 Y 为低电平,如果任一输入 A 或 B 为低电平,则相应的 MOS 管截止,输出 Y 为高电平。由两个有源 MOS 管导通时形成的串联电阻值必须远小于负载电阻器 MOS 管的电阻值。图 2.2.5(c)所示的或非门使用并联的 MOS 管,如果任一输入 A 或 B 为高电平,相应的 MOS 管导通,输出 Y 为低电平。如果所有输入均为低电平,则源极接地的两个并联 MOS 管截止,输出 Y 为高电平。

2.3　集成门电路

2.3.1　CMOS门电路

1. CMOS 门电路基本结构

CMOS 门电路是利用了 N 沟道和 P 沟道 MOS 器件可以在同一衬底上制造这一技术实

现的。CMOS 门电路的基础是反相器，后者由一个 P 沟道 MOS 管和一个 N 沟道 MOS 管互连而成，如图 2.3.1(a)所示。P 沟道器件的源极处于 U_{DD}，N 沟道器件的源极接地。U_{DD} 的取值范围在 3~18 V。该电路的低电平电压约等于 0 V，而高电平电压约为 U_{DD}。

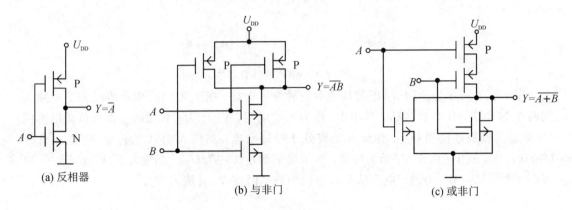

图 2.3.1　CMOS 逻辑电路

CMOS 反相器的工作原理如下：

当输入低电平时，两个栅极都处于零电平。输入相对于 P 沟道 MOS 管的源极为 $-U_{DD}$，相对于 N 沟道 MOS 管的源极为 0 V。结果 P 沟道 MOS 管导通，N 沟道 MOS 管关断。在这些条件下，从 U_{DD} 到输出端有一个低阻抗路径，从输出到地有一个非常高的阻抗路径。因此，在正常负载条件下，输出电压接近高电平 U_{DD}。当输入为高电平时，两个栅极都处于 U_{DD} 状态，P 沟道 MOS 管关闭，N 沟道 MOS 管导通，结果输出接近 0 V，为低电平。

图 2.3.1(b)为双输入与非门，由两个并联的 P 型 MOS 管和两个串联的 N 型 MOS 管组成。如果输入 A 和 B 均为高电平，则两个并联的 P 沟道 MOS 管关断，两个串联的 N 沟道 MOS 管导通。输出对地有一个低阻抗路径，产生一个低电平状态。如果任一输入为低电平，则相连的 N 沟道 MOS 管关断，并且相连的 P 沟道 MOS 管导通。输出耦合到 U_{DD} 并进入高电平状态。多输入"与非"门可以通过分别并联和串联地放置相等数量的 P 型和 N 型 MOS 管形成，其具体方式与图 2.3.1(b)所示类似。

图 2.3.1(c)为双输入或非门，由两个并联的 N 型 MOS 管和两个串联的 P 型 MOS 管组成。当输入 A 和 B 都为低电平时，两个串联的 P 沟道 MOS 管都打开，两个并联的 N 沟道 MOS 管都关闭。输出耦合到 U_{DD} 并进入高电平状态。如果任一输入为高电平，则相连的 P 沟道 MOS 管关断，并且相连的 N 沟道 MOS 管导通，这会将输出通过导通的 MOS 管接地，输出低电平。

2. CMOS 逻辑门的输入、输出和传输特性

由于 MOS 管是电压控制型器件，输入电阻极高，静态情况下栅极不会有电流。如果不考虑外围保护电路的特性，CMOS 逻辑门电路的输入伏安特性曲线（简称输入特性）斜率几乎为零。

CMOS 逻辑门输出端如果为高电平，见图 2.3.2(a)，这时输出电流为负（电流方向取流入逻辑门的方向为正方向）。外部负载向逻辑门索取电流，因而得名拉电流负载。随着拉电流的增大，由于与电源连接的 MOS 管的分压作用，逻辑门输出高电平电压会降低。如果逻辑门输出低电平，见图 2.3.2(b)，这时输出电流为正，逻辑门带灌电流负载。随着灌电流的增大，由于接地的 MOS 管具有等效电阻，逻辑门输出低电平电压会抬高。CMOS 输出特性曲线如图 2.3.2(c) 所示。很明显，只有外部负载控制在合理范围内才能确保逻辑门输出正常。

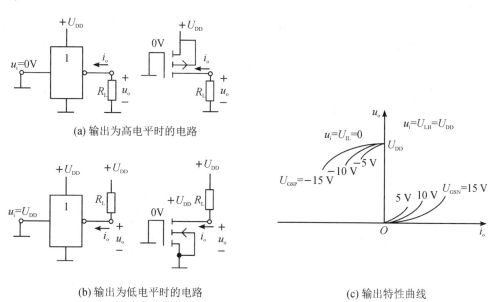

(a) 输出为高电平时的电路

(b) 输出为低电平时的电路

(c) 输出特性曲线

图 2.3.2　CMOS 反相器的电路级输出特性

当 CMOS 逻辑电路处于静态时，其功耗非常低。这是因为当电路状态不变时，电流回路中总是有一个 MOS 管处于截止状态，只有拉电流和灌电流流经的 MOS 管会出现很小的能量消耗，导致典型的 CMOS 门静态功耗约为 0.01 mW。但是，当电路以 1 MHz 的速率切换状态时，功耗增加到约 1 mW。两个互补的 MOS 管分别在进入和离开饱和状态时会有一个短暂的时间内同时处于恒流区，均在一定程度上导通；也就是说，CMOS 电路在状态转换期间将出现尖峰电流，从而导致 CMOS 电路功耗增加。

通常将 CMOS 逻辑规定为在 3～15 V 电压范围内的单电源供电，典型的 U_{DD} 值为 5 V。提升电源电压可以减小 CMOS 电路传播延迟时间并改善其噪声容限，但功耗会增加。$U_{DD}=5$ V 时的传播延迟时间范围为 8～50 ns，具体取决于所使用的 CMOS 类型。噪声容限通常约为 U_{DD} 电源电压的 40%。当工作频率低于 1 MHz 时，CMOS 门的扇出系数为 50。扇出量随着工作频率的增加而降低。

3. 带缓冲的 CMOS 与非门和或非门

图 2.3.1 所示的电路中，与非门及或非门电路从输出端看结构并不对称，这会导致电路输出特性的不对称。同时，在电路传输特性方面，电路不对称造成逻辑门高低电平转换时的转折电压偏离 $0.5U_{DD}$，电路的噪声容限下降。

通过在门电路的输入端和输出端分别加上反相器作缓冲级，电路的输入、输出和传输特性就转化为反相器的特性，由于反相器本身的结构对称性，整个电路的电气特性得到改善。需要注意的是，与非门在加上了反相器缓冲级之后，整个电路的功能转换为或非门电路。同样的道理，或非门在加上了反相器缓冲级之后，整个电路的功能就转化为与非门电路。

4. CMOS 传输门

传输门是 CMOS 数字逻辑系列特有的电路。传输门本质上是由输入逻辑电平控制的电子开关，在 CMOS 集成技术中用于简化数字元器件的制造和集成。

图 2.3.3(a) 显示了传输门的基本电路。它由一个 N 沟道 MOS 管和一个 P 沟道 MOS 管并联组成，N 沟道衬底接地，P 沟道衬底连接到 U_{DD}，栅极控制端标记为 C 和 $\overline{C}$。当 C 接 U_{DD}、$\overline{C}$ 接地时，两个 MOS 管导通，输入 X 和输出 Y 之间导通；当 C 接地、$\overline{C}$ 接 U_{DD} 时，两 MOS 管均截止，X 和 Y 之间开路。图 2.3.3(b) 给出了传输门的国标符号。注意 P 沟道 MOS 管的栅极控制端标有圆圈符号，代表在输入低电平时 P 沟道 MOS 管导通或低电平有效。CMOS 传输门的开关行为如图 2.3.3(c) 所示。

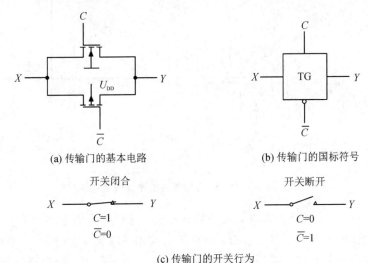

(a) 传输门的基本电路   (b) 传输门的国标符号

(c) 传输门的开关行为

图 2.3.3　传输门

由两个传输门和两个反相器可以构成异或门，如图 2.3.4 所示。输入 A 控制传输门，输入 B 通过传输门连接到输出 Y。当输入 A 等于 0 时，传输门 TG1 闭合，输出 Y 等于输入 B；当输入 A 等于 1 时，TG2 闭合，输出 Y 等于输入 B 的非。该电路实现异或逻辑操作。

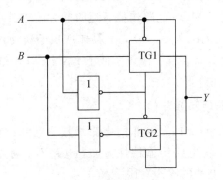

图 2.3.4　用传输门构造异或门

5. CMOS 三态门

图 2.3.5 给出了 CMOS 三态门的电路图和逻辑符号。A 和 Y 为信号的输入端和输出端。$\overline{EN}$ 是控制信号端，或者叫作使能端。注意该端口标记上面有一根横线，它的含义和使能端的小圆圈含义一致，代表低电平有效，即当 $\overline{EN}=0$ 时，三态门和去掉使能端及输出端倒三角后的逻辑门所示功能一致；当 $\overline{EN}=1$ 时，逻辑门输出端呈现高阻态 $Y=Z$。事实上，由图 2.3.5(a) 可知：如果 $\overline{EN}=0$，V_{P2}、V_{N2} 均导通，V_{P1}、V_{N1} 构成反相器，从而有 $Y=\overline{A}$；如果 $\overline{EN}=1$，V_{P2}、V_{N2} 均截止，Y 与地和电源都不连通，输出端浮空，从而呈现为高阻态。因其输出端 Y 有高阻、高电平和低电平三种状态，故称这类逻辑门为 CMOS 三态门，逻辑符号中在靠近逻辑门输出端标记▽，如图 2.3.5(b) 所示。

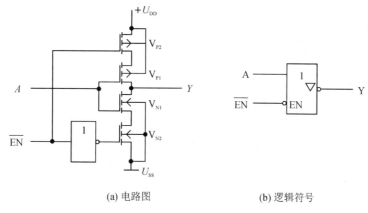

(a) 电路图　　　　　　　　(b) 逻辑符号

图 2.3.5　CMOS 三态门

6. 漏极开路门(OD 门)

对于 CMOS 集成逻辑门电路，通过在逻辑门输出端级联一个反相器和一个 MOS 管，就得到了如图 2.3.6 所示的具有漏极开路结构的逻辑门，简称漏极开路门(OD 门)。

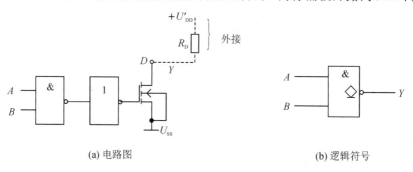

(a) 电路图　　　　　　　　(b) 逻辑符号

图 2.3.6　漏极开路门

由于作为 OD 门输出端的 MOS 管漏极是开路的，要驱动后级电路必须外挂电源和限流电阻，因此当图 2.3.6(a) 中的虚线部分存在时电路才能正常工作，实现原逻辑门的逻辑功能。从图 2.3.6(b) 中的逻辑符号上看，具有漏极开路结构的逻辑门在输出端有一个下方带短横线的菱形符号。

漏极开路结构允许多个 OD 门的输出端用导线接在一起，即可实现多个输出的"线与"运算，所以图 2.3.7 所示的电路有 $Y=\overline{A_1B_1}\cdot\overline{A_2B_2}$。

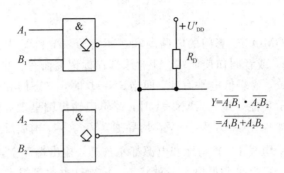

图 2.3.7　OD 门线与连接

OD 门输出 MOS 管漏极电源是外接的，漏极开路结构可以用来实现逻辑电平转换。漏极开路结构的另一个优点是 OD 门的带负载能力更强。

CMOS 制造工艺可比 TTL 提供更大的封装密度，且具有低功耗、抗干扰能力强等优点。

2.3.2　TTL 门电路

1. TTL 反相器

集成电路输入级和输出级全采用晶体管组成的单元门电路，简称 TTL 电路。它是从二极管-晶体管逻辑电路(DTL)发展而来的。图 2.3.8 所示是作为 DTL 数字系列基本电路的与非门。每个输入都与一个二极管相关联。3 个二极管和 5 kΩ 电阻形成一个与门。晶体管在翻转数字信号时用作电流放大器。

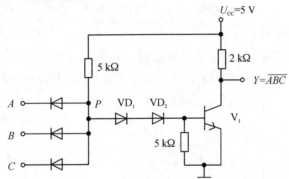

图 2.3.8　DTL 基本与非门电路

如果逻辑门的任一输入低于 0.3 V，则点 P 处的电压被输入端方向的二极管钳位于小于 1.0 V。为了使晶体管导通，点 P 处的电压必须打通两个二极管 VD_1、VD_2 以及晶体管 V_1 的发射结，从而需要被钳位于 $0.7 \times 3 = 2.1$ V。这时晶体管截止，逻辑门输出高电平。

如果门的输入 A、B 和 C 均为高电平，P 点电压被钳位于 $0.7 \times 3 = 2.1$ V，低于所有的输入电压，输入二极管反偏，不导通。根据电路参数可以确认此时晶体管处于饱和状态，输出 U_{CE} 低于 0.3 V，逻辑门输出低电平。

最初的基本 TTL 门在 DTL 门上有所改进。TTL 反相器如图 2.3.9 所示，从输入级和中间级看，二极管均被替换为双极型晶体管；从反相器的输出级看，在晶体管 V_4 和电源之间增加了一个晶体管 V_3，构成图腾柱输出结构。

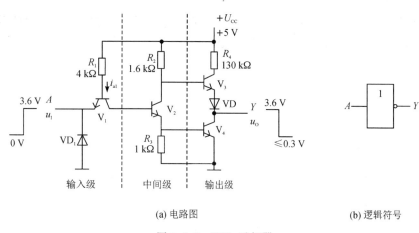

(a) 电路图   (b) 逻辑符号

图 2.3.9 TTL 反相器

    TTL 反相器的工作原理如下。当输入端为低电平时，V_1 的发射结正偏，输入电流为负。此时晶体管 V_1 基极电压被钳位于 1.4 V 以下，不可能同时打通 V_1 的集电结和 V_2 的发射结，V_2 截止，从而 V_4 截止；另一方面，V_3 将会导通，输出端 Y 开路，输出电压为电源电压减去 V_3 发射结和二极管 VD 的导通电压，约为 3.6 V，输出 Y 为高电平。随着输入电压的升高，输入电流逐渐趋向于零。当输入电压达到 1.4 V 以上时，发射结反偏，集电结正偏，输入电流为正，V_2 和 V_4 开始导通，输出端 Y 为低电平。TTL 反相器的输入伏安特性如图 2.3.10 所示。当输出 Y 为低电平时，V_2 和 V_4 饱和导通；另一方面，V_2 的集电极电压为 $U_C(V_2) = U_{BE}(V_4) + U_{CE}(V_2) = (0.7 + 0.3) V = 1.0 V$，输出 $Y = U_{CE}(V_4) \leqslant 0.3 V$。由于 V_2 饱和导通时其集电极电压被钳位于 1.0 V 以下，V_3 截止，因此，输出 Y 电压小于 0.3 V，为低电平。在电路中放置二极管 VD 是为了确保 V_4 饱和时 V_3 截止。

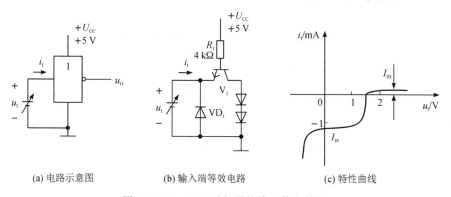

(a) 电路示意图   (b) 输入端等效电路   (c) 特性曲线

图 2.3.10 TTL 反相器的输入伏安特性

    实际应用中，加在输入端的信号源常常是有内阻的，该内阻对输入端电压会产生一定影响。反映接在逻辑门输入端电阻两端的电压和电阻值之间关系的曲线，称为输入端负载特性曲线。首先根据前面的分析可知，当输入端电压抬高到 2.1 V 时，V_2 和 V_4 将开始导通，此时输入端相当于高电平。在输入低电平的情况下，由于输入电流为负，一端接地的输入电阻将会抬高逻辑门输入端电压，如图 2.3.11 所示。设此时输入电流为 i_1，则输入电压 $u_I = i_1 R_1 = (5 - 0.7) R_1 / (R_1 + R_1)$，估算可得输入电阻的临界值。实际工作中，通常当输入电阻在 2.5 kΩ 以上时，可以认为输入电压已被抬高到 $1.2 \sim 1.4$ V，从 V_2 和 V_4 的角度看，这相当于输入端为高电平。同理，当输入端电阻小于 0.7 kΩ 时，输入端电压在 1 V 以下，

由于 V_1 发射结的钳位作用，u_{B_1} 小于 $1.8 \sim 2.1$ V，V_4 不导通，这时输入端为低电平。BE_2 和 BE_4 分别是三极管 V_2 和 V_4 的发射结等效二极管。

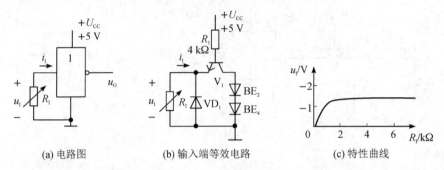

(a) 电路图　　　　　(b) 输入端等效电路　　　　　(c) 特性曲线

图 2.3.11　TTL 反相器的输入端负载特性

2. TTL 与非门

把晶体管 V_1 替换为多发射极晶体管，图 2.3.9 所示的 TTL 反相器就扩展为具有图腾柱结构输出的 TTL 与非门电路，如图 2.3.12 所示。当所有输入端同为低电平或高电平时，与非门工作原理与 TTL 反相器相同。对于输入同为高电平的情况，当其中一个或多个输入转为低电平后，晶体管 V_2 和 V_4 开始进入截止状态，输出 Y 会反转到高电平。

类似可以构造出如图 2.3.13 所示的 TTL 或非门电路，其中输入级、中间级和输出级如图所示。输入 A、B 只要有一个为高电平，中间级相应的晶体管就会饱和导通，从而晶体管 V_4 饱和导通，输出 Y 为低电平。当且仅当 A、B 均为低电平时，中间级两个晶体管截止。没有电流通过晶体管 V_4 基极，此时 V_3 导通，输出 Y 为高电平。容易看出，该电路实现了逻辑函数 $Y = \overline{A + B}$。

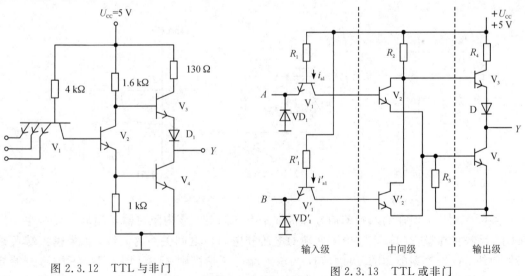

图 2.3.12　TTL 与非门　　　　　　　　　图 2.3.13　TTL 或非门

当逻辑门输出带灌电流负载时，由于输出晶体管深度饱和导通，输出电阻很小，灌入电流增加时输出电压上升缓慢。当逻辑门输出带拉电流负载时，输出晶体管处于射极输出状态，输出电阻也不大，因此输出电压下降缓慢。如图 2.3.14 所示，输出为低电平，带灌电流负载；输出为高电平，带拉电流负载。

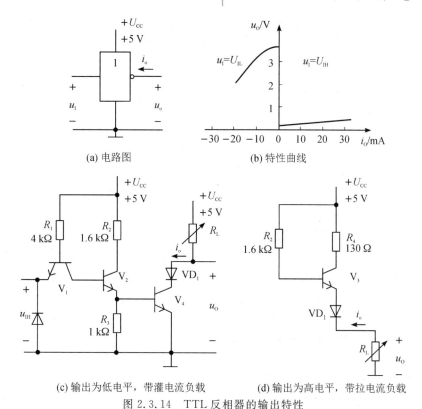

(a) 电路图 (b) 特性曲线

(c) 输出为低电平，带灌电流负载 (d) 输出为高电平，带拉电流负载

图 2.3.14 TTL 反相器的输出特性

在逻辑门输入电平由高电平向低电平转换初期，V_3 刚导通时 V_4 并未完全截止，这时两晶体管形成的通路会出现一个尖峰电流。这个尖峰电流会在电路中产生干扰，同时也增加了电路的平均功耗。

3. 集电极开路输出(OC 门)

图 2.3.15(a)为集电极开路输出的 TTL 与非门电路图，图 2.3.15(b)为逻辑符号。与图 2.3.12 不同的是，取自 V_3 集电极的 OC 门输出 Y 和 U_{CC} 之间必须接入一个电阻，以保证 V_3 截止时，输出上拉到高电平。

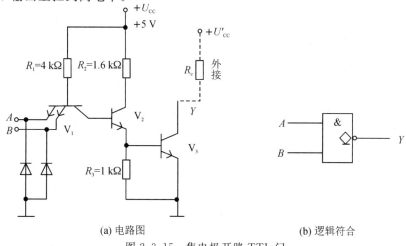

(a) 电路图 (b) 逻辑符合

图 2.3.15 集电极开路 TTL 门

TTL 门两个电平的输出电压在低电平时为 0.3 V，在高电平时为 2.4～5 V。其基本电路是一个与非门。如果任一输入为低电平，则 V_1 中的对应基极-发射极结是正向偏置的。V_1 的基极电压等于输入电压 0.3 V 加上压降 U_{BE}(0.7 V)之和。为了使 V_3 开始导通，从 V_1 到 V_3 的路径必须克服 V_1 的基极-集电极 PN 结并导通 V_2 和 V_3，因此需要提供的电压为 $3×0.6=1.8$ V。由于 V_1 的基极被输入信号保持在 1.0 V，所以输出晶体管截止。如果在输出端和 U_{CC} 之间连接了一个外部电阻(如果不使用电阻，则为开路)，输出为高电平。

如果输入 A 和 B 都为高电平，则 V_2 和 V_3 都导通并饱和。V_1 的基极电压等于其基极-集电极 PN 结两端的电压加上 V_2 和 V_3 中的两个 U_{BE} 压降，即 $0.7×3=2.1$ V。由于所有输入均为高电平且大于 2.4 V，V_1 的基极-发射极结都是反向偏置的。当输出晶体管 V_3 饱和时，输出电压就会低于 0.3 V。除输出晶体管 V_4 和二极管 VD_1 外，具有集极开路结构的逻辑门与图腾柱输出的 TTL 门相同。

在这一过程中，稳定状态下 V_1 的基极-集电极结的作用类似于一个二极管 PN 结。然而，在关断转换期间，V_1 确实表现出晶体管动作，导致传播延迟的减少。当所有输入都处于高电平状态，然后当其中一个输入变为低电平时，V_2 和 V_3 开始截止。此时，V_1 的集电结反向偏置，发射结正向偏置，晶体管 V_1 瞬间进入放大区。V_1 的集电极电流来自 V_2 的基极，并快速消除了 V_2 在先前饱和状态下存储的过量电荷。与 DTL 类型的输入相比，电路的存储时间减少，从而降低了逻辑门的关断时间。

当连接到其他 TTL 门的输入时，集电极开路 TTL 门可以在没有外部电阻的情况下工作，但由于抗噪性差，通常不建议这么做。如果没有外部电阻，当 V_3 截止时，门的输出是开路。(TTL 门输入开路通常相当于一个高电平输入，但少量的噪声可以将其变为低电平。)当 V_3 导通时，其集电极电流将由 U_{CC} 经过 4 kΩ 电阻和正向偏置的发射结提供的电流通路流通。

集电极开路门通常有三个主要应用：驱动一个灯或继电器，执行"线与"逻辑，以及构建一个公共总线系统。集电极开路输出可以通过一个限流电阻来点亮灯泡。当输出低电平时，输出晶体管 V_3 饱和导通，形成使灯点亮的电流通路。当输出晶体管 V_3 截止时，由于没有电流通路，灯会熄灭。如果多个集电极开路结构 TTL 门的输出端与一个外部电阻连接在一起，则会执行"线与"逻辑。当集电极开路门的输出连接在一起时，只有当所有输出晶体管截止(或高电平)时，公共输出端才为高电平。只要其中有任一输出晶体管导通，公共输出端就会输出低电平。

图 2.3.16 描述了使用集电极开路 TTL 门执行的线与逻辑，电路给出的布尔逻辑函数是两个与非门输出之间的与操作，即

$$Y=\overline{AB} \cdot \overline{CD}=\overline{AB+CD}$$

集电极开路输出可以连接在一起形成通用总线：在任何时候，连接到总线的所有门输出除所选中的一个门外必须保持高电平状态。控制电路确定总线上哪一个逻辑门被选中，取决于总线上传输 1 还是 0，所选的门可能处于高或低电平状态。

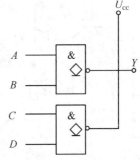

图 2.3.16　集电极开路 TTL 门的线与逻辑

需要注意的是，图腾柱输出电路不允许线与连接。当两个图腾柱输出连接在一起，一个门的输出为高，第二个门的输出为低时，过量的电流将产生大量热，可能会损坏电路中的晶体管。有些特殊构造的 TTL 门虽然可以承受这种情况下的电流，但输出为低电平的图腾柱输出逻辑门中的集电极电流过大时，会使晶体管进入放大状态，在线与连接中产生大于 0.7 V 以上的输出电压而超出 TTL 门电路输出低电平的有效范围。

4. 三态门

如前所述，图腾柱结构的两个 TTL 门的输出不能像集电极开路输出那样连接在一起。但有一种特殊类型的图腾柱输出逻辑门，允许线与连接输出以形成一个公共总线系统。当一个图腾柱输出 TTL 门具有这种属性时，我们把它称为三态门。三态门在逻辑门逻辑符号中由输出端附近的一个倒三角符号表示，如图 2.3.17 所示。三态门呈现三种输出状态：① 图腾柱输出中下方晶体管导通且上方晶体管截止时的低电平状态；② 当图腾柱中上方晶体管导通且下方晶体管截止时的高电平状态；③ 图腾柱中上下两个晶体管均截止时的第三个状态，即开路或高阻状态，允许将许多输出直接连接到公共总线。三态门总线结构中可以没有集电极开路门。

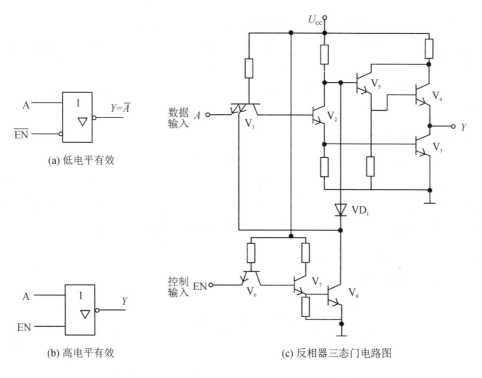

图 2.3.17 三态门

图 2.3.17(a)、(b)显示了三态门的图形符号。当控制输入 EN 为高电平时，门被使能，可作为一个正常的缓冲器使用，其输出等于输入的二进制值；当控制输入 EN 为低电平时，输出是一个开路状态，无论输入 A 的值如何，都会产生高阻抗状态。某些三态门在控制输入为高电平时输出为高阻状态，如图 2.4.12(a)所示，其使能端处有一个小圆圈，表示当使能端输入为低电平时三态门使能，这也称为控制端低电平有效。

三态门反相器的电路图如图 2.3.17(c)所示。与控制输入相关联的晶体管 V_6、V_7 和 V_8 形成类似于集电极开路门的电路。与数据输入相关的晶体管 $V_1 \sim V_5$ 形成图腾柱输出 TTL 电路。两个电路通过二极管 VD_1 连接在一起。与集电极开路结构相同，当 EN 处的控制输入处于低电平状态时，晶体管 V_8 截止，二极管 VD_1 截止，同时 V_1 发射极连接到 V_8 的电流通路断开。在这种情况下，晶体管 V_8 对门的操作没有影响，Y 中的输出仅取决于 A 处输入。当控制输入 EN 为高电平时，晶体管 V_8 导通，并且从 U_{CC} 流经二极管 VD_1 的电流导致晶体管 V_8 饱和。V_5 基极的电压等于饱和晶体管 V_8 两端的电压加上一个二极管管压降，约为 1.0 V，小于两倍 U_{BE} 压降，因此 V_5 和 V_4 截止。同时，V_1 发射极的低电平输入迫使晶体管 V_3（和 V_2）截止。因此，图腾柱中的 V_3 和 V_4 都不导通，电路输出为具有高输出阻抗的开路状态。

三态总线通过将多个三态门输出连接在一起而形成。在任何给定时刻，只有一个三态门被使能，其他所有三态门输出处于高阻状态。使能三态门可以通过公共总线传输二进制信息。必须确保每个时刻只有一个三态门均处于使能状态，否则就相当于把多个处于正常工作状态的图腾柱输出错误地连接在一起。

大多数三态门的一个重要特征是输出使能延迟大于输出禁止延迟。如果一个控制电路使能一个门并同时禁用另一门，那么在一个门被使能之前，被禁止的另一个门已进入高阻状态，这样就消除了两个门同时处于活动状态的危险。

三态门在高阻态下有一个泄露电流，这个电流非常小，以至于多达 100 个三态门输出连接在一起，形成的公共总线仍然可以正常工作。

5. TTL 逻辑门的电气特性

扇出系数计算如图 2.3.18 所示，其中一个门的输出连接到一个或多个其他门的输入。图 2.3.18(a)中门输出处于高电平，为连接到它的所有门输入提供电流源，因每个门输入都需要一个电流 I_{IH} 才能正常工作。I_{IH} 代表输入为高电平时的输入电流，其中下标 I 和 H 分别表示输入和高电平。类似地，图 2.3.18(b)中门输出为低电平，为连接到它的所有门输入

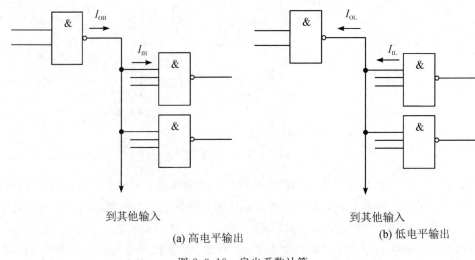

(a) 高电平输出　　　　　　　　　　　　　　(b) 低电平输出

图 2.3.18 扇出系数计算

提供电流汇，每个门输入提供一个电流 I_{IL}。门的扇出系数即比值 $I_{\mathrm{OH}}/I_{\mathrm{IH}}$ 或 $I_{\mathrm{OL}}/I_{\mathrm{IL}}$，以比值较小者为准。例如，标准的 TTL 门有以下电流参数：$I_{\mathrm{OH}}=400\ \mu A$，$I_{\mathrm{IH}}=40\ \mu A$，$I_{\mathrm{OL}}=16\ mA$，$I_{\mathrm{IL}}=1.6\ mA$。在这种情况下，门的扇出系数这两个比值相同：

$$\frac{I_{\mathrm{OH}}}{I_{\mathrm{IH}}}=\frac{400\ \mu A}{40\ \mu A}=10,\ \frac{I_{\mathrm{OL}}}{I_{\mathrm{IL}}}=\frac{16\ mA}{1.6\ mA}=10$$

因此，标准 TTL 电路扇出系数为 10。如果 TTL 门的输出连接同一逻辑系列其他门的输入端数量超过 10 个，后级逻辑门可能无法被正常驱动。

本 章 小 结

本章主要介绍了分立元器件门电路和集成门电路的结构和基本工作原理。分立元件门电路使用若干分立的半导体器件和电阻、电容等元件进行连接构成，而数字集成门按内部有源器件的不同可分为两大类：一类为双极型晶体管集成电路，如晶体管 TTL 逻辑、射极耦合逻辑 ECL 等类型；另一类为单极型 MOS 集成电路，包括 NMOS、PMOS 和 CMOS 等类型。目前，应用最广泛的集成门电路有 CMOS 和 TTL 两大类：TTL 集成逻辑门功耗较大，不适于制造大规模、超大规模集成电路；CMOS 集成逻辑门具有功耗极低，发热量小，易于集成的特点。

习 题

2.1 半导体三极管的开关条件是什么？饱和导通和截止时各有什么特点？

2.2 半导体二极管的开关条件是什么？导通和截止时各有什么特点？

2.3 在 CMOS 电路中有时采用图 2.1 所示的扩展功能用法，试分析各图的逻辑功能，写出 $Y_1 \sim Y_4$ 的逻辑式。已知电源电压 $U_{\mathrm{DD}}=10\ V$，二极管的正向导通压降为 0.7 V。

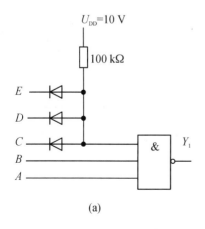

(a)

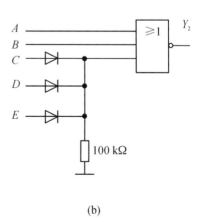

(b)

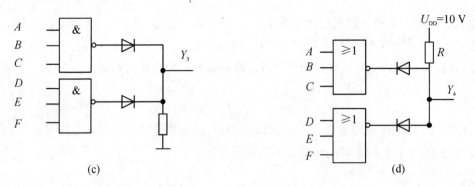

图 2.1   习题 2.3 图

2.4   在 CMOS 电路中有时采用图 2.1 所示的扩展功能用法，问使用的扩展方法能否用于 TTL 门电路？试说明理由。

2.5   试说明在下列情况下，用万用表测量图 2.2 的 U_{I2} 端得到的电压分别为多少？图 2.2 中的与非门为 74 系列的 TTL 电路，万用表使用 5 V 量程，内阻为 20 kΩ/V。

图 2.2   习题 2.5 图

(1) U_{I1} 悬空。

(2) U_{I1} 接低电平(0.2 V)。

(3) U_{I1} 接高电平(3.2 V)。

(4) U_{I1} 经 51 Ω 电阻接地。

(5) U_{I1} 经 10 kΩ 电阻接地。

2.6   若将图 2.2 中的门电路改为 CMOS 与非门，试说明当 U_{I1} 为给出的五种状态时测得的 U_{I2} 各等于多少？

2.7   试分别用二输入的与非门、或非门、异或门和图 2.3 所示的与或非门实现"非"门功能。

2.8   利用二输入与非门组成非门、与门、或门、或非门和异或门，要求列出表达式并画出最简逻辑图。

2.9   图 2.4 所示的各门电路均为 CC4000 系列的 CMOS 电路，分别指出电路的输出状态是高电平还是低电平。

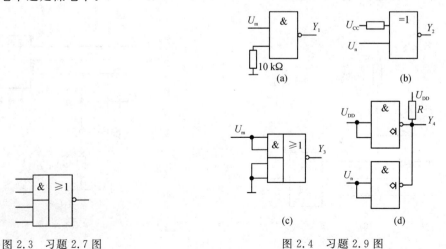

图 2.3   习题 2.7 图

图 2.4   习题 2.9 图

2.10　图 2.5 所示的各门电路均为 74 系列 TTL 电路，分别指出电路的输出状态（高电平、低电平或高阻态）。

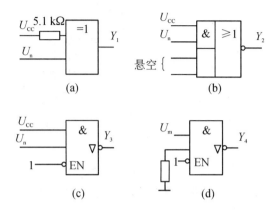

图 2.5　习题 2.10 图

2.11　为实现图 2.6 中输出端表达式的逻辑关系，请合理地将多余端 C 进行处理。

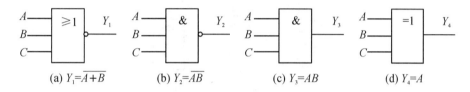

图 2.6　习题 2.11 图

2.12　指出图 2.7 所示电路的输出逻辑电平是高电平、低电平还是高阻态。已知图 2.7(a) 中的门电路都是 74 系列的 TTL 门电路，图 2.7(b) 中的门电路为 CC4000 系列的 CMOS 门电路。

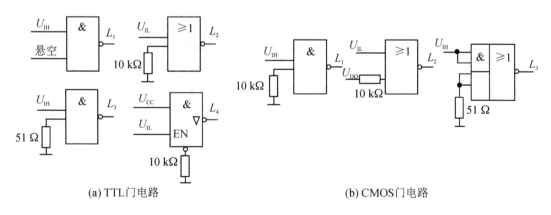

图 2.7　习题 2.12 图

2.13　计算图 2.8 电路中接口电路输出端 U_C 的高、低电平，并说明接口电路参数的选择是否合理。CMOS 或非门电源电压 $U_{DD}=10$ V，空载输出的高、低电平分别为 $U_{OH}=9.95$ V、$U_{OL}=0.05$ V，门电路的输出电阻小于 200 Ω。TTL 与非门的高电平输入电流 $I_{IH}=-0.4$ mA。

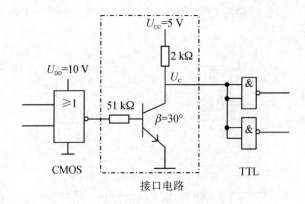

图 2.8   习题 2.13 图

2.14   图 2.9 所示为用三态门传输数据的示意图,图中 n 个三态门连到总线 BUS,试说明电路能传输数据的原理。

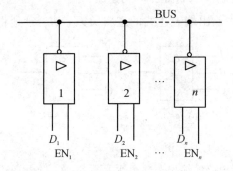

图 2.9   习题 2.14 图

2.15   已知逻辑函数:

$$Z_1(A,B,C,D) = \overline{A}\,\overline{B}\,\overline{C} + \overline{A}\,\overline{B}D + \overline{A}BC\overline{D} + AB + A\overline{B}D$$

$$Z_2(A,B,C,D) = \overline{A}\,\overline{B}\,\overline{C} + AB + BC\overline{D} + \overline{A}B\overline{C} + A\overline{C}D$$

试用最简的可编程"与或"阵列实现之,并画出它的简化逻辑图。

2.16   在图 2.10 中,G_1 为 TTL 三态与非门,G_2 为 TTL 普通与非门,电压表内阻为 100 kΩ。试求下列三种情况下的电压表读数和 G_2 输出电压 U_O 值。

(1) $B = 0.3$ V,开关 S 打开;

(2) $B = 0.3$ V,开关 S 闭合;

(3) $B = 3.6$ V,开关 S 打开。

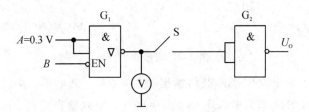

图 2.10   习题 2.16 图

2.17 分析图 2.11 所示电路，求输入 S_1、S_0 各种取值下的输出 Y。

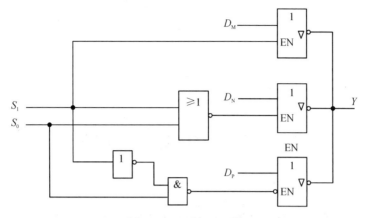

图 2.11 习题 2.17 图

2.18 电路如图 2.12 所示，试用表格方式列出各门电路的名称，输出逻辑表达式以及当 $ABCD=1001$ 时，各输出函数的值。

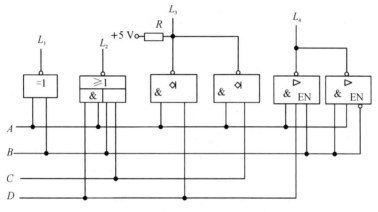

图 2.12 习题 2.18 图

2.19 在图 2.13 所示的 TTL 门电路中，要求实现逻辑功能 $L_1=\overline{AB}\cdot\overline{CD}$，$L_2=\overline{AB}$，其连接有无错误？如有错误请改正。

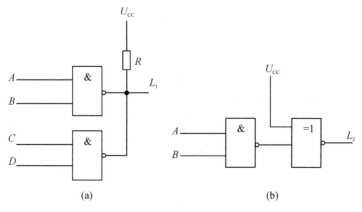

图 2.13 习题 2.19 图

第 3 章 组合逻辑电路

数字逻辑电路可以分为组合逻辑电路和时序逻辑电路两类。组合电路由逻辑门构成，其输出在任何时候都完全取决于当前输入，而与先前的输入无关。本章将利用前面章节的知识，实现对组合电路的系统设计和分析。这些典型例子将为最终理解计算机等数字系统提供有价值的参考。本章首先介绍组合逻辑电路的特点、功能表示方法和分类，然后重点讲解组合逻辑电路的基本分析方法、设计方法及若干典型电路，最后简要介绍组合逻辑电路中的竞争冒险问题。

1. 组合逻辑电路的特点

一个组合逻辑电路由输入变量、逻辑门和输出变量组成，如图 3.0.1 所示。逻辑门接受输入信号并产生输出信号，这个过程将二进制信息从给定的输入数据转换为逻辑所需的输出数据。显然，输入和输出数据都由二进制信号表示，它们有两个可能取值，分别为逻辑 1 和逻辑 0。电路具有 n 个二进制输入变量和 m 个二进制输出变量。在许多应用中，这些变量的值都存储在位于组合电路附近的外部存储寄存器中。根据定义，外部寄存器不会影响组合逻辑电路的行为，否则整个系统就会变成一个时序电路。

图 3.0.1　组合逻辑电路示意图

1) 逻辑功能特点

在图 3.0.1 中，I_0、I_1、$\cdots$、I_{n-1} 是输入逻辑变量，Y_0、Y_1、$\cdots$、Y_{m-1} 是输出逻辑变量。任何时刻电路的稳定输出只取决于该时刻各个输入变量的取值，人们把这样的逻辑电路叫做组合逻辑电路，简称为组合电路。输出变量与输入变量之间的逻辑关系可以表示如下：

$$Y_0 = F_0(I_0,\ I_1,\ \cdots,\ I_{n-1})$$
$$Y_1 = F_1(I_0,\ I_1,\ \cdots,\ I_{n-1})$$
$$Y_2 = F_2(I_0,\ I_1,\ \cdots,\ I_{n-1})$$
$$\vdots$$
$$Y_{m-1} = F_{m-1}(I_0,\ I_1,\ \cdots,\ I_{n-1})$$

或者写成向量形式

$$Y(t_n) = F[I(t_n)] \qquad (3.0.1)$$

式中，t_n 是时间。式(3.0.1)表示，逻辑电路的稳定输出 $Y(t_n)$ 仅取决于 t_n 时刻的输入 $I(t_n)$，$Y(t_n)$ 与 $I(t_n)$ 的函数关系用 $F[I(t_n)]$ 表示。把 $Y(t_n) = F[I(t_n)]$ 叫做组合逻辑函数，而把组合电路看成是这种函数的电路实现。

2）电路结构特点

从电路结构上看，组合电路是由常用门电路组合而成的，其中既无从输出到输入的反馈连接，也不包括可以存储信号的记忆元件。因此，门电路也是组合电路，只不过因为它们的功能和电路结构都特别简单，所以在使用中仅将其当成基本逻辑单元处理罢了。

2. 组合电路逻辑功能表示方法

从功能特点看，第一章中介绍的逻辑函数都是组合逻辑函数。既然组合电路是组合函数的电路实现，那么用来表示逻辑函数的几种方法——真值表、卡诺图、逻辑表达式及时序图等，都可以用来表示组合电路的逻辑功能。

3. 组合电路分类

（1）组合电路按照逻辑功能的不同可分为：加法器、减法器、比较器、编码器、译码器、数据选择器和分配器、只读存储器等。总的来说，实现各种逻辑功能的组合电路不胜枚举。重要的是通过一些典型电路的分析和设计，弄清基本概念，掌握基本方法。

（2）组合电路分类按照使用基本开关元件不同有 CMOS、TTL 等类型，按照集成度不同又可以分成 SSI、MSI、LSI、VLSI 等。

3.1 组合电路的基本分析方法和设计方法

3.1.1 组合电路的基本分析方法

组合电路的基本分析过程，从一个给定的逻辑图开始，以一组布尔函数、一个真值表或执行电路的文字描述结束。如果要分析的逻辑图附带一个功能名称或相关说明，那么分析问题将简化为所述功能的验证。

分析的第一步是确定给定的是否是一个组合电路。一旦逻辑图被确认为组合电路，就可以进一步得到输出函数表达式以及真值表。如果没有对电路功能的进一步描述，就需要由真值表的信息得出对电路的解释。经验及对各种数字电路的熟悉程度，对建立真值表与信息处理任务之间的关联、揭示电路的功能往往有重要价值。

1. 分析方法

从逻辑图中获得输出布尔函数，可以按照下列步骤进行。

（1）用符号标记所有逻辑门的输出作为输入变量的函数，得到每个门的布尔函数。

（2）反复进行变量代换把先前引入的函数符号替换掉，最后获得仅用初始输入变量表达的输出函数。

从给定组合电路的逻辑图出发，分析其逻辑功能所要遵循的基本步骤，称之为组合电路的分析方法。一般情况下，在得到组合电路的真值表（真值表是组合电路逻辑功能最基本的描述方法）后，还需要做简单文字说明，指出其功能特点。

在许多情况下，分析的目的或是为了确定输入变量取值不同时功能是否满足要求；或者是为了变换电路的结构形式，例如将与或结构变换成与非-与非结构等；或者是为了得到输出函数的标准与或表达式，以便用中、大规模集成电路实现之；再或者是为了在分析包括该电路的系统时，利用其功能的逻辑描述。

2. 分析举例

【**例 3.1.1**】　试分析图 3.1.1 所示电路的逻辑功能，图中输入信号 A、B、C、D 是一组 4 位二进制代码。

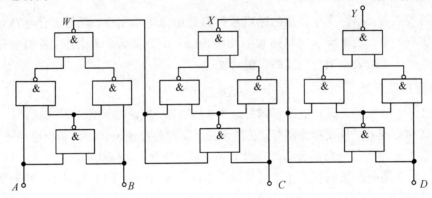

图 3.1.1　例 3.1.1 的逻辑电路图

解　（1）写出输出函数 Y 的逻辑表达式：

$$W = \overline{\overline{A\overline{AB}}\,\overline{\overline{AB}B}}$$

$$X = \overline{\overline{W\overline{WC}}\,\overline{\overline{WC}C}}$$

$$Y = \overline{\overline{X\overline{XD}}\,\overline{\overline{XD}D}}$$

（2）进行化简

$$W = A\overline{AB} + \overline{AB}B = A\overline{B} + \overline{A}B$$

$$X = W\overline{C} + \overline{W}C = A\overline{B}\ \overline{C} + \overline{A}B\ \overline{C} + \overline{A}\ \overline{B}C + ABC$$

$$Y = X\overline{D} + \overline{X}D = A\overline{B}\ \overline{C}\ \overline{D} + \overline{A}BC\ \overline{D} + \overline{A}\ \overline{B}CD + ABC\overline{D} + \overline{A}\ \overline{B}\ \overline{C}D + \overline{A}BCD + A\overline{B}CD + AB\overline{C}D$$

（3）列真值表如表 3.1.1 所示。

表 3.1.1　例 3.1.1 的真值表

A	B	C	D	Y
0	0	0	0	0
0	0	0	1	1
0	0	1	0	1
0	0	1	1	0

续表

A	B	C	D	Y
0	1	0	0	1
0	1	0	1	0
0	1	1	0	0
0	1	1	1	1
1	0	0	0	1
1	0	0	1	0
1	0	1	0	0
1	0	1	1	1
1	1	0	0	0
1	1	0	1	1
1	1	1	0	1
1	1	1	1	0

（4）功能说明。由表 3.1.1 可以看出，图 3.1.1 所示逻辑图是检奇电路，即当输入 4 位二进制代码 A、B、C、D 的取值中 1 的个数为奇数时，输出 Y 为 1；反之输出 Y 为 0。

3.1.2 组合电路的基本设计方法

1. 设计方法

组合电路是由真值表对应的输出函数决定的。要生成正确的真值表，对文字描述进行正确的解释很重要。文字描述通常既不完整又不精确，有时必须用直觉和经验来达成正确的解释。任何错误的解释都会导致真值表错误从而使设计偏离规定要求。

对于 n 个输入变量的情况，组合电路的真值表有 2^n 行，遍历了这些变量所有可能的取值组合。输出变量的值则要通过对所述问题的具体分析来确定。如果在问题的初始描述中，某些输入组合被禁止，或者没有具体限定输出结果，在推导函数时这些输入组合就应该按照无关条件或约束项对待。

真值表中的输出布尔函数可以用代数操作、卡诺图方法或表格法等化简方法作进一步处理。通常会有各种简化的表达式可供选择，但也有一些实用原则：① 使用逻辑门的数量。② 逻辑门输入端数目。③ 信号通过电路的极限传播时间。④ 最少数量的互连。⑤ 每个逻辑门的驱动能力限制等。所有这些标准往往难以同时满足。在大多数情况下，简化从满足基本目标开始（如以标准形式生成简化的布尔函数），然后再考虑满足其他性能要求和指标。在实践中，设计者倾向于在得到布尔函数后再画出标准逻辑门之间的电路连线图。虽然这一步并非必要，但逻辑电路图对于从逻辑门运作的层面理解和实现逻辑表达式是有意义的。

根据要求,设计出满足需要的组合逻辑电路基本步骤如下:

1)进行逻辑抽象

(1)分析要求,确定输入、输出信号及它们之间的因果关系。

(2)设定变量,即用英文字母表示有关输入、输出信号,表示输入信号者称输入变量,有时也简称为变量,表示输出信号者叫做输出变量,有时也称为输出函数或简称为函数。

(3)状态赋值,即用0和1表示信号的有关状态。

(4)列真值表,根据因果关系,把变量的各种取值和相应的函数值,以表格形式一一列出,而变量取值顺序则常按二进制数递增排列,也可按循环码排列。

2)进行化简

(1)输入变量比较少时,可以用卡诺图化简。

(2)输入变量比较多,用卡诺图化简不方便时,可以用公式法化简。

3)画逻辑图

(1)变换最简与或表达式,求出所需要的最简式。

(2)根据最简式画出逻辑图。

2. 设计举例

【例3.1.2】 设计一个表决电路,要求输出信号的电平与三个输入信号中的多数电平一致。

解 (1)进行逻辑抽象。

设定变量:用 A、B、C 和 Y 分别表示输入和输出信号。

状态赋值:用0和1分别表示低电平和高电平。

列真值表:根据题意可以列出如表3.1.2所示的真值表。

表 3.1.2 例 3.1.2 的真值表

A	B	C	Y
0	0	0	0
0	0	1	0
0	1	0	0
0	1	1	1
1	0	0	0
1	0	1	1
1	1	0	1
1	1	1	1

（2）进行化简。用由图 3.1.2 所示 Y 的卡诺图进行化简。

可得

$$Y = AB + AC + BC$$

（3）画逻辑图。用与非门实现该电路。

求最简与非-与非表达式为

$$Y = \overline{\overline{AB + AC + BC}} = \overline{\overline{AB}\,\overline{AC}\,\overline{BC}}$$

逻辑图如图 3.1.3 所示。

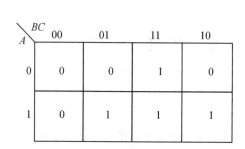

图 3.1.2 例 3.1.2 的卡诺图

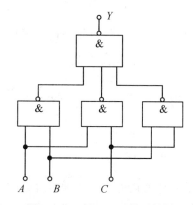

图 3.1.3 例 3.1.2 的逻辑图

【例 3.1.3】 设计一个监视交通信号灯工作状态的逻辑电路。正常情况下，红、黄、绿灯只有一个亮，否则视为故障状态，发出报警信号，提醒有关人员修理。

解 （1）逻辑抽象。

输入信号：R（红）Y（黄）G（绿），1——亮，0——灭。

输出变量：Z（有无故障），1——有，0——无。

（2）列真值表如表 3.1.3 所示。

表 3.1.3 例 3.1.3 的真值表

R	Y	G	Z
0	0	0	1
0	0	1	0
0	1	0	0
0	1	1	1
1	0	0	0
1	0	1	1
1	1	0	1
1	1	1	1

（3）画卡诺图如图 3.1.4 所示。

R \ YG	00	01	11	10
0	1		1	
1		1	1	1

图 3.1.4　卡诺图化简

（4）化简得故障函数表达式为

$$Z = \overline{R}\ \overline{Y}\ \overline{G} + RG + YG + RY$$

容易由该函数的代数表达式画出电路图（略）。

3.2　加法器和数值比较器

3.2.1　加法器

数字计算机可执行各种信息处理任务。首先是基本函数的各种算术运算，最基本的算术运算是两个二进制数位的加法。这个简单的加法包括 4 个基本结果，即 $0+0=0$，$0+1=1$，$1+0=1$ 和 $1+1=10$。前三个操作产生长度为一位的和，但当被加数和加数位都等于 1 时，其和是一个两位二进制数，其中的较高位称为进位。当加数和被加数包含更多位数字时，从当前位的两个比特相加得到的进位必须参与到高位的数字加法中去。执行两个比特相加的组合电路被称为半加器。执行三比特（被加数位、加数位和低位进位）加法的组合电路称为全加器。全加器的名字源于它可以由两个半加器级联实现。这两个加法器电路是本书中要设计的第一个组合电路例子。

1. 半加器和全加器

1）半加器

两个一位二进制数相加，叫做半加。执行半加操作的电路称为半加器。从半加器的文字叙述中我们发现，这个电路需要两个一位输入和两个一位输出。输入变量指定一位加数和一位被加数，输出变量产生总和输出以及进位输出。因为结果可能由两个二进制数字组成，有必要指定两个输出变量。将符号 x 和 y 分配给两个输入，S（对应和）和 C（对应进位）分配给输出，现在我们已经确定了输入和输出变量的数量和名称，可以制定一个真值表来进一步确定半加器的功能。按照上面的解释，可以写出如表 3.2.1 所示的真值表。

表 3.2.1　半加器的真值表

x	y	C	S
0	0	0	0
0	1	0	1
1	0	0	1
1	1	1	0

除非两个输入均为 1，否则进位输出 C 为 0。S 输出表示在当前位上算术和的值。两个简化的输出函数可以直接从真值表中获得：

$$S = \bar{x}y + x\bar{y}$$

$$C = xy$$

其逻辑图的实现如图 3.2.1(a)所示。除此之外，半加器还有另外 4 个常用的实现方式如图 3.2.1(b)、(c)、(d)、(e)所示。从输入-输出行为来看，这几个电路都能达到同样的效果。这体现了在实现这种简单的组合逻辑函数时所具有的灵活性。

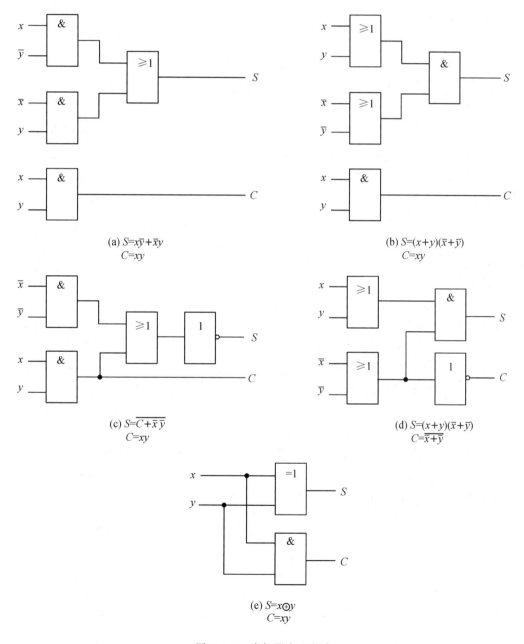

图 3.2.1　半加器实现方式

图 3.2.1(a)是半加器的与或实现。

图 3.2.1(b)是半加器的或与实现：

$$S=(x+y)(\bar{x}+\bar{y})$$
$$C=xy$$

为了得到图 3.2.1(c)的电路实现，发现 S 是 x 和 y 的异或，因此 S 的反函数是 x 和 y 的同或。又因为 $C=xy$，所以有

$$S=\overline{\overline{xy+\bar{x}\bar{y}}}$$

在图 3.2.1(d)中，用到了 C 的表达式：

$$C=xy=\overline{\bar{x}+\bar{y}}$$

如图 3.2.1(e)所示，半加器可以用一个异或门和一个与门来实现。这种形式可用于表明如何用两个半加器电路来构造一个全加器电路。

2）全加器

全加器组合电路是计算三个一位二进制输入的算术和。它有三个输入和两个输出。两个输入变量（由 x 和 y 表示）表示当前位相加的两个一位数字，第 3 个输入 z 表示来自低位加法的进位。两个输出是必需的，因为 3 个一位二进制数字的算术和的范围为 $0\sim3$，用二进制表示数 2 或 3 需要一个两位数。二进制变量 S 给出加法在当前位上产生的和；二进制变量 C 给出向高位输出的进位。全加器的真值表如表 3.2.2 所示。

真值表中每一行输入变量给出了一组可能的变量取值组合。输出变量的值由输入位的算术和确定。当所有输入变量为 0 时，输出为 0；当只有一个输入等于 1 或所有 3 个输入都等于 1 时，S 输出等于 1；如果两个或三个输入等于 1 时，输出进位变量 C 等于 1。

表 3.2.2　全加器的真值表

x	y	z	C	S
0	0	0	0	0
0	0	1	0	1
0	1	0	0	1
0	1	1	1	0
1	0	0	0	1
1	0	1	1	0
1	1	0	1	0
1	1	1	1	1

全加器电路的输入输出逻辑关系可以用两个布尔函数表示，分别对应两个输出变量 S 和 C。由于每个输出都是 3 变量的函数，因此每个卡诺图必须有八个方格。图 3.2.2 是用于化简两个输出函数 S 和 C 的卡诺图，它们可以通过真值表直接给出。

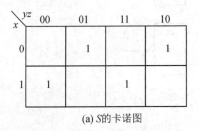
(a) S 的卡诺图

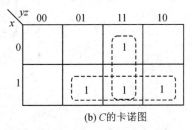
(b) C 的卡诺图

图 3.2.2　卡诺图化简

图 3.2.3 显示了用最简与或式表达的全加器逻辑电路图。该实现使用以下逻辑表达式：

$$S = \bar{x}\bar{y}z + \bar{x}y\bar{z} + x\bar{y}\bar{z} + xyz$$

$$C = xy + xz + yz$$

和半加器一样，全加器也可以有多种实现方式。或与表达式的电路实现需要与图 3.2.3 中相同数量的逻辑门，其中与门和或门的数量互换。

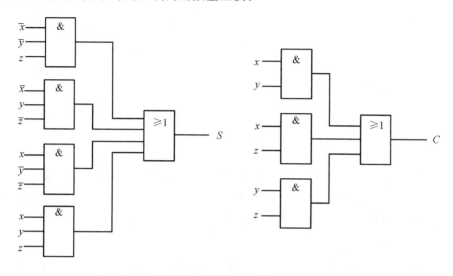

图 3.2.3　用最简与或式表达的全加器的逻辑电路图

3）集成全加器

在一个器件中封装两个如图 3.2.3 所示的逻辑电路，组成两个功能相同而又互相独立的全加器，即集成双全加器。图 3.2.4 是 TTL 和 CMOS 双全加器的对应型号和外引脚功能端排列图。这种双全加器具有独立的全加和与进位输出，既可将每个全加器电路单独使用，又可将一个全加器的进位输出端与另一个全加器的进位输入端连接起来，组成 2 位串行加法器。这种集成双全加器级联方便，使用十分灵活。

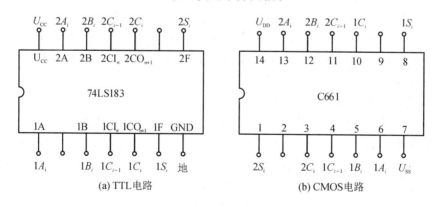

(a) TTL 电路　　　　　(b) CMOS 电路

图 3.2.4　双全加器外引脚功能端排列图

2. 加法器

实现多位二进制数相加的电路称为加法器。根据进位方式不同，加法器有串行进位加法器和超前进位加法器之分，以下分别介绍。

1）4 位串行进位加法器

（1）电路组成。把 4 个全加器（如两片 74LS183）依次级联起来，便可构成 4 位串行进位加法器，如图 3.2.5 所示。

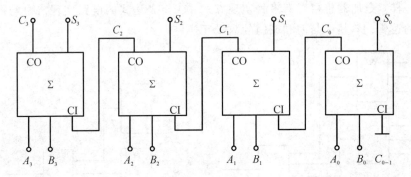

图 3.2.5　4 位串行进位加法器

（2）主要特点。这种加法器的优点是电路简单、连接方便；缺点是工作速度较慢。由图 3.2.5 可知，最高位的运算，必须等到所有低位运算结束，送来进位信号之后才能进行。因此其运算速度受到限制。为了提高加法运算速度，可采用超前进位方式。

2）超前进位加法器

（1）工作原理。所谓超前进位加法器，是一种通过缩短进位信号的生成时间加快运算速度的电路，在作加法运算时，各位数的进位信号由输入二进制数直接产生。4 位二进制加法器中，第 1 位全加器的输入进位数的表达式为

$$C_0 = A_0 B_0 + A_0 C_{0-1} + B_0 C_{0-1} = A_0 B_0 + (A_0 + B_0) C_{0-1}$$

第 2 位全加器的输入进位数的表达式为

$$C_1 = A_1 B_1 + (A_1 + B_1) C_0$$
$$= A_1 B_1 + (A_1 + B_1)[A_0 B_0 + (A_0 + B_0) C_{0-1}]$$

第 3 位全加器的输入进位数的表达式为

$$C_2 = A_2 B_2 + (A_2 + B_2) C_1$$
$$= A_2 B_2 + (A_2 + B_2)\{A_1 B_1 + (A_1 + B_1)[A_0 B_0 + (A_0 + B_0) C_{0-1}]\}$$

而第 4 位全加器输出进位信号的表达式，即第 3 位全加器运算时产生的要送给更高位的进位数的表达式为

$$C_3 = A_3 B_3 + (A_3 + B_3) C_2$$
$$= A_3 B_3 + (A_3 + B_3)\{A_2 B_2 + (A_2 + B_2)\{A_1 B_1 + (A_1 + B_1)[A_0 B_0 + (A_0 + B_0) C_{0-1}]\}\}$$

显而易见，只要 $A_3 A_2 A_1 A_0$、$B_3 B_2 B_1 B_0$ 和 C_{0-1} 给出之后，便可按上述表达式直接确定 C_3、C_2、C_1、C_0。因此，如果用门电路实现上述逻辑关系，并将结果送到相应全加器的进位输入端，就会极大地提高加法运算速度，因为高位的全加运算不再需要等待了。4 位超前进位加法器就是由 4 个全加器和相应的进位逻辑电路组成的。

（2）电路组成。图 3.2.6 给出的是 4 位二进制超前进位加法器的逻辑电路结构示意图，以及相应的 CMOS 与 TTL 集成电路加法器的型号与外引线功能端排列图。

（3）主要特点。采用超前进位方式运算速度快，适用于高速数字计算、数据采集及控制系统，而且扩展方便。

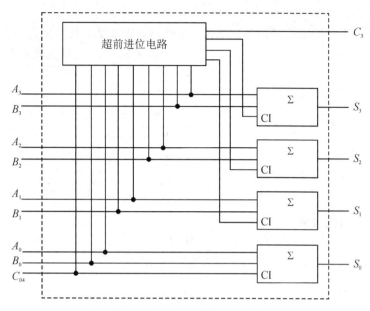

(a) 4 位二进制超前进位加法器逻辑电路结构示意图

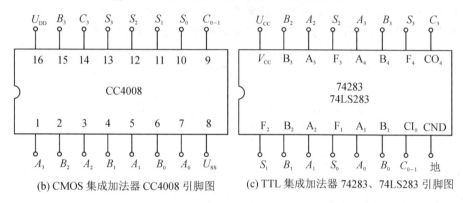

(b) CMOS 集成加法器 CC4008 引脚图　(c) TTL 集成加法器 74283、74LS283 引脚图

图 3.2.6　4 位二进制超前进位加法器

3.2.2　数值比较器

两个数字的比较指确定两个数字之间大小关系的逻辑操作。作为一个组合电路，比较器可以实现对两个数字 A 和 B 大小的比较。比较的结果由 2 个二进制输出表示，分别表示为 $A>B$、$A=B$ 或 $A<B$。用于比较两个 n 位数的电路有一个 2^n 行的真值表，即使在 $n=3$ 的情况下处理起来也很困难。另一方面，比较器电路具有一定的规律性，而具有明显规律性的数字函数通常可以通过一定的算法程序来设计。

1. 1 位数值比较器

1）输入、输出信号及其逻辑关系

将两个一位数 A_i 和 B_i 进行大小比较，输出信号是比较结果，有 3 种可能：$A_i>B_i$、$A_i=B_i$ 或 $A_i<B_i$。现分别用 L_i、G_i 和 M_i 表示，并约定当 $A_i>B_i$ 时仅令 $L_i=1$，$A_i=B_i$ 时仅令 $G_i=1$，$A_i<B_i$ 时仅令 $M_i=1$。图 3.2.7 为 1 位数值比较器的示意框图。

2）真值表

依据比较的概念和输出信号的状态赋值，可列出如表 3.2.3 所示的真值表。

图 3.2.7 1 位比较器示意框图

表 3.2.3 1 位数值比较器的真值表

A_i	B_i	L_i	G_i	M_i
0	0	0	1	0
0	1	0	0	1
1	0	1	0	0
1	1	0	1	0

3）逻辑表达式

由表 3.2.3 可直接得到

$$L_i = A_i \overline{B_i}$$
$$G_i = \overline{A_i}\,\overline{B_i} + A_i B_i$$
$$M_i = \overline{A_i} B_i$$

4）逻辑图

根据表达式可画出图 3.2.8 所示的逻辑图。

如果用与非门和反相器实现，且输出取反，则可将表达式变换成与非形式，其逻辑图如图 3.2.9 所示。

$$\overline{L_i} = \overline{A_i \overline{B_i}}$$
$$\overline{G_i} = \overline{\overline{A_i}\,\overline{B_i} + A_i B_i} = \overline{\overline{A_i \overline{B_i}} + \overline{\overline{A_i} B_i}} = \overline{\overline{A_i \overline{B_i}}\ \overline{\overline{A_i} B_i}}$$
$$\overline{M_i} = \overline{\overline{A_i} B_i}$$

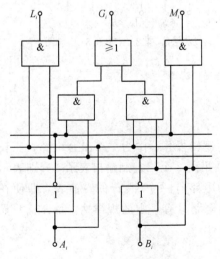

图 3.2.8 1 位数值比较器

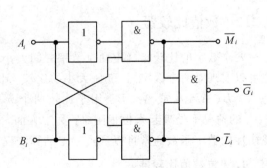

图 3.2.9 用与非门和反相器实现的 1 位数值比较器

2. 4 位数值比较器

1）输出输入逻辑关系分析

有了 1 位二进制数比较器，不难在其基础上构成 4 位二进制数比较器。

假设两个 4 位二进制数分别是 $A_3A_2A_1A_0$ 和 $B_3B_2B_1B_0$。

① 若 $A_3 > B_3$，$A > B$，则 $L = 1$、$G = M = 0$。

② 当 $A_3 = B_3$ 即 $G_3 = 1$ 时，若 $A_2 > B_2$，$A > B$，则 $L = 1$、$G = M = 0$。

③ 当 $A_3 = B_3$、$A_2 = B_2$ 即 $G_3 = G_2 = 1$ 时，若 $A_1 > B_1$，$A > B$，则 $L = 1$、$G = M = 0$。

④ 当 $A_3 = B_3$、$A_2 = B_2$、$A_1 = B_1$ 即 $G_3 = G_2 = G_1 = 1$ 时，若 $A_0 > B_0$，则 $A > B$，$L = 1$、$G = M = 0$。

对 $A > B$ 即 $L = 1$，上述四种情况是或逻辑关系。

⑤ 只有当 $A_3 = B_3$、$A_2 = B_2$、$A_1 = B_1$、$A_0 = B_0$ 即 $G_3 = G_2 = G_1 = G_0 = 1$ 时，才会有 $A = B$ 即 $G = 1$，显然对于 $A = B$ 即 $G = 1$，G_3、G_2、G_1、G_0 是与逻辑关系。

⑥ 如果 A 不大于 B 也不等于 B，即 $L = G = 0$ 时，A 必然小于 B，即 $M = 1$。

2) 真值表

根据上述分析，可以列出 4 位数值比较器的真值表如表 3.2.4 所示。

表 3.2.4　4 位数值比较器的真值表

比　较　输　入				输　　出		
A_3　　　B_3	A_2　　　B_2	A_1　　　B_1	A_0　　　B_0	L	G	M
$A_3 > B_3$	$\times$	$\times$	$\times$	1	0	0
$A_3 = B_3$	$A_2 > B_2$	$\times$	$\times$	1	0	0
$A_3 = B_3$	$A_2 = B_2$	$A_1 > B_1$	$\times$	1	0	0
$A_3 = B_3$	$A_2 = B_2$	$A_1 = B_1$	$A_0 > B_0$	1	0	0
$A_3 = B_3$	$A_2 = B_2$	$A_1 = B_1$	$A_0 = B_0$	0	1	0
$A_3 < B_3$	$\times$	$\times$	$\times$	0	0	1
$A_3 = B_3$	$A_2 < B_2$	$\times$	$\times$	0	0	1
$A_3 = B_3$	$A_2 = B_2$	$A_1 < B_1$	$\times$	0	0	1
$A_3 = B_3$	$A_2 = B_2$	$A_1 = B_1$	$A_0 < B_0$	0	0	1

3) 逻辑表达式

由上面比较方法和输出输入逻辑关系的分析，可以写出 L、G、M 的逻辑表达式为

$$L = L_3 + G_3 L_2 + G_3 G_2 L_1 + G_3 G_2 G_1 L_0$$

$$G = G_3 G_2 G_1 G_0$$

$$M = \overline{L}\,\overline{G} = \overline{L + G}$$

也可写成

$$M = M_3 + G_3 M_2 + G_3 G_2 M_1 + G_3 G_2 G_1 M_0$$

$$G = G_3 G_2 G_1 G_0$$

$$L = \overline{M}\,\overline{G} = \overline{M + G}$$

4）逻辑图

把上述 L、G 和 M 的逻辑表达式转换为与非及或非形式，可得到如图 3.2.10 所示的 4 位数值比较器逻辑图。

$$M = \overline{\overline{M_3}\,(\overline{G_3 + M_2})(\overline{G_3 + G_2 + M_1})(\overline{G_3 + G_2 + G_1 + M_0})}$$

$$G = \overline{\overline{G_3 G_2 G_1 G_0}} = \overline{\overline{G_3} + \overline{G_2} + \overline{G_1} + \overline{G_0}}$$

$$L = \overline{M + G}$$

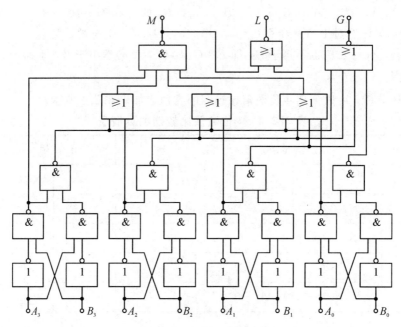

图 3.2.10　4 位数值比较器的逻辑图

4 位集成数值比较器的外引脚功能端排列图如图 3.2.11 所示，表 3.2.5 是 4 位集成数值比较器的真值表。

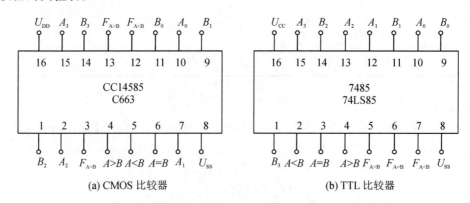

(a) CMOS 比较器　　　　　　　　　(b) TTL 比较器

图 3.2.11　集成数值比较器外引线功能端排列图

表 3.2.5 中，级联输入是供扩展使用的。输出 $F_{A<B}$、$F_{A=B}$、$F_{A>B}$，分别相当于前面介绍的 M、G 和 L，是本级比较结果。图 3.2.12 是用两片 CMOS 4 位数值比较器组成 8 位数值比较器的接线图。

表 3.2.5 4 位集成数值比较器的真值表

比 较 输 入				级 联 输 入			输 出		
$A_3 \quad B_3$	$A_2 \quad B_2$	$A_1 \quad B_1$	$A_0 \quad B_0$	$A<B$	$A=B$	$A>B$	$F_{A<B}$	$F_{A=B}$	$F_{A>B}$
$A_3>B_3$	$\times$	$\times$	$\times$	$\times$	$\times$	$\times$	0	0	1
$A_3=B_3$	$A_2>B_2$	$\times$	$\times$	$\times$	$\times$	$\times$	0	0	1
$A_3=B_3$	$A_2=B_2$	$A_1>B_1$	$\times$	$\times$	$\times$	$\times$	0	0	1
$A_3=B_3$	$A_2=B_2$	$A_1=B_1$	$A_0>B_0$	$\times$	$\times$	$\times$	0	0	1
$A_3=B_3$	$A_2=B_2$	$A_1=B_1$	$A_0=B_0$	0	0	1	0	0	1
$A_3=B_3$	$A_2=B_2$	$A_1=B_1$	$A_0=B_0$	0	1	0	0	1	0
$A_3=B_3$	$A_2=B_2$	$A_1=B_1$	$A_0=B_0$	1	0	0	1	0	0
$A_3<B_3$	$\times$	$\times$	$\times$	$\times$	$\times$	$\times$	1	0	0
$A_3=B_3$	$A_2<B_2$	$\times$	$\times$	$\times$	$\times$	$\times$	1	0	0
$A_3=B_3$	$A_2=B_2$	$A_1<B_1$	$\times$	$\times$	$\times$	$\times$	1	0	0
$A_3=B_3$	$A_2=B_2$	$A_1=B_1$	$A_0<B_0$	$\times$	$\times$	$\times$	1	0	0

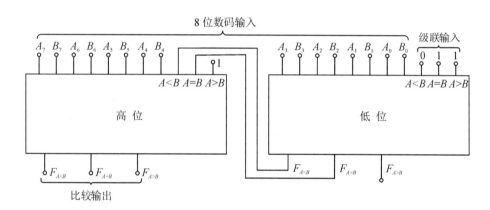

图 3.2.12 两片 CMOS 4 位数值比较器组成 8 位数值比较器的连接

在级联中，注意 CMOS 比较器与 TTL 比较器的区别：

（1）在 CMOS 集成比较器的级联中，$A>B$ 输入端应接高电平即 1，最低位的 $A<B$ 输入端应接 0，$A=B$ 输入端应接 1。因为在 CMOS 4 位数值比较器中，实现 $F_{A>B}$ 即 L 的表达式是

$$F_{A>B} = \overline{F_{A=B}} \cdot \overline{F_{A<B}} = \overline{F_{A=B} + F_{A<B}}$$

即

$$L = \overline{G} \cdot \overline{M} = \overline{G + M}$$

没有利用 L_3、L_2、L_1、L_0 等。设置 $A>B$ 输入端只是为了便于理解，其实没有什么用处，如果不注意的话反而容易出错。

（2）在 TTL 集成比较器的级联中，高位中的 $A<B$、$A=B$、$A>B$ 三个级联输入端，分别与低位中的 $F_{A<B}$、$F_{A=B}$、$F_{A>B}$ 三个输出端连接起来。最低位的 $A=B$ 端应接 1，$A<B$ 和 $A>B$ 端应接 0。

3.3 编码器和译码器

在数字系统中，经常需要把具有某种特定含义的信号变换成二进制代码，这种用二进制代码表示具有某种特定含义信号的过程称为编码，而把一组二进制代码的特定含义译出来的过程称为译码。编码器就是实现编码操作的电路，译码器就是实现译码操作的电路。

3.3.1 编码器

本节主要介绍二进制编码器和二-十进制编码器。

1. 二进制编码器

一位二进制数可表示"0"或"1"两种状态，n 位二进制数则有 2^n 种状态，用 n 位二进制代码对 $N=2^n$ 个信号进行编码的电路叫作二进制编码器。

1）3 位二进制编码器

（1）假设有 8 个需要进行编码的信号，用 $I_0 \sim I_7$ 表示。输出就需要 3 位二进制代码，用 Y_0、Y_1、Y_2 表示，如图 3.3.1 所示。000、001、010、011、100、101、110、111 共 8 个状态分别表示 I_0、I_1、$\cdots$、I_7。

（2）真值表。假定在任一给定时刻只有一个输入端的值为 1（否则电路没有意义），即不允许有两个及两个以上输入信号同时有效的情况出现，也就是说 I_0、I_1、$\cdots$、I_7 是一组互相排斥的量，因此真值表可以采用简化形式，如表 3.3.1 所示。

表 3.3.1   3 位二进制编码器的编码表

输入	输出		
	Y_2	Y_1	Y_0
I_0	0	0	0
I_1	0	0	1
I_2	0	1	0
I_3	0	1	1
I_4	1	0	0
I_5	1	0	1
I_6	1	1	0
I_7	1	1	1

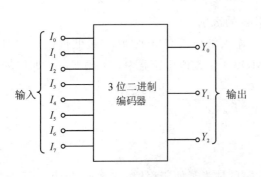

图 3.3.1   3 位二进制编码器示意图

（3）逻辑表达式。因为 I_0、I_1、$\cdots$、I_7 互斥，所以编码器可以直接依据真值表用或门来实现，其输出表达式即

$$Y_2 = I_4 + I_5 + I_6 + I_7$$
$$Y_1 = I_2 + I_3 + I_6 + I_7$$
$$Y_0 = I_1 + I_3 + I_5 + I_6$$

（4）逻辑图。根据输出变量的表达式可画出如图 3.3.2 所示的逻辑图。逻辑图是由或门组成的阵列，这也是编码器基本电路结构的一个显著特点。

图 3.3.3 是用与非门实现 3 位二进制编码器的电路。在图 3.3.3 中，输入为反变量，即低电平有效，且有

$$Y_2 = \overline{\overline{I_4}\ \overline{I_5}\ \overline{I_6}\ \overline{I_7}}$$
$$Y_1 = \overline{\overline{I_2}\ \overline{I_3}\ \overline{I_6}\ \overline{I_7}}$$
$$Y_0 = \overline{\overline{I_1}\ \overline{I_3}\ \overline{I_5}\ \overline{I_7}}$$

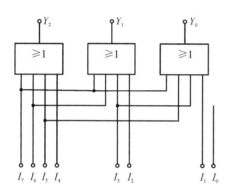

图 3.3.2　3 位二进制编码器

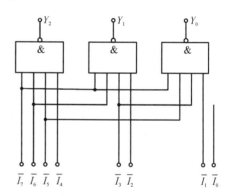

图 3.3.3　用与非门实现 3 位二进制编码电路

2）3 位二进制优先编码器

（1）优先编码的概念。二进制普通编码器在应用上有一个限制，任何给定时刻只有一个输入可以被激活。如果两个输入同时激活，则输出可能造成误会或者产生未经定义的编码组合。为了克服这一模糊性，编码器电路必须对输入信号确立优先级顺序，确保一次只对一个输入编码。通常为具有较高下标数字的输入设置更高的优先级。允许几个信号同时输入，但是电路只对其中优先级别最高的进行编码，这样的电路叫作优先编码器。图 3.3.4 为 3 位二进制优先编码器的示意图，$I_0 \sim I_7$ 是待优先

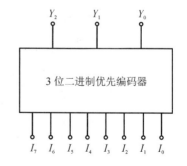

图 3.3.4　3 位二进制优先编码器示意图

编码的 8 个输入信号，$Y_0 \sim Y_2$ 是进行优先编码的 3 位输出二进制代码。

（2）真值表。在输入信号 $I_0 \sim I_7$ 中，假定 I_7 的优先级别最高，I_0 最低，分别用 $Y_2 Y_1 Y_0$ 取值为 000、001、$\cdots$、111 表示 I_0、I_1、$\cdots$、I_7，如表 3.3.2 所示。优先编码表中"×"号的意思是被排斥。也就是说有优先级别高的信号存在时，级别低的输入信号取值无论是 0 或是 1 都对电路输出均无影响。

表 3.3.2 3 位二进制优先编码器真值表

输　入								输　出		
I_7	I_6	I_5	I_4	I_3	I_2	I_1	I_0	Y_2	Y_1	Y_0
1	×	×	×	×	×	×	×	1	1	1
0	1	×	×	×	×	×	×	1	1	0
0	0	1	×	×	×	×	×	1	0	1
0	0	0	1	×	×	×	×	1	0	0
0	0	0	0	1	×	×	×	0	1	1
0	0	0	0	0	1	×	×	0	1	0
0	0	0	0	0	0	1	×	0	0	1
0	0	0	0	0	0	0	1	0	0	0

（3）逻辑表达式。由表 3.3.2 得

$$Y_2 = I_7 + I_6 + I_5 + I_4$$

$$Y_1 = I_7 + I_6 + \overline{I_5}\,\overline{I_4}I_3 + \overline{I_5}\,\overline{I_4}I_2$$

$$Y_0 = I_7 + \overline{I_6}I_5 + \overline{I_6}\,\overline{I_4}I_3 + \overline{I_6}\,\overline{I_4}\,\overline{I_2}I_1$$

根据上述表达式画出如图 3.3.5 所示的逻辑图。在图 3.3.5 中，I_0 的编码是隐含的，当 $I_1 \sim I_7$ 均为 0 时，电路的输出就是 I_0 的编码。

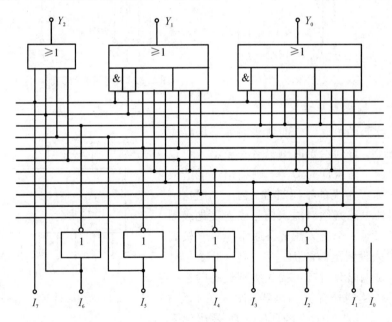

图 3.3.5　3 位二进制优先编码器

　　如果输出、输入均为反变量，那么只要在图 3.3.5 中的每一个输出端和输入端都加上反相器就可以了，如图 3.3.6 所示。

　　图 3.3.5 和图 3.3.6 所示的优先编码器又叫作 8 线-3 线优先编码器。表 3.3.3 是图 3.3.6 所示 8 线-3 线优先编码器的真值表。

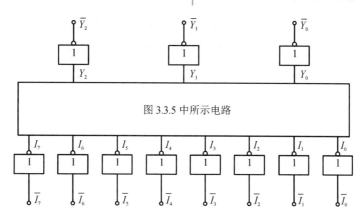

图 3.3.6 输入、输出均为反变量的 3 位二进制优先编码器

表 3.3.3 8 线-3 线优先编码器的真值表

输　　入								输　　出		
$\overline{I_7}$	$\overline{I_6}$	$\overline{I_5}$	$\overline{I_4}$	$\overline{I_3}$	$\overline{I_2}$	$\overline{I_1}$	$\overline{I_0}$	$\overline{Y_2}$	$\overline{Y_1}$	$\overline{Y_0}$
0	×	×	×	×	×	×	×	0	0	0
1	0	×	×	×	×	×	×	0	0	1
1	1	0	×	×	×	×	×	0	1	0
1	1	1	0	×	×	×	×	0	1	1
1	1	1	1	0	×	×	×	1	0	0
1	1	1	1	1	0	×	×	1	0	1
1	1	1	1	1	1	0	×	1	1	0
1	1	1	1	1	1	1	0	1	1	1

3）集成 8 线-3 线优先编码器

（1）型号与外引线功能端排列图及逻辑功能示意图。图 3.3.7 所示是 TTL 集成 8 线-3 线优先编码器的型号与外引脚功能端排列图及逻辑功能示意图。

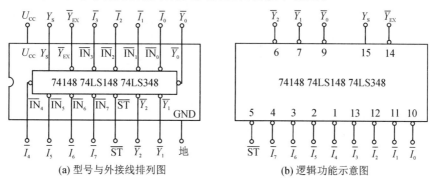

图 3.3.7 8 线-3 线优先编码器

（2）真值表。表 3.3.4 是集成 8 线-3 线优先编码器的真值表。

表 3.3.4　集成 8 线-3 线优先编码器的真值表

输　　　入									输　　出		
$\overline{ST}$	$\overline{I_7}$	$\overline{I_6}$	$\overline{I_5}$	$\overline{I_4}$	$\overline{I_3}$	$\overline{I_2}$	$\overline{I_1}$	$\overline{I_0}$	$\overline{Y_2}$	$\overline{Y_1}$	$\overline{Y_0}$
1	×	×	×	×	×	×	×	×	1*	1*	1*
0	1	1	1	1	1	1	1	1	1*	1*	1*
0	0	×	×	×	×	×	×	×	0	0	0
0	1	0	×	×	×	×	×	×	0	0	1
0	1	1	0	×	×	×	×	×	0	1	0
0	1	1	1	0	×	×	×	×	0	1	1
0	1	1	1	1	0	×	×	×	1	0	0
0	1	1	1	1	1	0	×	×	1	0	1
0	1	1	1	1	1	1	0	×	1	1	0
0	1	1	1	1	1	1	1	0	1	1	1

集成 8 线-3 线优先编码器中，$\overline{ST}$ 为选通输入端，当 $\overline{ST}=0$ 时允许编码；当 $\overline{ST}=1$ 时输出 $\overline{Y_2}$、$\overline{Y_1}$、$\overline{Y_0}$ 和 Y_S、$\overline{Y_{EX}}$ 均封锁，编码被禁止。Y_S 是选通输出端，级联应用时，高位片的 Y_S 端与低位片的 $\overline{ST}$ 端连接起来，可以扩展优先编码功能。$\overline{Y_{EX}}$ 为优先扩展输出端，级联应用时可作输出位的扩展端。

（3）级联应用举例。将两片 8 线-3 线优先编码器级联起来，便可以构成 16 线-4 线优先编码器，图 3.3.8 是 16 线-4 线优先编码器电路连线图。

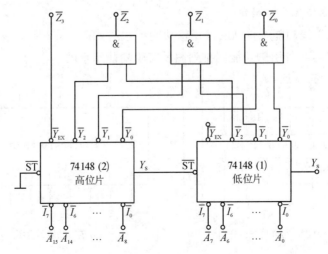

图 3.3.8　16 线-4 线优先编码器

$\overline{A}_0 \sim \overline{A}_{15}$ 是编码输入信号，0 有效，$\overline{A}_{15}$ 优先级别最高，$\overline{A}_{14}$ 次之，依次类推，$\overline{A}_0$ 最低。

$\overline{Z}_3$、$\overline{Z}_2$、$\overline{Z}_1$、$\overline{Z}_0$ 是输出 4 位二进制代码，为 4 位二进制反码，即 0000～1111。

2. 二-十进制编码器

能实现二-十进制编码的电路叫作二-十进制编码器，其工作原理与二进制编码器并无本质区别，下面以最常用的 8421 BCD 码编码器为例作说明。

1）8421 BCD 码编码器

（1）编码表：简化真值表。表 3.3.5 所示是 8421 BCD 码的编码表。输入是需要进行编码的十进制数的十个数字 $I_0 \sim I_9$，输出是相应的二进制代码 $Y_3 Y_2 Y_1 Y_0$。

（2）逻辑表达式。由于表 3.3.5 中，$I_0 \sim I_9$ 是一组互相排斥的变量，因此可以直接写出每一个输出信号的最简与或表达式为

$$Y_3 = I_8 + I_9$$
$$Y_2 = I_4 + I_5 + I_6 + I_7$$
$$Y_1 = I_2 + I_3 + I_6 + I_7$$
$$Y_0 = I_1 + I_3 + I_5 + I_7 + I_9$$

（3）逻辑图。根据上述逻辑表达式可以直接画出图 3.3.9 所示的逻辑图。

表 3.3.5　8421 BCD 码编码表

输入	输出			
	Y_3	Y_2	Y_1	Y_0
I_0	0	0	0	0
I_1	0	0	0	1
I_2	0	0	1	0
I_3	0	0	1	1
I_4	0	1	0	0
I_5	0	1	0	1
I_6	0	1	1	0
I_7	0	1	1	1
I_8	1	0	0	0
I_9	1	0	0	1

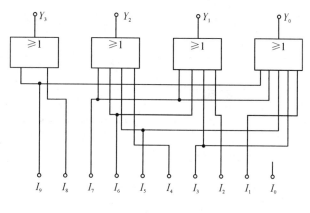

图 3.3.9　8421 BCD 编码器

图 3.3.10 是用或非门构成的 8421 BCD 码编码器逻辑图，输入、输出信号均为反变量。

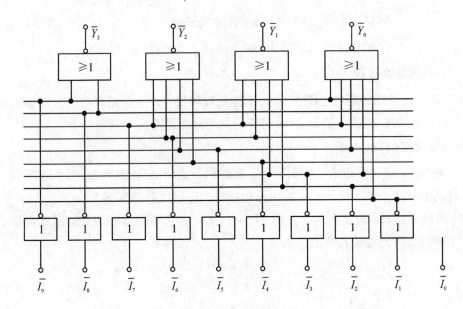

图 3.3.10   或非门构成反变量输入、输出的 8421 BCD 码编码器

2) 8421 BCD 优先编码器

下标大者优先，即 I_9 的优先级别最高，I_8 次之，I_0 最低。

（1）真值表。按输入的优先级列出真值表，如表 3.3.6 所示。

表 3.3.6   8421 BCD 优先编码器真值表

输入										输出			
I_9	I_8	I_7	I_6	I_5	I_4	I_3	I_2	I_1	I_0	Y_3	Y_2	Y_1	Y_0
1	$\times$	$\times$	$\times$	$\times$	$\times$	$\times$	$\times$	$\times$	$\times$	1	0	0	1
0	1	$\times$	$\times$	$\times$	$\times$	$\times$	$\times$	$\times$	$\times$	1	0	0	0
0	0	1	$\times$	$\times$	$\times$	$\times$	$\times$	$\times$	$\times$	0	1	1	1
0	0	0	1	$\times$	$\times$	$\times$	$\times$	$\times$	$\times$	0	1	1	0
0	0	0	0	1	$\times$	$\times$	$\times$	$\times$	$\times$	0	1	0	1
0	0	0	0	0	1	$\times$	$\times$	$\times$	$\times$	0	1	0	0
0	0	0	0	0	0	1	$\times$	$\times$	$\times$	0	0	1	1
0	0	0	0	0	0	0	1	$\times$	$\times$	0	0	1	0
0	0	0	0	0	0	0	0	1	$\times$	0	0	0	1
0	0	0	0	0	0	0	0	0	1	0	0	0	0

（2）逻辑表达式。由表 3.3.6 所示真值表可得逻辑表达式。

$$Y_3 = I_9 + \overline{I_9}I_8 = I_9 + I_8$$

$$Y_2 = \overline{I_9}\,\overline{I_8}I_7 + \overline{I_9}\,\overline{I_8}I_6 + \overline{I_9}\,\overline{I_8}I_5 + \overline{I_9}\,\overline{I_8}I_4$$

$$Y_1 = \overline{I_9}\,\overline{I_8}I_7 + \overline{I_9}\,\overline{I_8}I_6 + \overline{I_9}\,\overline{I_8}\,\overline{I_5}\,\overline{I_4}I_3 + \overline{I_9}\,\overline{I_8}\,\overline{I_5}\,\overline{I_4}I_2$$

$$Y_0 = I_9 + \overline{I_8}I_7 + \overline{I_8}\,\overline{I_6}I_5 + \overline{I_8}\,\overline{I_6}\,\overline{I_4}I_3 + \overline{I_8}\,\overline{I_6}\,\overline{I_4}\,\overline{I_2}I_1$$

（3）逻辑图。根据上述表达式便可以画出如图 3.3.11 所示的逻辑图。

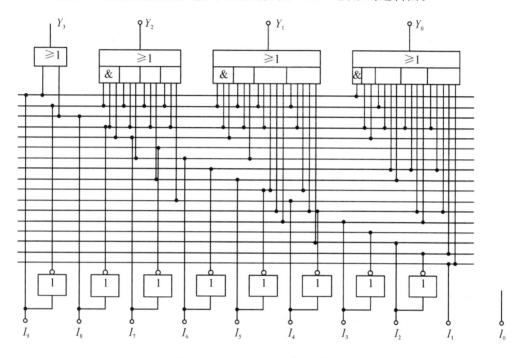

图 3.3.11　8421 BCD 优先编码器

在图 3.3.11 所示电路的基础上，在每一个输入端和输出端上都加上反相器，就得到输入和输出均为反变量的 8421 BCD 优先编码器的逻辑图，见图 3.3.12。

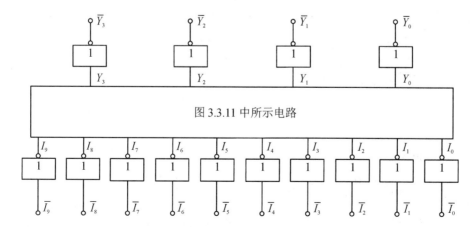

图 3.3.12　输入、输出均为反变量的二-十进制优先编码器

3) 集成 10 线-4 线优先编码器

把图 3.3.12 所示电路制作在一个芯片上,得到的便是集成 10 线-4 线(8421 BCD 码)优先编码器。图 3.3.13 所示就是这种 10 线-4 线优先编码器的型号和外引脚功能端排列图。

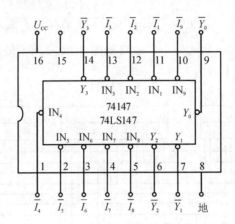

图 3.3.13　集成 10 线-4 线优先编码器的外引脚功能端排列图

3.3.2　译码器

译码是编码的逆过程。译码器(decoder)的功能是对给定的输入码组合进行翻译,将其变换成对应的输出信号,即每一种可能的输入组合有且仅有一个输出信号为有效电位。有时,将一种输入代码变换成另一种形式的代码,也称之为译码,如数字显示译码器。下面分别介绍二进制译码器、二-十进制译码器和显示译码器。

1. 二进制译码器

二进制译码器经常用在地址总线或电路的控制线中。例如,在存储器中用译码器进行地址的选址工作。把二进制代码的各种状态按其原意翻译成对应输出信号的电路叫作二进制译码器,也称为变量译码器。图 3.3.14 是其示意图,图中 A_0、A_1、$\cdots$、A_{n-1} 是输入的 n 位二进制代码,Y_0、Y_1、$\cdots$、Y_{m-1} 是 m 个输出信号,在二进制译码器中,$m = 2^n$。

图 3.3.14　二进制译码器示意图

1) 3 位二进制译码器

我们以 3 位二进制译码器为例介绍二进制译码器的电路设计,二进制译码器是最简单的译码器。

(1) 真值表。表 3.3.7 所示是 3 位二进制译码器的真值表,输入是 3 位二进制代码 $A_2A_1A_0$,输出是其状态译码 $Y_0 \sim Y_7$。

表 3.3.7　3 位二进制译码器的真值表

输　　入			输　　出							
A_2	A_1	A_0	Y_7	Y_6	Y_5	Y_4	Y_3	Y_2	Y_1	Y_0
0	0	0	0	0	0	0	0	0	0	1
0	0	1	0	0	0	0	0	0	1	0
0	1	0	0	0	0	0	0	1	0	0
0	1	1	0	0	0	0	1	0	0	0
1	0	0	0	0	0	1	0	0	0	0
1	0	1	0	0	1	0	0	0	0	0
1	1	0	0	1	0	0	0	0	0	0
1	1	1	1	0	0	0	0	0	0	0

（2）逻辑表达式。从真值表可直接得到译码器输出的逻辑表达式为

$$Y_0 = \overline{A_2}\,\overline{A_1}\,\overline{A_0} \quad Y_1 = \overline{A_2}\,\overline{A_1}\,A_0$$
$$Y_2 = \overline{A_2}\,A_1\,\overline{A_0} \quad Y_3 = \overline{A_2}\,A_1\,A_0$$
$$Y_4 = A_2\,\overline{A_1}\,\overline{A_0} \quad Y_5 = A_2\,\overline{A_1}\,A_0$$
$$Y_6 = A_2\,A_1\,\overline{A_0} \quad Y_7 = A_2\,A_1\,A_0$$

（3）逻辑图。由逻辑表达式画出的逻辑图见图 3.3.15。因 3 位二进制译码器电路有 3 根输入代码线、8 根输出信号线，所以也叫作 3 线-8 线译码器。

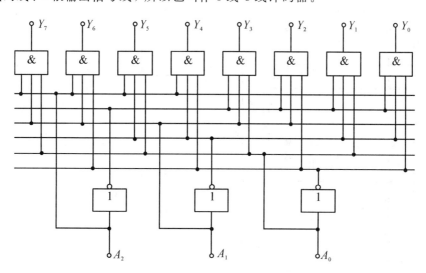

图 3.3.15　3 位二进制译码器

如果把图 3.3.15 所示电路中的与门换成与非门，把输出信号写成反变量，所得到的就是由与非门构成的输出为反变量(低电平有效)的 3 位二进制译码器，其逻辑图如图 3.3.16 所示。

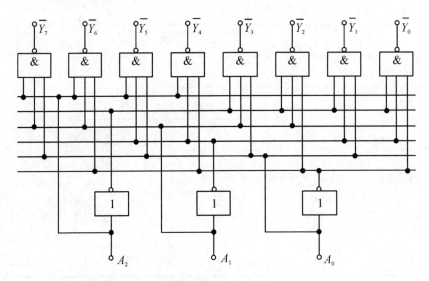

图 3.3.16　与非门构成的输出为反变量(低电平有效)的 3 位二进制译码器

2) 集成 3 线-8 线译码器

若把图 3.3.16 所示电路加上控制门电路制作在一个芯片上，便可构成集成 3 线-8 线译码器。图 3.3.17 是它的型号与外引脚功能端排列图及逻辑功能示意图，表 3.3.8 是它的真值表。S_1、$\overline{S_2}$ 和 $\overline{S_3}$ 是 3 个输入选通控制端，当 $S_1=0$ 或者 $\overline{S_2}+\overline{S_3}=1$ 时，译码器被禁止，译码器的输出端 $Y_0 \sim Y_7$ 为全 1；只有当 $S_1=1$ 且 $\overline{S_2}+\overline{S_3}=0$ 时，译码器才被使能，完成译码操作。

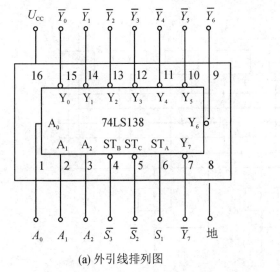

(a) 外引线排列图

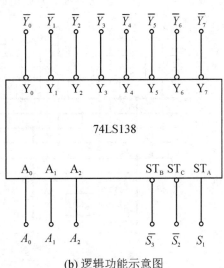

(b) 逻辑功能示意图

图 3.3.17　集成 3 线-8 线译码器

表 3.3.8　集成 3 线 - 8 线译码器的真值表

输　入					输　出							
S_1	$\overline{S_2}+\overline{S_3}$	A_2	A_1	A_0	$\overline{Y_7}$	$\overline{Y_6}$	$\overline{Y_5}$	$\overline{Y_4}$	$\overline{Y_3}$	$\overline{Y_2}$	$\overline{Y_1}$	$\overline{Y_0}$
1	0	0	0	0	1	1	1	1	1	1	1	0
1	0	0	0	1	1	1	1	1	1	1	0	1
1	0	0	1	0	1	1	1	1	1	0	1	1
1	0	0	1	1	1	1	1	1	0	1	1	1
1	0	1	0	0	1	1	1	0	1	1	1	1
1	0	1	0	1	1	1	0	1	1	1	1	1
1	0	1	1	0	1	0	1	1	1	1	1	1
1	0	1	1	1	0	1	1	1	1	1	1	1
0	×	×	×	×	1	1	1	1	1	1	1	1
×	1	×	×	×	1	1	1	1	1	1	1	1

3）集成二进制译码器的级联

当输入二进制代码的位数多于一片译码器输入位数时，可以把几个二进制译码器级联起来完成其译码操作。图 3.3.18 是把两片 74LS138 级联起来构成的 4 线-16 线译码器。

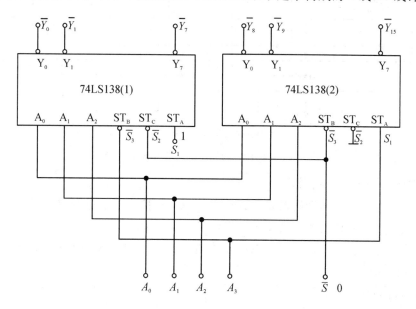

图 3.3.18　用 74LS138 构成的 4 线-16 线译码器

由表 3.3.8 不难分析得出图 3.3.18 中电路的工作原理。输入 4 位二进制代码中，当高

位 $A_3 = 0$ 时，片(1)的 $\overline{S_3} = 0$ 工作，片(2)的 $S_1 = 0$ 被禁止，输出 $\overline{Y_0} \sim \overline{Y_7}$ 是 $0A_2A_1A_0$ 的译码；当 $A_3 = 1$ 时，片(1)的 $\overline{S_3} = 1$ 被禁止，片(2)的 $S_1 = 1$ 工作，输出 $\overline{Y_8} \sim \overline{Y_{15}}$ 是 $1A_2A_1A_0$ 的译码。整个级联电路的使能端是 $\overline{S}$。当 $\overline{S} = 0$ 时，级联电路工作，完成对输入 4 位二进制代码 $A_3A_2A_1A_0$ 的译码；当 $\overline{S} = 1$ 时，级联电路被禁止，输出 $\overline{Y_0} \sim \overline{Y_{15}}$ 均为 1 状态。

图 3.3.19 是 5 线-24 线和 5 线-32 线译码器连线图。

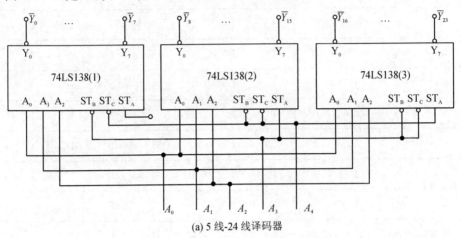

(a) 5 线-24 线译码器

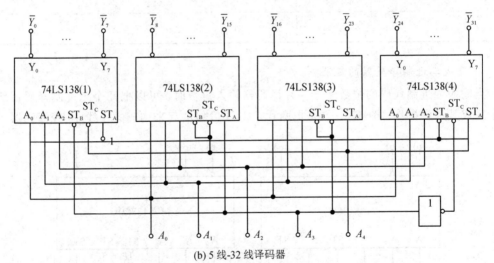

(b) 5 线-32 线译码器

图 3.3.19　74LS138 级联译码器

4) 二进制译码器的主要特点

(1) 功能特点。二进制译码器是全译码的电路，它把输入二进制代码的每一种状态全部译出，因此，二进制译码器在其输出端提供了输入变量的全部最小项。

(2) 电路结构特点。二进制译码器的基本电路是由与门组成的阵列，如果要求输出为反变量即低电平有效，只需将与门阵列换成与非门阵列即可。

2. 二-十进制译码器

本书仍以 8421 BCD 码为例。由于它需要 4 位二进制码表示一位十进制数，而 4 位二进制数有 16 种状态，因此有 6 个多余状态不被使用。

1) 8421 BCD 码输入的 4 线-10 线译码器

由 8421 BCD 码的定义可知，0000 表示的是 0，0001 表示的是 1，……，1001 表示的是 9，据此列出 4 线-10 线译码器的真值表，见表 3.3.9。

（1）真值表。用 $A_3 \sim A_0$ 表示输入的 4 位二进制代码，用 $Y_0 \sim Y_9$ 表示 10 个输出信号 0～9，表 3.3.9 是 4 线-10 线译码器的真值表。

表 3.3.9　4 线-10 线译码器的真值表

输　　　入				输　　　出									
A_3	A_2	A_1	A_0	Y_0	Y_1	Y_2	Y_3	Y_4	Y_5	Y_6	Y_7	Y_8	Y_9
0	0	0	0	1	0	0	0	0	0	0	0	0	0
0	0	0	1	0	1	0	0	0	0	0	0	0	0
0	0	1	0	0	0	1	0	0	0	0	0	0	0
0	0	1	1	0	0	0	1	0	0	0	0	0	0
0	1	0	0	0	0	0	0	1	0	0	0	0	0
0	1	0	1	0	0	0	0	0	1	0	0	0	0
0	1	1	0	0	0	0	0	0	0	1	0	0	0
0	1	1	1	0	0	0	0	0	0	0	1	0	0
1	0	0	0	0	0	0	0	0	0	0	0	1	0
1	0	0	1	0	0	0	0	0	0	0	0	0	1
1	0	1	0	$\times$	$\times$	$\times$	$\times$	$\times$	$\times$	$\times$	$\times$	$\times$	$\times$
1	0	1	1	$\times$	$\times$	$\times$	$\times$	$\times$	$\times$	$\times$	$\times$	$\times$	$\times$
1	1	0	0	$\times$	$\times$	$\times$	$\times$	$\times$	$\times$	$\times$	$\times$	$\times$	$\times$
1	1	0	1	$\times$	$\times$	$\times$	$\times$	$\times$	$\times$	$\times$	$\times$	$\times$	$\times$
1	1	1	0	$\times$	$\times$	$\times$	$\times$	$\times$	$\times$	$\times$	$\times$	$\times$	$\times$
1	1	1	1	$\times$	$\times$	$\times$	$\times$	$\times$	$\times$	$\times$	$\times$	$\times$	$\times$

在 8421 BCD 码中，6 个代码 1010～1111 没有使用，正常情况下也不会在输入端出现，称为伪码。

（2）逻辑表达式。采用图形化简法（注意约束项的使用）就可得到下列逻辑表达式。

$$Y_0 = \overline{A_3}\,\overline{A_2}\,\overline{A_1}\,\overline{A_0} \quad Y_1 = \overline{A_3}\,\overline{A_2}\,\overline{A_1}\,A_0$$

$$Y_2 = \overline{A_2}\,A_1\,\overline{A_0} \quad Y_3 = \overline{A_2}\,A_1\,A_0$$

$$Y_4 = A_2\,\overline{A_1}\,\overline{A_0} \quad Y_5 = A_2\,\overline{A_1}\,A_0$$

$$Y_6 = A_2\,A_1\,\overline{A_0} \quad Y_7 = A_2\,A_1\,A_0$$

$$Y_8 = A_3\,\overline{A_0} \quad Y_9 = A_3\,A_0$$

（3）逻辑图。根据上述各式可画出逻辑图，如图 3.3.20 所示。如果要输出反变量，即低电平有效，只需将电路中的与门换成与非门，$Y_0 \sim Y_9$ 变为 $\overline{Y_0} \sim \overline{Y_9}$ 即可。

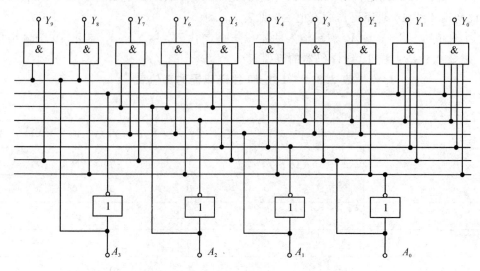

图 3.3.20　8421 BCD 码 4 线-10 线译码器

2）集成 4 线-10 线译码器

（1）外引线功能端排列图及逻辑符号。图 3.3.21 所示是 8421 BCD 码集成 4 线-10 线译码器的型号与外引脚功能端排列图、逻辑功能示意图及国标符号。

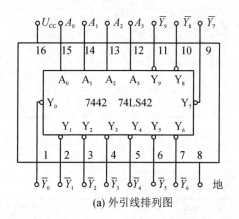

(a) 外引线排列图

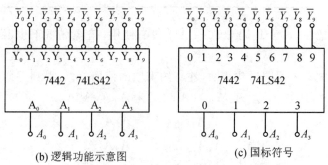

(b) 逻辑功能示意图　　　　　　(c) 国标符号

图 3.3.21　4 线-10 线译码器

（2）真值表。

表 3.3.10 是 8421 BCD 码集成 4 线-10 线译码器 74042、74LS042 的真值表，由真值表可以看出，译码器是拒绝伪码的，即当输入端出现未使用的代码状态 1010～1111 时，电路不予响应，输出 $\overline{Y_0}$～$\overline{Y_9}$ 为全 1，为无效状态。因为 Y_0～Y_9 都是最小项表达式，并没有利用约束项进行化简。

集成 4 线-10 线译码器还有余 3 码输入、余 3 格雷码输入的电路，它们的外引线功能端排列与 8421 BCD 码输入没有区别，只是真值表不同。

表 3.3.10　8421 BCD 输入 4 线-10 线译码器的真值表

	输	入						输	出				
A_3	A_2	A_1	A_0	$\overline{Y_0}$	$\overline{Y_1}$	$\overline{Y_2}$	$\overline{Y_3}$	$\overline{Y_4}$	$\overline{Y_5}$	$\overline{Y_6}$	$\overline{Y_7}$	$\overline{Y_8}$	$\overline{Y_9}$
0	0	0	0	0	1	1	1	1	1	1	1	1	1
0	0	0	1	1	0	1	1	1	1	1	1	1	1
0	0	1	0	1	1	0	1	1	1	1	1	1	1
0	0	1	1	1	1	1	0	1	1	1	1	1	1
0	1	0	0	1	1	1	1	0	1	1	1	1	1
0	1	0	1	1	1	1	1	1	0	1	1	1	1
0	1	1	0	1	1	1	1	1	1	0	1	1	1
0	1	1	1	1	1	1	1	1	1	1	0	1	1
1	0	0	0	1	1	1	1	1	1	1	1	0	1
1	0	0	1	1	1	1	1	1	1	1	1	1	0
伪码 1	0	1	0	1	1	1	1	1	1	1	1	1	1
1	0	1	1	1	1	1	1	1	1	1	1	1	1
1	1	0	0	1	1	1	1	1	1	1	1	1	1
1	1	0	1	1	1	1	1	1	1	1	1	1	1
1	1	1	0	1	1	1	1	1	1	1	1	1	1
1	1	1	1	1	1	1	1	1	1	1	1	1	1

3. 显示译码器

发光二极管（或液晶）数字显示器经常采用七段字形显示，配合各种七段显示器有专用的七段译码器，人们就把这种类型的译码器叫作显示译码器。

1）两种常用的数码显示器

（1）半导体数码显示器。

① 简单显示原理。发光段可以用荧光材料（荧光数码管）或是发光二极管（LED 数码管），或是液晶材料（称为 LCD 数码管）制作。通过它，可以将二进制 BCD 码变成十进制数字显示出来。例如，用磷砷化镓作成的 PN 结，当外加正向电压时，可以将电能转换成光

能，发出清晰的光线。利用这样的 PN 结，既可以封装成单个的发光二极管（LED），也可以封装成分段式（或者点阵式）的显示器件，如图 3.3.22 所示。

② 驱动电路。驱动电路既可以用半导体三极管放大电路，也可以直接用 TTL 与非门驱动，如图 3.3.23 所示。图中 VD 为发光二极管（或数码管中一段），V 导通或 V 饱和时亮。VD 的工作电压一般为 1.5～3 V，工作电流只需几到十几毫安。调节电阻 R 的阻值，可改变发光管上的电压和流过的电流，从而控制 VD 的亮度。

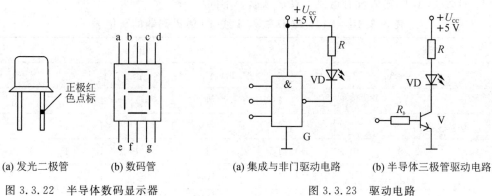

(a) 发光二极管 (b) 数码管   (a) 集成与非门驱动电路   (b) 半导体三极管驱动电路

图 3.3.22　半导体数码显示器　　　　　　　　图 3.3.23　驱动电路

③ 基本特点。半导体显示器具有工作电压低（1.3～3 V）、体积小、寿命长（>1000 h）、响应速度快（1～100 ns）、颜色丰富（有红、绿、黄等色）及性能可靠等特点。

（2）液晶显示器。

液晶是一种介于晶体和液体之间的有机化合物，常温下既有液体的流动性和连续性，又有晶体的某些光学特性，它依靠在外界电场作用下产生的光电效应调制外界光线使液晶不同部位显示出反差，从而显示出字形。液晶显示器（LCD）是一种平板薄型显示器件，其驱动电压很低，工作电流极小，与 CMOS 电路结合起来可以组成微功耗系统，广泛应用于各种仪器和仪表中的显示部分。

2）显示译码器的设计

下面以驱动七段发光二极管的二-十进制译码器为例，来说明显示译码器的设计过程。

（1）逻辑抽象。

① 输入、输出信号分析。显示译码器具有 4 个输入端（一般是 8421 BCD 码）、7 个输出端，显示译码器示意见图 3.3.24。

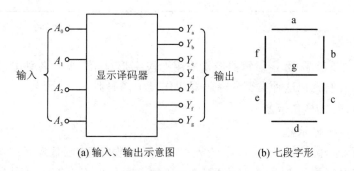

(a) 输入、输出示意图　　　　(b) 七段字形

图 3.3.24　显示译码器

② $Y_a \sim Y_g$ 的取值要求。若采用共阳极数码管，则 $Y_a \sim Y_g$ 应为 0，即低电平亮，高电平灭；相反，如果采用共阴极数码管，那么 $Y_a \sim Y_g$ 应为 1，即高电平亮，低电平灭。图 3.3.25 所示为七段发光二极管内部的两种接法——共阳极接法和共阴极接法，R 是外接限流电阻，U_{CC} 是外接电源。

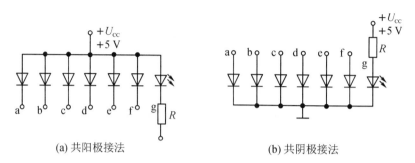

(a) 共阳极接法　　　　　　　　　　(b) 共阴极接法

图 3.3.25　七段发光二极管的两种接法

③ 列真值表。如果采用共阳极数码管。真值表见表 3.3.11。

表 3.3.11　显示译码器的真值表

输　　入				输　　　　出							字形
A_3	A_2	A_1	A_0	Y_a	Y_b	Y_c	Y_d	Y_e	Y_f	Y_g	
0	0	0	0	0	0	0	0	0	0	1	0
0	0	0	1	1	0	0	1	1	1	1	1
0	0	1	0	0	0	1	0	0	1	0	2
0	0	1	1	0	0	0	0	1	1	0	3
0	1	0	0	1	0	0	1	1	0	0	4
0	1	0	1	0	1	0	0	1	0	0	5
0	1	1	0	0	1	0	0	0	0	0	6
0	1	1	1	0	0	0	1	1	1	1	7
1	0	0	0	0	0	0	0	0	0	0	8
1	0	0	1	0	0	0	0	1	0	0	9

（2）逻辑表达式。

利用卡诺图进行化简（注意，伪码对应的最小项作为约束项）。根据表 3.3.11 中 Y_a 的取值情况画出 Y_a 的卡诺图，见图 3.3.26。合并卡诺图中值为 0 的最小项（约束项当 0 处理），低电平有效，得到 Y_a 的逻辑表达式为

$$\overline{Y_a} = A_3 + A_1 + A_2 A_0 + \overline{A_2}\,\overline{A_0}$$

A_3A_2 \ A_1A_0	00	01	11	10
00	0	1	0	0
01	1	0	0	0
11	×	×	×	×
10	0	0	×	×

图 3.3.26 Y_a 的卡诺图

再对 $\overline{Y_a}$ 取反得到 Y_a 的与或非表达式为

$$Y_a=\overline{\overline{Y_a}}=\overline{A_3+A_1+A_2A_0+\overline{A_2}\,\overline{A_0}}$$

用同样的方法求得 $Y_b \sim Y_g$ 的最简与或非表达式：

$$Y_b=\overline{A_2+A_1A_0+\overline{A_1}\,\overline{A_0}}$$

$$Y_c=\overline{A_2+\overline{A_1}+A_0}$$

$$Y_d=\overline{A_3+\overline{A_2}\,\overline{A_1}\,\overline{A_0}+A_2\overline{A_1}A_0+\overline{A_2}A_1A_0}$$

$$Y_e=\overline{\overline{A_2}\,\overline{A_0}+A_1\overline{A_0}}$$

$$Y_f=\overline{A_3+\overline{A_1}\,\overline{A_0}+A_2\overline{A_1}+A_2\overline{A_0}}$$

$$Y_g=\overline{A_3+A_2\overline{A_1}+\overline{A_2}A_1+A_2\overline{A_0}}$$

（3）逻辑图。图 3.3.27 是根据上述表达式画出的逻辑图。

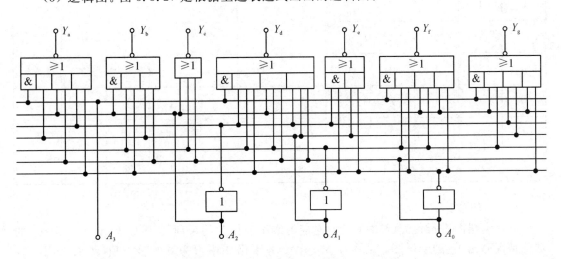

图 3.3.27   8421 BCD 码输入的显示译码器

需要注意的是显示译码器的输出级的电路结构形式与所选用显示器的结构形式必须相匹配(如图 3.3.28 所示),否则不能正常工作,甚至会导致器件损坏。

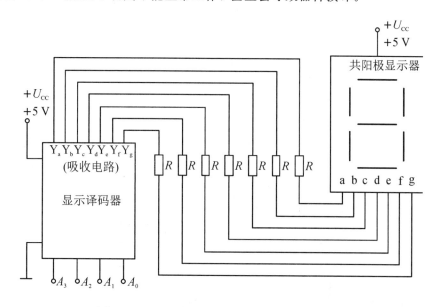

图 3.3.28 显示译码器与共阳极显示器的接线图

3)集成显示译码器

显示器件的种类较多,应用十分广泛,由厂家生产用于显示驱动的译码器也有不同的规格和种类。例如,用来驱动七段字形显示器的 BCD(七段字形译码器),就有用于共阳极数码管的集成电路产品——OC 输出、无上拉电阻、低电平驱动的 74247 和 74LS247 等,有用于共阴极数码管的集成电路产品——OC 输出、有 2 kΩ 上拉电阻、高电平驱动的 7448、74LS48、74248、74LS248 等。

3.4 数据选择器和分配器

3.4.1 数据选择器

数据选择器能按要求从多路输入数据中选择一路输出,其功能类似于单刀多位开关,故又称为多路开关。

1. 4 选 1 数据选择器

1)逻辑抽象

(1)输入、输出信号分析。

输入信号:4 路数据,用 D_0、D_1、D_2、D_3 表示;两个选择控制信号,用 A_1、A_0 表示。

输出信号:用 Y 表示。它可以是 4 路输入数据中的任意一路,究竟是哪一路完全由选择控制信号决定。4 选 1 数据选择器示意图如图 3.4.1 所示。

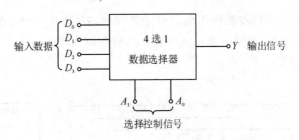

图 3.4.1   4 选 1 数据选择器示意图

（2）选择控制信号的状态约定。

令 $A_1A_0=00$ 时 $Y=D_0$，$A_1A_0=01$ 时 $Y=D_1$，$A_1A_0=10$ 时 $Y=D_2$，$A_1A_0=11$ 时 $Y=D_3$。

（3）真值表。

列出 4 选 1 数据选择器真值表如表 3.4.1 所示。

表 3.4.1   4 选 1 数据选择器真值表

输 入			输出
D	A_1	A_0	Y
D_0	0	0	D_0
D_1	0	1	D_1
D_2	1	0	D_2
D_3	1	1	D_3

2）逻辑表达式

由表 3.4.1 可以得到输出 Y 的逻辑表达式为

$$Y=D_0\overline{A_1}\,\overline{A_0}+D_1\overline{A_1}A_0+D_2A_1\overline{A_0}+D_3A_1A_0$$

3）逻辑图

由 Y 的逻辑表达式画出如图 3.4.2 所示的逻辑图。

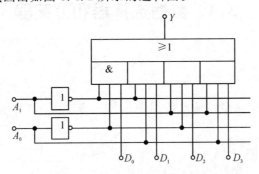

图 3.4.2   4 选 1 数据选择器逻辑图

图 3.4.2 中，A_1A_0 也叫作地址码或地址控制信号，因为随着 A_1A_0 取值不同，与或门中被打开的与门也随之变化，而只有加在打开与门输入端的数据才能传送到输出端。

2. 集成数据选择器

常用的集成数据选择器有如下几种：

① 双 4 选 1 数据选择器 74LS153。② 四位 2 选 1 数据选择器 74LS157。③ 8 选 1 数据选择器 74LS151。④ 16 选 1 数据选择器 74LS150。下面以 8 选 1 数据选择器为例进行分析。

1）8 选 1 数据选择器

(1) 型号与外引脚功能端排列图和逻辑功能示意图及国标符号。图 3.4.3(a) 所示是 8 选 1 数据选择器，图 3.4.3(b) 所示是其逻辑功能示意图，图 3.4.3(c) 是其国标符号。

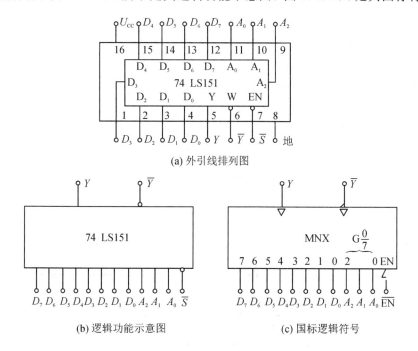

(a) 外引线排列图

(b) 逻辑功能示意图　　　　　　(c) 国标逻辑符号

图 3.4.3　8 选 1 数据选择器

图 3.4.3 所示的 8 选 1 数据选择器有 8 个数据输入端 $D_0 \sim D_7$、3 个地址输入端 $A_0 \sim A_2$、1 个选通控制输入端 $\overline{S}$ 和一对互补的输出端 Y、$\overline{Y}$。

(2) 真值表。8 选 1 数据选择器的真值表如表 3.4.2 所示。

表 3.4.2　8 选 1 数据选择器的真值表

型号	输　　入					输　　出	
	D	A_2	A_1	A_0	$\overline{S}$	Y	$\overline{Y}$
	$\times$	$\times$	$\times$	$\times$	1	0	1
	D_0	0	0	0	0	D_0	$\overline{D_0}$
	D_1	0	0	1	0	D_1	$\overline{D_1}$
74151	D_2	0	1	0	0	D_2	$\overline{D_2}$
74S151	D_3	0	1	1	0	D_3	$\overline{D_3}$
74LS151	D_4	1	0	0	0	D_4	$\overline{D_4}$
	D_5	1	0	1	0	D_5	$\overline{D_5}$
	D_6	1	1	0	0	D_6	$\overline{D_6}$
	D_7	1	1	1	0	D_7	$\overline{D_7}$

由表 3.4.2 所示真值表可以看出:

① 当选通输入端信号 $\overline{S}=1$ 时选择器被禁止,$Y=0$、$\overline{Y}=1$。

② 当 $\overline{S}=0$ 时选择器被选中,芯片使能(工作)。

(3) 根据真值表得输出变量的逻辑表达式为

$$Y=D_0\overline{A_2}\,\overline{A_1}\,\overline{A_0}+D_1\overline{A_2}\,\overline{A_1}\,A_0+\cdots+D_7A_2A_1A_0$$

$$\overline{Y}=\overline{D_0\overline{A_2}\,\overline{A_1}\,\overline{A_0}+D_1\overline{A_2}\,\overline{A_1}\,A_0+\cdots+D_7A_2A_1A_0}$$

2) 集成数据选择器的扩展

利用选通控制端能扩展数据选择器的选择范围。

(1) 用两片 74151 连接起来构成 16 选 1 数据选择器,见图 3.4.4。

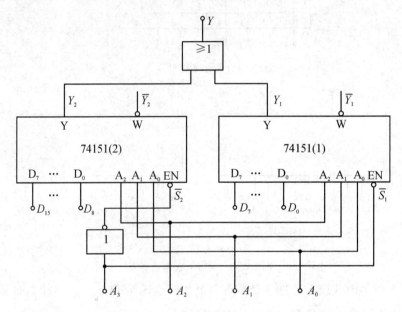

图 3.4.4   16 选 1 数据选择器连线图

由图 3.4.4 可得:

① 当 $A_3=0$ 时,$\overline{S_1}=0$、$\overline{S_2}=1$,片(2)禁止、片(1)使能,则

$$Y=D_0\overline{A_3}\,\overline{A_2}\,\overline{A_1}\,\overline{A_0}+D_1\overline{A_3}\,\overline{A_2}\,\overline{A_1}\,A_0+\cdots+D_7\overline{A_3}A_2A_1A_0$$

② 当 $A_3=1$ 时,$\overline{S_1}=1$、$\overline{S_2}=0$,片(2)使能、片(1)禁止,则

$$Y=D_8A_3\overline{A_2}\,\overline{A_1}\,\overline{A_0}+D_9A_3\overline{A_2}\,\overline{A_1}\,A_0+\cdots+D_{15}A_3A_2A_1A_0$$

(2) 用 4 片 74LS151 和 1 片 74LS139 连接起来构成 32 选 1 数据选择器,连线见图 3.4.5。

74LS139 是双 2 线-4 线译码器,$\overline{S}$ 是低电平使能。当 $\overline{S}=0$ 时,译码器工作;反之,当 $\overline{S}=1$ 时,译码器被禁止,输出端 $\overline{Y_3}$、$\overline{Y_2}$、$\overline{Y_1}$、$\overline{Y_0}$ 均为 1。

(3) 32 选 1 数据选择器的另一种电路结构是把 4 片 8 选 1 数据选择器和 1 片 4 选 1 数据选择器连接起来,构成 32 选 1 数据选择器,其电路结构形式见图 3.4.6。

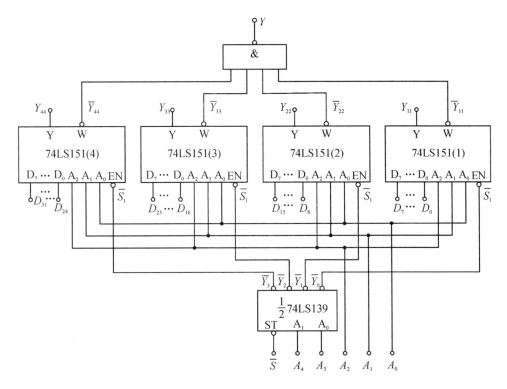

图 3.4.5　32 选 1 数据选择器的连线图

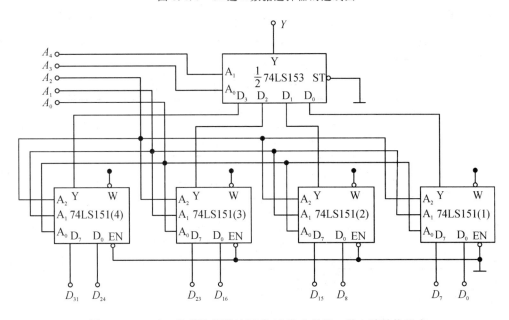

图 3.4.6　8 选 1 数据选择器扩展成 32 选 1 的另一种电路结构形式

图 3.4.6 所示电路中，当 $A_4A_3=00$ 时，由 $A_2A_1A_0$ 选择片 (1) 中的输入数据 $D_0 \sim D_7$；当 $A_4A_3=01$ 时，由 $A_2A_1A_0$ 选择片 (2) 中的输入数据 $D_8 \sim D_{15}$；当 $A_4A_3=10$ 时，由 $A_2A_1A_0$ 选择片 (3) 中的输入数据 $D_{16} \sim D_{23}$；当 $A_4A_3=11$ 时，由 $A_2A_1A_0$ 选择片 (4) 的输入数据 $D_{24} \sim D_{31}$。

3.4.2 数据分配器

数据分配器的功能类似一个多掷开关，它在地址码（或称选择控制）电位的控制下，将一个信号源送到几个不同输出端，实现数据的分路馈送。其逻辑功能正好与数据选择器相反。

1. 1 路-4 路数据分配器

1）逻辑抽象

（1）输入、输出信号分析。1 路-4 路数据分配器示意如图 3.4.7 所示。

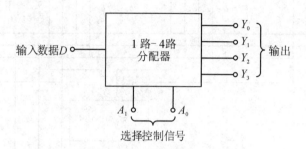

图 3.4.7　1 路-4 路数据分配器示意图

输入信号：1 路输入数据，用 D 表示；2 个选择控制信号，用 A_0、A_1 表示。

输出信号：4 个数据输出端，用 Y_0、Y_1、Y_2、Y_3 表示。

（2）选择控制信号状态。令 $A_1A_0=00$ 时选中输出端 Y_0，即 $Y_0=D$；$A_1A_0=01$ 时选中 Y_1，即 $Y_1=D$；$A_1A_0=10$ 时选中 Y_2，即 $Y_2=D$；$A_1A_0=11$ 时选中 Y_3，即 $Y_3=D$。

（3）真值表。根据上述分析可以列出真值表如表 3.4.3 所示。

表 3.4.3　1 路-4 路数据分配器的真值表

	输　入		输　　出			
	A_1	A_0	Y_0	Y_1	Y_2	Y_3
D	0	0	D	0	0	0
	0	1	0	D	0	0
	1	0	0	0	D	0
	1	1	0	0	0	D

2）逻辑表达式

由表 3.4.3 可得到输出变量的逻辑表达式为

$$Y_0=D\overline{A_1}\,\overline{A_0}, \qquad Y_1=D\overline{A_1}A_0$$

$$Y_2=DA_1\overline{A_0}, \qquad Y_3=DA_1A_0$$

3）逻辑图

按逻辑表达式画出逻辑图如图 3.4.8 所示。

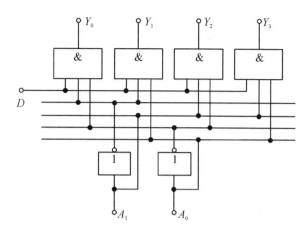

图 3.4.8　1 路-4 路分配器

2. 集成数据分配器

实际上，没有专用的集成数据分配器芯片，集成数据分配器就是带选通控制端的二进制集成译码器。在使用时，把二进制集成译码器的选通控制端当作数据输入端、二进制代码输入端当作选择控制端就可以了。例如，74LS139 是集成 2 线-4 线译码器，也是集成 1 路-4 路数据分配器，74LS138 是集成 3 线-8 线译码器，也是集成 1 路-8 路数据分配器，而且它们的型号也相同。

3.5　用 MSI 数据选择器和译码器实现组合逻辑函数

用 MSI 中规模集成电路数据选择器和译码器实现组合逻辑函数的方法就是将器件的逻辑表达式和要实现的逻辑函数进行对照比较。因为输出与输入信号之间的函数关系已被固化在芯片中，不能更改，所以只有熟悉 MSI 产品的性能，才能合理、恰当地选用。通常使用得比较多的是中规模集成电路的数据选择器和二进制译码器，某些情况下也使用全加器等。

3.5.1　用数据选择器实现组合逻辑函数

1. 用数据选择器实现组合逻辑函数的原理与步骤

1）原理

（1）数据选择器输出信号逻辑表达式的一般形式。如果有一个 $n+1$ 变量的逻辑函数，取其中 n 个变量，并将它们连接到数据选择器的选择线上。函数剩余的一个变量用于数据选择器的输入。如果 A 是该变量，则数据选择器的输入端可以为 A、$\overline{A}$、1 或者 0。通过正确使用这 4 个输入值并通过将其余变量连接到选择线，可以用数据选择器实现逻辑函数。通过这种方式，可以用一个 2^n 选 1 数据选择器产生含有 $n+1$ 个变量的任意函数。

图 3.5.1 是 4 选 1 数据选择器的逻辑功能示意图，表 3.5.1 所示是它的真值表。

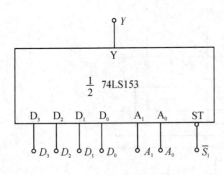

图 3.5.1　4 选 1 集成数据选择器

表 3.5.1　双 4 选 1 数据选择器的真值表

型号	输入				输出
	D	A_1	A_0	$\overline{S}$	Y
	$\times$	$\times$	$\times$	1	0
	D_0	0	0	0	D_0
74153 4LS153	D_1	0	1	0	D_1
	D_2	1	0	0	D_2
	D_3	1	1	0	D_3

① 4 选 1 数据选择器输出信号的逻辑表达式可由表 3.5.1 得出

$$Y = \overline{S}\,\overline{A_1}\,\overline{A_0}D_0 + \overline{S}\,\overline{A_1}A_0D_1 + \overline{S}A_1\overline{A_0}D_2 + \overline{S}A_1A_0D_3$$

若令 $S=1$ 即 $\overline{S}=0$，选择器被使能，则

$$Y = \overline{A_1}\,\overline{A_0}D_0 + \overline{A_1}A_0D_1 + A_1\overline{A_0}D_2 + A_1A_0D_3$$
$$= m_0D_0 + m_1D_1 + m_2D_2 + m_3D_3$$

② m 选 1 数据选择器输出信号的逻辑表达式中

$$m = 2^n$$

式中，n 是选择器地址码的位数，也就是地址变量的个数，根据 4 选 1 数据选择器输出信号的逻辑表达式，可推论出其一般表达形式为

$$Y = \sum_{i=0}^{m-1} m_iD_i$$

（2）数据选择器输出信号逻辑表达式的主要特点如下：

① 具有标准与或表达式的形式。

② 提供了地址变量的全部最小项。

③ 一般情况下，D 可以当成一个变量处理。

④ 受选通（使能）信号 $\overline{S}$ 控制，当 $\overline{S}=0$ 时有效，$\overline{S}=1$ 时 $Y=0$。

（3）组合逻辑函数的标准表达形式。任何组合逻辑函数都是由它的最小项构成的，都可以表示为最小项之和的标准形式。应用对照比较的方法，用数据选择器可以实现任何组合逻辑函数。如果函数的变量数为 k，那么应选用地址变量数 $n=k-1$ 的数据选择器。

2）基本步骤

首先，把函数表示为最小项之和的形式。假定为最小项选择的变量的有序序列是 $ADCD\cdots$，其中，A 是最左边变量，其他是剩余 $n-1$ 个变量。将这 $n-1$ 个变量连接到数据选择器的选择线，B 连接到高位选择线，C 连接到下一个较低位选择线，依次类推直到最后一个变量连接到最低位选择线，A 连到数据线。

（1）确定选用的数据选择器。根据 $n=k-1$ 确定数据选择器规模，n 是选择器地址码位数，k 是逻辑函数的变量个数。

(2) 写逻辑表达式。写出逻辑函数的标准与或表达式和选择器输出信号的表达式，进行对照。

(3) 求选择器输入变量的表达式。用公式法或者图形法，通过对照比较确定选择器各个输入变量的表达式。

(4) 画连线图。根据采用的数据选择器和已求出的输入变量表达式画出连线图。

2. 应用举例

【例 3.5.1】 用数据选择器实现函数 $Z=\sum m(3,4,5,6,7,8,9,10,12,14)$。

解 (1) 选用数据选择器。Z 是一个 4 变量的逻辑函数，根据 $n=k-1=4-1=3$，应选用 8 选 1 数据选择器，决定用 74LS151 设计逻辑函数。

(2) 写标准与或表达式。函数 Z 的标准与或表达式为

$$
\begin{aligned}
Z=&\overline{A}\,\overline{B}CD+\overline{A}B\overline{C}\,\overline{D}+\overline{A}B\overline{C}D+\overline{A}BC\overline{D}+\overline{A}BCD+\\
&A\overline{B}\,\overline{C}\,\overline{D}+A\overline{B}\,\overline{C}D+A\overline{B}C\overline{D}+AB\overline{C}\,\overline{D}+ABC\overline{D}
\end{aligned}
$$

74LS151 的输出与或表达式为

$$
\begin{aligned}
Y=&\overline{A_2}\,\overline{A_1}\,\overline{A_0}D_0+\overline{A_2}\,\overline{A_1}A_0D_1+\overline{A_2}A_1\overline{A_0}D_2+\overline{A_2}A_1A_0D_3+\\
&A_2\overline{A_1}\,\overline{A_0}D_4+A_2\overline{A_1}A_0D_5+A_2A_1\overline{A_0}D_6+A_2A_1A_0D_7
\end{aligned}
$$

(3) 确定输入变量与地址码的对应关系。

方法一：公式法

若令 $A_2=A$，$A_1=B$，$A_0=C$，则

$$Z=m_1\cdot D+m_2\cdot 1+m_3\cdot 1+m_4\cdot 1+m_5\cdot \overline{D}+m_6\cdot \overline{D}+m_7\cdot \overline{D}+m_0\cdot 0$$

比较两个表达式，由两式相等可得

$$D_1=D,\ D_2=D_3=D_4=1,\ D_5=D_6=D_7=\overline{D},\ D_0=0$$

方法二：图形法(卡诺图如图 3.5.2 所示)。

$$Z=\sum\nolimits_m(3,4,5,6,7,8,9,10,12,14)$$

令

$$A_2=A,\ A_1=B,\ A_0=C$$

$$Z=m_0\cdot 0+m_1\cdot D+m_2\cdot 1+m_3\cdot 1+m_4\cdot 1+m_5\cdot \overline{D}+m_6\cdot \overline{D}+m_7\cdot \overline{D}$$

则

$$D_0=0,\ D_1=D,\ D_2=D_3=D_4=1,\ D_5=D_6=D_7=\overline{D}$$

A \ BC	00	01	11	10
0	0	D	1	1
1	1	$\overline{D}$	$\overline{D}$	$\overline{D}$

(a) Z 的卡诺图

A_2 \ A_1A_0	00	01	11	10
0	D_0	D_1	D_3	D_2
1	D_4	D_5	D_7	D_6

(b) Y 的卡诺图

图 3.5.2　含变量的卡诺图

(4) 画连线图如图 3.5.3 所示。

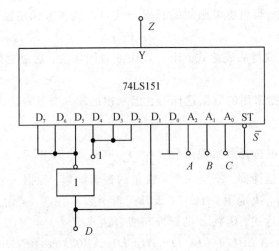

图 3.5.3 实现例 3.5.1 中函数的连线图

以类似的方式,可以为数据选择器的数据输入选择任何其他变量。在任何情况下,除一个变量之外的所有输入变量都将应用于数据选择器的选择输入。而剩余那一个变量则以某种方式连接到数据选择器的数据输入端。可以看出,用集成数据选择器实现组合逻辑函数非常方便,设计过程简单。数据选择器作为一种通用性比较强的中规模集成电路,如果能够灵活应用,一般的单输出信号的组合逻辑问题都可以用类似方式解决。

3.5.2 用二进制译码器实现组合逻辑函数

1. 用二进制译码器实现组合逻辑函数的原理与步骤

1)原理

二进制译码器的特点如下:

① 功能特点。二进制译码器又叫作变量译码器或者最小项译码器,它把输入变量的所有状态都翻译出来送到输出端,它的每一个输出信号都对应一种输入代码状态,也就是输入变量的一个最小项。因此,从用来实现组合逻辑函数的角度看,二进制译码器的输出端提供了其输入变量的全部最小项。

表 3.5.2 所示是集成双 2 线-4 线译码器 74LS139 的真值表。

表 3.5.2 $\frac{1}{2}$ 双 2 线-4 线译码器 74LS139 的真值表

型号	输 入			输 出			
	$\overline{S}$	A_1	A_0	$\overline{Y_0}$	$\overline{Y_1}$	$\overline{Y_2}$	$\overline{Y_3}$
	1	×	×	1	1	1	1
	0	0	0	0	1	1	1
74LS139	0	0	1	1	0	1	1
	0	1	0	1	1	0	1
	0	1	1	1	1	1	0

由表 3.5.2 可得译码器输出变量的逻辑表达式为

$$\overline{Y_0} = \overline{\overline{S}\,\overline{A_1}\,\overline{A_0}} = \overline{S\overline{A_1}\,\overline{A_0}}, \quad \overline{Y_1} = \overline{\overline{S}\,\overline{A_1}A_0} = \overline{S\overline{A_1}A_0}$$

$$\overline{Y_2} = \overline{\overline{S}A_1\overline{A_0}} = \overline{SA_1\overline{A_0}}, \quad \overline{Y_3} = \overline{\overline{S}A_1A_0} = \overline{SA_1A_0}$$

选通控制端 $\overline{S} = 0$ 即 $S = 1$ 时，译码器工作；$\overline{S} = 1$ 即 $S = 0$ 时，译码器被禁止，输出 $\overline{Y_0} \sim \overline{Y_3}$ 均为 1；$\overline{S} = 0$ 即 $S = 1$ 时有

$$\overline{Y_0} = \overline{\overline{A_1}\,\overline{A_0}}, \; \overline{Y_1} = \overline{\overline{A_1}A_0}, \; \overline{Y_2} = \overline{A_1\overline{A_0}}, \; \overline{Y_3} = \overline{A_1A_0}$$

74LS139 二进制译码器提供了输入变量最小项反函数的情况。由此推论出集成二进制译码器输出信号表达式的一般形式为

$$\overline{Y_i} = \overline{m_i}$$

② 组合逻辑函数的最小项构成的与非-与非表达式即标准与非-与非表达式。

由于任何组合逻辑函数都能表示为最小项之和的标准形式，因此利用两次取反的方法就可得到与非-与非表达式，例如函数

$$Z = AB + BC + \overline{A}\,\overline{B}$$

其标准与或表达式为

$$Z = \overline{A}\,\overline{B}\,\overline{C} + \overline{A}\,\overline{B}C + \overline{A}BC + AB\overline{C} + ABC$$

两次取反并根据德·摩根定理去掉一个反号就可得到结果。

综上可知，利用二进制译码器和与非门可以实现任何组合逻辑函数，特别是可用来构成有多个输出的组合逻辑电路。

2）步骤

（1）选择集成二进制译码器。依据逻辑函数变量数与译码器输入二进制代码位数相等的原则，选择集成二进制译码器的类型和规格。

（2）写出函数的标准与非-与非表达式。

（3）确认译码器和与非门输入信号的表达式。

（4）画连线图。

根据译码器和与非门输入信号的表达式画连线图，便可以得到所需要的电路。

2. 应用举例

【例 3.5.2】 试用集成译码器设计一个全加器。

解 （1）选择译码器。因为全加器有 3 个输入信号 A_i、B_i 和 C_{i-1}，两个输出信号 S_i 和 C_i，所以选择 3 线-8 线译码器 74LS138。

（2）写出标准与非-与非表达式。按 A_i、B_i、C_{i-1} 顺序排列变量，有

$$S_i = \overline{A_i}\,\overline{B_i}C_{i-1} + \overline{A_i}B_i\overline{C_{i-1}} + A_i\overline{B_i}\,\overline{C_{i-1}} + A_iB_iC_{i-1}$$
$$= m_1 + m_2 + m_4 + m_7$$
$$= \overline{\overline{m_1}\,\overline{m_2}\,\overline{m_4}\,\overline{m_7}}$$

$$C_i = \overline{A_i}B_iC_{i-1} + A_i\overline{B_i}C_{i-1} + A_iB_i\overline{C_{i-1}} + A_iB_iC_{i-1}$$
$$= m_3 + m_5 + m_6 + m_7$$
$$= \overline{\overline{m_3}\,\overline{m_5}\,\overline{m_6}\,\overline{m_7}}$$

（3）确认表达式

$$A_2 = A_i, \ A_1 = B_i, \ A_0 = C_{i-1}$$

$$S_i = \overline{\overline{Y_1} \, \overline{Y_2} \, \overline{Y_4} \, \overline{Y_7}}, \ C_i = \overline{\overline{Y_3} \, \overline{Y_5} \, \overline{Y_6} \, \overline{Y_7}}$$

（4）画连线图，见图 3.5.4。

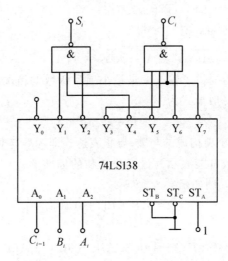

图 3.5.4　例 3.5.2 全加器连线图

【**例 3.5.3**】　用集成译码器实现下列组合逻辑函数：

$$Z_1 = \overline{A}\,\overline{B} + AB + \overline{B}C$$

$$Z_2 = \overline{A}B + \overline{B}C + \overline{C}A$$

$$Z_3 = AB + BC + CA$$

解　（1）选择译码器。由于要实现的是一组多输出的 3 变量函数，因此应选用 3 线-8 线译码器 74LS138。

（2）写出标准与非-与非式。按 A、B、C 顺序排列变量，有

$$\begin{aligned}
Z_1 &= \overline{A}\,\overline{B} + AB + \overline{B}C \\
&= \overline{A}\,\overline{B}\,\overline{C} + \overline{A}\,\overline{B}C + A\overline{B}C + AB\overline{C} + ABC \\
&= m_0 + m_1 + m_5 + m_6 + m_7 \\
&= \overline{\overline{m_0}\,\overline{m_1}\,\overline{m_5}\,\overline{m_6}\,\overline{m_7}}
\end{aligned}$$

$$\begin{aligned}
Z_2 &= \overline{A}B + \overline{B}C + \overline{C}A \\
&= \overline{A}B\overline{C} + \overline{A}BC + \overline{A}\,\overline{B}C + A\overline{B}\,\overline{C} + A\overline{B}C + AB\overline{C} \\
&= m_1 + m_2 + m_3 + m_4 + m_5 + m_6 \\
&= \overline{\overline{m_1}\,\overline{m_2}\,\overline{m_3}\,\overline{m_4}\,\overline{m_5}\,\overline{m_6}}
\end{aligned}$$

$$\begin{aligned}
Z_3 &= AB + BC + CA \\
&= AB\overline{C} + ABC + \overline{A}BC + A\overline{B}C \\
&= m_3 + m_5 + m_6 + m_7 \\
&= \overline{\overline{m_3}\,\overline{m_5}\,\overline{m_6}\,\overline{m_7}}
\end{aligned}$$

（3）确认表达式

$$A_2 = A, \quad A_1 = B, \quad A_0 = C$$

$$Z_1 = \overline{\overline{Y_0}\,\overline{Y_1}\,\overline{Y_5}\,\overline{Y_6}\,\overline{Y_7}}, \quad Z_2 = \overline{\overline{Y_1}\,\overline{Y_2}\,\overline{Y_3}\,\overline{Y_4}\,\overline{Y_5}\,\overline{Y_6}}, \quad Z_3 = \overline{\overline{Y_3}\,\overline{Y_5}\,\overline{Y_6}\,\overline{Y_7}}$$

（4）画连线图，见图 3.5.5。

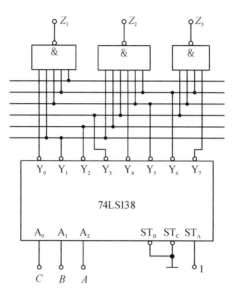

图 3.5.5　例 3.5.3 的连线图

总之，用集成二进制译码器实现组合逻辑函数时，需要使用附加与非门，用数据选择器实现组合逻辑函数时不需要附加与非门，这是数据选择器的优点，但要构成有多个输出信号的组合电路，用译码器更为方便。

3.6　只读存储器(ROM)

二进制译码器 n 个输入变量可产生 2^n 个最小项，通过插入或门对最小项进行求和，可以生成任何所需的组合电路。只读存储器(ROM)是在单个 IC 封装内包括译码器和或门的器件，译码器的输出和或门输入之间的连接可以根据需要有针对性地配置。ROM 可用于在一个 IC 封装内实现复杂的组合电路或作为二进制信息的永久存储器。

ROM 本质上是存储永久性二进制信息的存储器(或储存器)，其电路内部设计带有特殊的电子熔丝，通过设置电子熔丝的通断，就可以存储不同的信息，即使电源断电后该信息仍然会保持。

常用的 ROM 有三种。

（1）掩模编程，所存储信息是由厂商在电路单元最后一个环节的制造过程中完成的。具体而言，制作 ROM 的过程要求客户确认 ROM 要存储的信息，厂商根据客户提供的信息为电路生成掩模。掩模的制作费用通常很高，因此只有大批量制造相同的 ROM 时才是经济的。

（2）可编程只读存储器(PROM)。PROM 单元在所存储字的每一位全部置 0(或置 1)，通过在输入端施加大电流脉冲可以熔断熔丝。初始状态时，熔丝熔断定义了一个二进制状态，未熔断则代表另一个状态。故通过在控制端施加大电流的方式就可在 PROM 中写入不同的信息。这允许用户在实验室中对 PROM 进行编程，以实现输入地址与所存储字之间的特定逻辑关系。使用 PROM 编程器能够方便地实现信息写入过程。需要强调的是，无论是 ROM 还是 PROM 其写入都是不可逆的，一旦写入结束，内部配置模式就无法更改。

（3）ROM 单元称为可擦除 PROM 或 EPROM。即使之前已经改变过，EPROM 单元在需要的时候仍可以恢复到出厂设置。当经过特定波段的紫外线辐照，就可使 ROM 恢复到初始状态，可以重新编程。某些 ROM 使用电信号而不是紫外光来擦除，这类产品被称为电可擦除 PROM 即 EEPROM。

3.6.1　ROM 的结构及工作原理

1. ROM 的结构示意图

1）基本结构

图 3.6.1 所示是 ROM 的基本结构。它由 n 条输入线和 b 条输出线组成。输入变量称为地址。n 位输入变量可以得到 2^n 个不同地址。由于有 n 位地址的 ROM 有 2^n 个不同的地址，因此有 2^n 个不同的字被存储在存储器中 2^n 个不同的位置。在任何给定的时间，输出线上可用的字取决于施加到输入线上的地址值。如果输出为 b 位，也就意味着每个存储位置可保存 b 位信息，故 ROM 的存储容量由字数 2^n 和每个字的位数 b 决定。

2）内部结构示意图

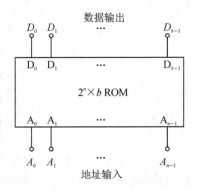

图 3.6.1　ROM 的基本结构示意图

图 3.6.2 所示是 ROM 的内部结构示意图。输入的 n 位地址码 A_{n-1}、$\cdots$、A_1、A_0 经地址译码器译码后，产生 2^n 个输出信号 W_{2^n-1}、W_{2^n-2}、$\cdots$、W_0，ROM 有 2^n 个存储单元，每一个单元对应一个地址，相应的 W_{2^n-1}、W_{2^n-2}、$\cdots$、W_0 线又叫作字线。

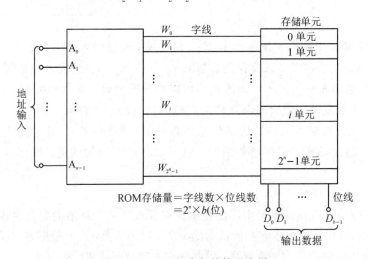

图 3.6.2　ROM 内部结构示意图

3）逻辑图的简化画法及结构示意图

（1）中、大规模集成电路中逻辑图简化画法的约定。在绘制中、大规模集成电路的逻辑图时，常用图 3.6.3 中所示的简化画法。图 3.6.3(a)是一个多输入端与门，竖线为一组输入信号，用与横线相交叉的点的状态表示相应输入信号是否接到了该门的输入端上。交叉点画小圆点者表示连上了且为硬连接，不能通过编程改变；交叉点画"×"者表示编程连接，可以通过编程将其断开；既无小圆点也无"×"者表示断开。图 3.6.3(b)是多输入端或门，交叉点状态的约定和多输入端与门相同。图 3.6.3(c)所示是同相输出、反相输出和具有互补输出的各种缓冲门的画法。

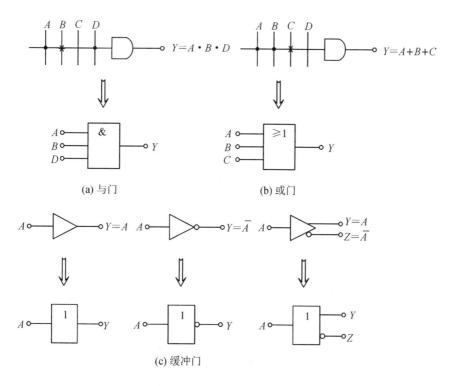

图 3.6.3　门电路的简化画法

（2）逻辑结构示意图。如果把 A_0、A_1、$\cdots$、A_{n-1} 看成是 n 个输入变量，把 D_0、D_1、$\cdots$、D_{b-1} 看成是 b 个输出信号（函数），那么可以画出 ROM 的逻辑结构示意图，如图 3.6.4 所示。

图 3.6.4 所示结构图中，与门阵列里有 2^n 个与门，组成了一个 n 位二进制译码器，其输出是 n 个输入变量 $A_0 \sim A_{n-1}$ 的 2^n 个最小项；或门阵列中有 b 个或门，每一个或门的输出就是由输入变量的若干个最小项构成的一个逻辑函数。从图 3.6.4 电路中标有连接点的情况可以看出：

$$Z_0 = m_1 + m_i + m_{2^n-1}$$
$$Z_1 = m_0 + m_1 + m_i$$
$$Z_{b-1} = m_0 + m_1 + m_i + m_{2^n-1}$$

虽然 ROM 是只读存储器，但是它实际上就是一种大规模集成的组合逻辑电路。

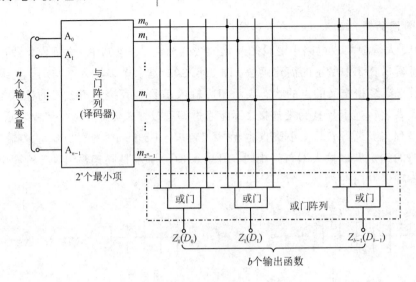

图 3.6.4　ROM 的逻辑结构示意图

2. ROM 的基本工作原理

1) 电路组成

图 3.6.5 是用二极管与门阵列和或门阵列构成的只读存储器，输入地址码是 A_1A_0，输出数据是 $D_3D_2D_1D_0$。输出缓冲器用的是三态门。

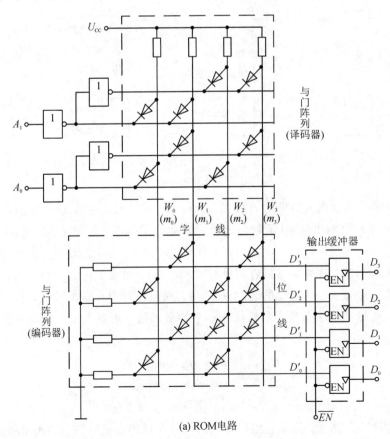

(a) ROM电路

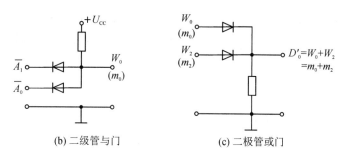

(b) 二级管与门 　　　　　(c) 二极管或门

图 3.6.5　二极管 ROM

在图 3.6.5(a)中，二极管门电路排成了矩阵形式，与门阵列中的 4 个与门，其结构与图 3.6.5(b)所示二极管与门习惯画法是一样的；或门阵列中的 4 个或门，其结构与图 3.6.5(c)所示电路是一样的。根据 ROM 存储容量为字线数乘位线数的定义可知，图 3.6.5(a)所示二极管 ROM 的存储容量为 $4 \times 4 = 16$ 位。

2) 工作原理

(1) 输出信号的逻辑表达式。由图 3.6.5(a)所示电路可得

$$W_0 = m_0 = \overline{A_1} \overline{A_0} \qquad W_1 = m_1 = \overline{A_1} A_0$$

$$W_2 = m_2 = A_1 \overline{A_0} \qquad W_3 = m_3 = A_1 A_0$$

$$D_0 = W_0 + W_2 = m_0 + m_2 = \overline{A_1} \overline{A_0} + A_1 \overline{A_0} = \overline{A_0}$$

$$D_1 = W_1 + W_2 + W_3 = m_1 + m_2 + m_3 = \overline{A_1} A_0 + A_1 \overline{A_0} + A_1 A_0 = A_0 + A_1$$

$$D_2 = W_0 + W_2 + W_3 = m_0 + m_2 + m_3 = \overline{A_1} \overline{A_0} + A_1 \overline{A_0} + A_1 A_0 = \overline{A_0} + A_1$$

$$D_3 = W_1 + W_3 = m_1 + m_3 = \overline{A_1} A_0 + A_1 A_0 = A_0$$

(2) 输出信号的真值表。根据上述逻辑表达式，列出真值表，如表 3.6.1 所示。

表 3.6.1　ROM 输出信号的真值表

A_1	A_0	D_3	D_2	D_1	D_0
0	0	0	1	0	1
0	1	1	0	1	0
1	0	0	1	1	1
1	1	1	1	1	0

(3) 功能说明。表 3.6.1 的物理意义既可以从存储器和函数发生器两个方面来说明，也可以从译码、编码角度去认识。

① 从存储器角度看：$A_1 A_0$ 是地址码，$D_3 D_2 D_1 D_0$ 是数据。表 3.6.1 说明，在 00 地址中存放的数据是 0101；01 地址中存放的数据是 1010；10 地址中存放的是 0111；11 地址中存放的是 1110。

② 从函数发生器角度看：A_1、A_0 是两个输入变量，D_3、D_2、D_1、D_0 是 4 个输出函数，表 3.6.1 说明，当变量 $A_1 A_0$ 取值为 00 时函数 $D_3 = 0$、$D_2 = 1$、$D_1 = 0$、$D_0 = 1$；取值为 01 时 $D_3 = 1$、$D_2 = 0$、$D_1 = 1$、$D_0 = 0$。

③ 从译码编码角度看：由与门阵列先对输入的二进制代码 A_1A_0 进行译码，得到 4 个输出信号 W_0、W_1、W_2、W_3，再由或门阵列对 $W_0 \sim W_3$ 4 个信号进行编码。

图 3.6.5(a)所示的 ROM 电路十分简单，但通过对它的分析，却能说明只读存储器的基本工作原理。

3.6.2 ROM 应用举例及容量扩展

1. ROM 应用举例

1）作为函数运算表电路

数学运算是数控装置和数字系统中经常进行的操作，如果把要用到的基本函数变量在一定范围内的取值和相应的函数值列成表格，写入只读存储器中，则在需要时只要给出规定"地址"就可非常快速地得到相应的函数值。这种 ROM 实际上已经成为函数运算表电路。

【例 3.6.1】 使用 ROM 设计一个组合电路。该电路接收一个 3 位二进制数字，并生成一个输出二进制数字，该数字等于输入数字的平方。

解 使用 ROM 设计一个组合电路。该电路接收一个 3 位数字，输出与输入数字的平方相等的二进制数字。第一步是导出组合电路的真值表。在某些情况下，我们可以通过使用组合电路真值表中某些属性，为 ROM 设置一个较小的真值表。表 3.6.2 是组合电路的真值表。需要 3 个输入和 6 个输出来容纳所有可能的数字。我们注意到输出 B_0 总是等于输入 A_0，所以不需要用 ROM 生成 B_0，因为它等于输入变量。而且，输出 B_1 总是 0，所以这个输出也是已知的。我们实际上只需要用 ROM 产生 4 个输出，ROM 必须至少具有 3 个输入和 4 个输出。3 个输入指定 8 个字，所以 ROM 的大小必须是 8×4 位。ROM 的实现如图 3.6.6 所示。3 个输入分别指定 8 个字，每个字 4 位。组合电路的另外两个输出等于 0 和 A_0。表 3.6.2 的真值表指定了编程 ROM 所需的全部信息，图 3.6.6 给出了具体的外部连线。

表 3.6.2 例 3.6.1 的 ROM 真值表

A_2	A_1	A_0	F_3	F_2	F_1	F_0
0	0	0	0	0	0	0
0	0	1	0	0	0	0
0	1	0	0	0	0	1
0	1	1	0	0	1	0
1	0	0	0	1	0	0
1	0	1	0	1	1	0
1	1	0	1	0	0	1
1	1	1	1	1	0	0

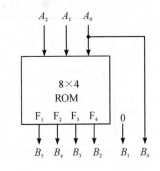

图 3.6.6 例 3.6.1 的 ROM 实现

2）实现任意组合逻辑函数

只读存储器由与门阵列和或门阵列组成，与门阵列对输入变量译码，产生变量的全部最小项，或门阵列对有关最小项进行或运算。原则上讲，利用 ROM 可以实现任何组合逻辑函数。

【例 3.6.2】　试用 ROM 实现下列函数：

$$Y_1 = \overline{A}\,\overline{B}C + \overline{A}B\overline{C} + A\overline{B}\,\overline{C}$$

$$Y_2 = BC + CA$$

$$Y_3 = \overline{A}\,\overline{B}\,\overline{C}\,\overline{D} + \overline{A}\,\overline{B}CD + \overline{A}BC\overline{D} + A\overline{B}\,\overline{C}D + AB\overline{C}\,\overline{D} + ABCD$$

$$Y_4 = ABC + ABD + ACD + BCD$$

解　（1）写出各函数的标准与或式

$$Y_1 = \sum m(2,3,4,5,8,9,14,15)$$

$$Y_2 = \sum m(6,7,10,11,14,15)$$

$$Y_3 = \sum m(0,3,6,9,12,15)$$

$$Y_4 = \sum m(7,11,13,14,15)$$

（2）选 ROM，画存储矩阵连线图。选用 16×4 位 ROM，存储矩阵连线图见图 3.6.7。

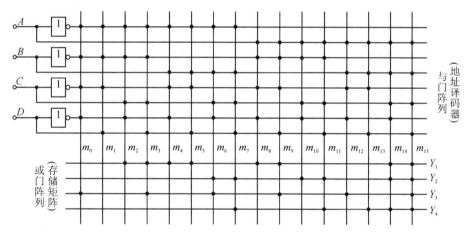

图 3.6.7　例 3.6.2 的 ROM 存储矩阵连线图

（3）画 ROM 逻辑框图。图 3.6.8 所示是例 3.6.2 中 ROM 的逻辑图。

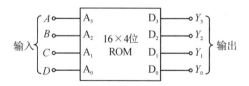

图 3.6.8　例 3.6.2 中 ROM 逻辑图

2. ROM 容量扩展

1）常用的 LSIROM

（1）常用的 LSIEPROM 的型号有 2764、27128、27256 和 27512 等，图 3.6.9 所示是它们的逻辑符号。

在正常使用中，$U_{CC} = +5$ V，U_{IH} 为高电平，即 U_{PP} 引脚接 $+5$ V、$\overline{PGM}$ 引脚接高电平。在进行编程时，$\overline{PGM}$ 引脚接低电平，U_{PP} 引脚接高电平（编程电平）。

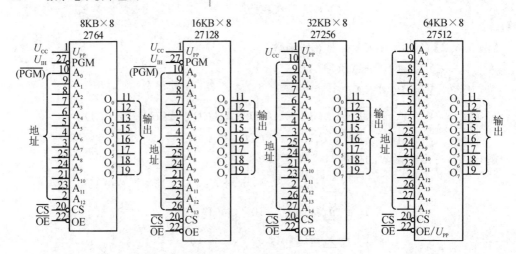

图 3.6.9 标准的 28 脚双列直插式 EPROM 的逻辑符号

（2）输出使能端$\overline{OE}$和片选端$\overline{CS}$的作用如下：

$\overline{OE}$：输出使能端，决定是否将 ROM 的输出送到总线上去。当$\overline{OE}=0$时，输出被使能；当$\overline{OE}=1$时，输出被禁止，ROM 输出端为高阻态。

$\overline{CS}$：片选端，决定 ROM 是否工作。当$\overline{CS}=0$时，ROM 工作；$\overline{CS}=1$时，ROM 停止工作，且输出为高阻态（无论$\overline{OE}$为何值）。

ROM 输出能否被使能取决于$\overline{P}=\overline{CS}+\overline{OE}$。当$\overline{P}=0$，即$\overline{CS}+\overline{OE}=0$时，ROM 输出使能，否则将被禁止，输出端为高阻态。另外，当$\overline{CS}$无效，即$\overline{CS}=1$时，还会停止对 ROM 内部的译码器等电路供电，使其功耗降低到 ROM 工作时的 10% 以下。

2）ROM 容量的扩展

在实际工作中，常常需要应用大容量的 ROM（EPROM）。当单片芯片的容量不够时，可以用扩展容量的方法解决。

（1）字长的扩展（位扩展）。现有型号的 EPROM，输出多为 8 位，要扩展成 16 位，需将两个 8 位输出芯片的地址线和控制线都分别并联起来，一组输出作为高 8 位，另一组作为低 8 位即可。图 3.6.10 是将两片 27256 扩展成 32K×16 位 ROM 的连线图。

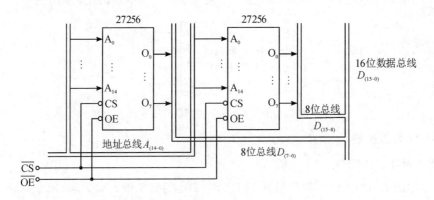

图 3.6.10 两片 27256 扩展成 32K×16 位 EPROM

（2）字数扩展。

把各个芯片的输出数据线和输入地址线都对应地并联起来，用高位地址的译码输出作为各芯片的片选信号 $\overline{CS}$ 即可组成总容量等于各芯片容量之和的存储体。图 3.6.11 所示是用 4 片 27256 扩展成为 $4×32K×8$ 位存储体的简化电路连线图。

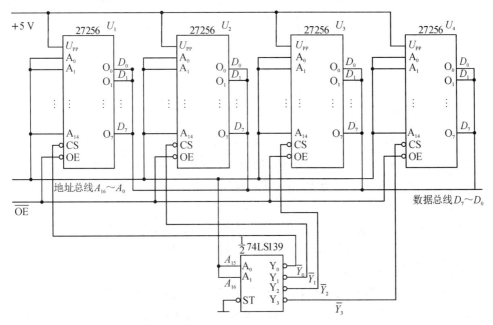

图 3.6.11 $4×32K×8$ 位存储体连线图

在图 3.6.11 所示电路中，地址码接到各个芯片的地址输入端，高位地址 A_{15}、A_{16} 作为 2 线-4 线译码器 $\frac{1}{2}$74LS139 的输入信号，经译码后产生的 4 个输出信号 $\overline{Y_0} \sim \overline{Y_3}$，分别接到 4 个芯片的 $\overline{CS}$ 端，对它们进行片选。

3.7 组合电路中的竞争冒险

3.7.1 竞争冒险的概念及其产生原因

1. 竞争冒险的概念

前面在分析和设计组合逻辑电路时，讨论的只是输入和输出的稳态关系，没有涉及逻辑电路从一个稳态转换到另一个稳态之间的过渡过程，即没有考虑到门电路的延迟时间对电路产生的影响。实际上，任何一个门电路都具有一定的传输延迟时间。由于各个门的传输时间的差异，或者是输入信号通过的路径不同造成的传输时间差异，会使一个或几个输入信号经不同的路径到达同一点的时间有差异。这会导致当输入信号改变状态时，输出端可能出现虚假信号及产生过渡干扰脉冲的现象，这种现象叫做竞争冒险。

2. 产生竞争冒险的原因

1）原因分析

在组合逻辑电路中，任何一个门电路只要有两个输入信号同时向相反方向变化，其输出端就有可能产生干扰脉冲，现以图 3.7.1 所示的 TTL 与门为例进行简要说明。

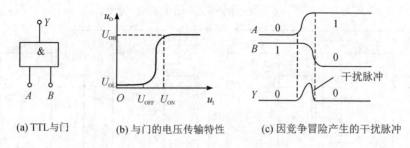

(a) TTL 与门   (b) 与门的电压传输特性   (c) 因竞争冒险产生的干扰脉冲

图 3.7.1   TTL 与门的竞争冒险

在图 3.7.1(a) 中，因 $Y=AB$，当 AB 取值为 01 或 10 时，Y 的值应恒为 0，然而由图 3.7.1(b) 可见，在 AB 由 01 变为 10 过程中产生了干扰脉冲。

出现这种现象的原因是：

(1) 信号 A、B 不可能突变，状态改变都要经历一段极短的过渡时间。

(2) 信号 A、B 改变状态的时间有先有后，因为它们经过的传输路径长短不同，门电路的传输时间也不可能完全一样。

如果信号 A 先上升到开门电平 U_{ON}，信号 B 后下降到关门电平 U_{OFF}，这样在与门的输出端 Y 就产生了正向干扰脉冲。当然，如果是先下降到关门电平，A 后上升到开门电平，由于在信号改变状态过程中与门始终被封住了，显然不会产生干扰脉冲。虽然电路中存在竞争冒险时，并不是一定就有干扰脉冲产生，然而在设计时，既不可能知道传输路径和门电路传输时间的准确数值，也无法知道各个波形上升时间和下降时间的微小差异，因此只能说有产生干扰脉冲的可能性，这也就是冒险一词的具体含义。

2) 电路举例

图 3.7.2 是一个因竞争冒险产生干扰脉冲的例子。在图 3.7.2(a) 所示 2 位二进制译码器中，假如输入信号 A 和 B 的变化规律如表 3.7.1 所示，则由于 G_5 和 G_6 的传输时间不同，在 BA 从 01 变为 10 过程中，门 G_1 将会有可能输出一个很窄的脉冲，见图 3.7.2(b) 中

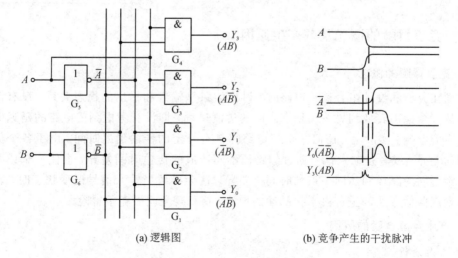

(a) 逻辑图   (b) 竞争产生的干扰脉冲

图 3.7.2   2 位二进制译码器的竞争冒险

的 Y_3。根据逻辑设计的要求，这时 Y_0 端是不应该有输出信号的，因此这是一个干扰脉冲。此外还可以看到，由于 A、B 改变状态分别要经历一段上升和下降时间，因而在转换过程中，可能出现 G_4 的两个输入信号同时处于开门电平以上的情况，这时也会在门 G_4 的输出端形成干扰脉冲，见图 3.7.2(b)中的 Y_3。

表 3.7.1　图 3.7.2(a)所示电路的真值表

A	B	$\overline{A}$	$\overline{B}$	Y_0	Y_1	Y_2	Y_3
0	0	1	1	1	0	0	0
⇓							
0	1	1	0	0	1	0	0
⇓				⊓			⊓
1	0	0	1	0	0	1	0
⇓							
1	1	0	0	0	0	0	1

3.7.2　消除竞争冒险的方法

在有些系统中，竞争冒险会使系统产生误动作，所以应消除冒险现象。消除冒险常用的方法有如下几种。

1. 增加封锁脉冲

为了消除因竞争冒险所产生的干扰脉冲，可以增加一个负脉冲，在输入信号发生竞争的时间内，把可能产生的干扰脉冲封住。图 3.7.3 中的负脉冲 P_1 就是这样的封锁脉冲。

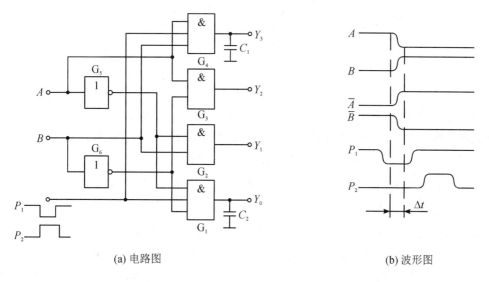

(a) 电路图　　　　　　　　　　　　　　　(b) 波形图

图 3.7.3　消除竞争冒险现象的几种方法

从图 3.7.3(b)的波形图上可以看到，封锁脉冲必须与输入信号的转换同步，而且它的宽度不应小于电路从一个稳态到另一个稳态所需的过渡时间 Δt。

2. 增加选通脉冲

增加一个选通脉冲，图 3.7.3 中的 P_2 高电平在输入信号稳定状态之后出现，G_1、G_4 的输出端不会受到干扰脉冲影响。注意，这时 G_1、G_4 正常的输出信号也变成脉冲形式了，且其宽度与选通脉冲相同。

3. 利用滤波电路

在输出端并联一个不大的滤波电容的方法，也可消除干扰脉冲。图 3.7.3(a)中的 C_1 和 C_2 就表示这种滤波电容。由于冒险输出的毛刺脉冲十分窄，在数十纳秒数量级，因此小电容可大大削弱输出冒险脉冲的幅度。

4. 修改逻辑设计增加冗余项

当竞争冒险是由单变量改变状态引起时，则可用增加冗余项的方法予以消除。例如给定的逻辑函数是

$$Y=AB+\overline{A}C$$

则可以画出它的逻辑图，如图 3.7.4 所示。不难发现，当 $B=C=1$ 时，有

$$Y=AB+\overline{A}C=A\cdot 1+\overline{A}\cdot 1=A+\overline{A}$$

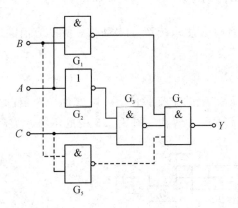

图 3.7.4　修改逻辑图以消除竞争冒险

若 A 从 1 变为 0(或从 0 变为 1)，则在门 G_1 的输入端会发生竞争，因此输出可能出现干扰脉冲。根据第 1 章介绍的公式，增加冗余项可将函数表达式改写为

$$Y=AB+\overline{A}C+BC$$

并在电路中也相应地增加门 G_5，则当 A 改变状态时，由于门 G_5 输出的低电平封住了门 G_4，因此不会再发生竞争冒险。

在组合电路中，当单个输入变量改变状态时，分析有无竞争冒险存在的一个简便方法，就是写出函数的与或表达式，画出函数的卡诺图，检查有无几何相邻的乘积项(两个不同的乘积项如果包含了几何相邻的最小项，则这两个乘积项就称为是几何相邻的)，若没有则无竞争冒险，反之则有。

【例 3.7.1】 检查实现函数 $Y = \overline{A}\,\overline{B}\,\overline{C} + BD + ACD$ 的组合电路中，单个变量改变状态时有无竞争冒险，若有，则用增加冗余项的方法消除。

解 画出函数 Y 的卡诺图，见图 3.7.5。分析单个变量改变状态时有无竞争冒险。由图 3.7.5 知，有竞争冒险。因为乘积项 $\overline{A}\,\overline{B}\,\overline{C}$ 和 BD 相邻，ACD 和 BD 相邻。从前一相邻知道，当 $\overline{A} = \overline{C} = D = 1$ 时，$Y = B + \overline{B}$，B 改变状态时，输出端可能出现过渡干扰脉冲。从后一相邻知道，当 $A = B = C = D = 1$、$Y = D + \overline{D}$ 改变状态时，输出端也可能出现过渡干扰脉冲。

AB\CD	00	01	11	10
00	1	1	0	0
01	0	1	1	0
11	0	1	1	1
10	0	0	0	1

图 3.7.5 例 3.7.1 函数的卡诺图

用增加冗余项的方法消除竞争冒险时，可增加冗余项 ACD 和 ABC，即取 $Y = \overline{A}\,\overline{B}\,\overline{C} + BD + AC\overline{D} + ACD + ABC$，这样一来，函数表达式虽然不是最简的，但却是"最好"的，因为当 B 或者 D 改变状态时，电路的输出端不会出现过渡干扰脉冲。逻辑图见图 3.7.6。

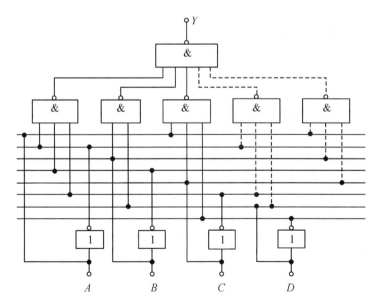

图 3.7.6 例 3.7.1 修改逻辑消除竞争冒险

把上述四种方法稍加比较便可看出，前面两种方法比较简单，不增加器件数目。但它们有一个共同的局限性，就是必须增加一个封锁脉冲或选通脉冲，而且对这个脉冲的宽度和产生的时间还有严格要求。接入滤波电容的方法同样也具备简单易行的优点，它的缺点是导致输出波形的边沿变坏，这在有些情况下是不可取的。至于修改逻辑设计的方法，如果运用得当，有时可以得到最理想的效果。

本 章 小 结

本章介绍了组合逻辑电路。它的特点是不论任何时候，输出信号仅仅取决于当时的输入信号，而与电路原来所处的状态无关。它的基础是逻辑代数和门电路。符合这个特点的电路是非常多的，因此在本章中不可能也无需一一列举。重要的问题在于，必须掌握组合逻辑电路的特点和分析、设计的一般方法。因此，本书有选择地介绍了加法器、数值比较器、编码器、译码器、数据选择器和分配器、只读存储器等几种常见的组合逻辑电路。通过对它们的分析，具体讲述了组合逻辑电路的分析方法和设计方法。

习 题

3.1 试总结分析一个组合逻辑电路功能的一般步骤和方法。

3.2 试简述组合逻辑电路设计的一般步骤和方法。

3.3 分析电路的逻辑功能，写出 Y_1、Y_2 的逻辑函数式，列出真值表，指出电路完成什么逻辑功能。

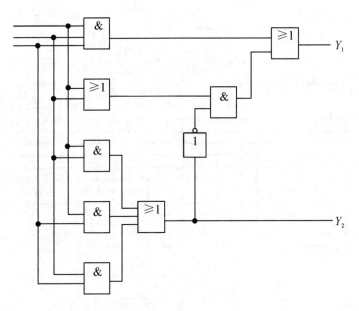

图 3.1 习题 3.3 图

　　3.4　CMOS 电路如图 3.2(a)所示，已知输入 A、B 及控制端 C 的电压波形如图 3.2(b)所示，试画出 F 端的波形。

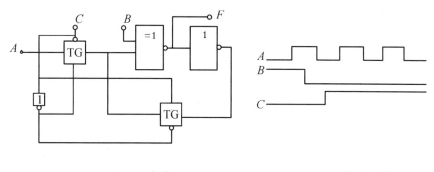

(a) CMOS 电路　　　　　　(b) A、B、C 端电压波形

图 3.2　习题 3.4 图

　　3.5　由译码器 74138 和 8 选 1 数据选择器 74151 组成如图 3.3 所示的逻辑电路。$X_2 X_1 X_0$ 及 $Z_2 Z_1 Z_0$ 为 2 个 3 位二进制数。试分析电路的逻辑功能。

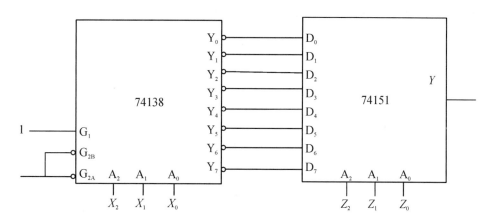

图 3.3　习题 3.5 图

　　3.6　分析图 3.4 中电路的逻辑功能。

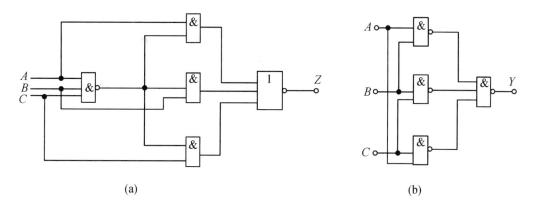

(a)　　　　　　　　　　　　　　　　(b)

图 3.4　习题 3.6 图

3.7   用 4 选 1 数据选择器构成如图 3.5 所示的电路。

（1）分析电路，求出 AB 各种取值情况下 Y 的最简式。

（2）将 Y 化为标准与或形式。

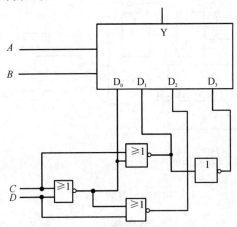

图 3.5   习题 3.7 图

3.8   分析如图 3.6 所示的逻辑电路，做出真值表，说明其逻辑功能。

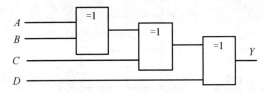

图 3.6   习题 3.8 图

3.9   某组合逻辑电路如图 3.7 所示，列出真值表试分析其逻辑功能。

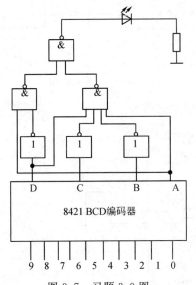

图 3.7   习题 3.9 图

3.10   用或非门设计 4 变量的多数表决电路。当输入变量有 3 个或 3 个以上为 1 时，输出为 1；输入为其他状态时，输出为 0。

3.11　试利用两片 4 位二进制并行加法器 74LS283 和必要的门电路组成 1 个二-十进制加法器电路。(提示：根据 8421 BCD 码的加法运算原则，当两数之和小于、等于 9(1001)时，相加的结果与按二进制数相加所得到的结果一样。当两数之和大于 9(即等于 1010～1111)时，则应在按二进制数相加所得到的结果上加 6(0110)，这样就可以给出进位信号，同时得到一个小于 9 的和。)

3.12　试用 4 位二进制加法器及"异或"门实现 4 位二进制减法运算，并要求画出逻辑图。

3.13　分别用与非门设计能实现下列功能的组合逻辑电路：

(1) 3 变量判奇电路。

(2) 4 变量多数表决电路。

(3) 3 变量一致电路(变量取值相同输出为 1，否则输出为 0)。

3.14　试用 4 位数值比较器和必要的门电路设计一个判别电路。输入为一组 8421 BCD 码 ABCD，当 ABCD≥0101 时，判别电路输出为 1，否则输出为 0(此判别电路即所谓的四舍五入电路)。

3.15　有一组合逻辑电路，不知其内部结构，但测出其输入 A、B、C 及输出 D 的波形如图 3.8 所示。请列出真值表，用卡诺图化简法求出最简与或表达式，用与非门实现其逻辑功能。

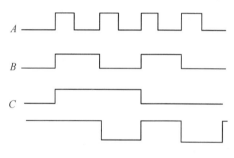

图 3.8　习题 3.15 图

3.16　设计用 3 个开关控制一个电灯的逻辑电路，要求改变任何一个开关的状态都可控制电灯由亮变灭或由灭变亮。要求用数据选择器来实现。

3.17　试用译码器 74138 和适当的门电路实现下面多输出逻辑函数：

$L_1=A\overline{B}$;　　$L_2=AB\overline{C}+\overline{A}\,\overline{B}$;　　$L_3=B+\overline{C}$。

3.18　试用 4 选 1 数据选择器分别实现下列逻辑函数：

(1) $L_1=F(A,B,C)=\sum m(0,1,3)$。

(2) $L_2=F(A,B,C)=\sum m(0,1,5,7)$。

(3) $L_3=AB+BC$。

(4) $L_4=A\overline{B}C+\overline{A}(\overline{B}+\overline{C})$。

3.19　用 8 选 1 数据选择器设计一个逻辑电路。该电路有 3 个输入逻辑变量 A、B、C 和 1 个工作状态控制变量 M。当 M=0 时电路实现"意见一致"功能(即 A、B、C 状态一致时输出为 1、否则输出为 0)，而 M=1 时电路实现"多数表决"功能，即输出与 A、B、C 中多数的状态一致。

3.20 试分析图 3.9 电路中 A、B、C、D 单独一个改变状态时是否存在竞争-冒险现象？如果存在竞争-冒险现象，那么都发生在其他变量为何种取值的情况下。

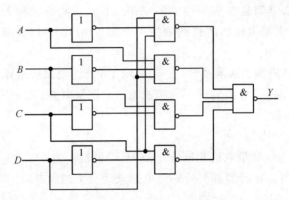

图 3.9 习题 3.20 图

3.21 试用 2 个 4 位数值比较器组成 3 个数的判断电路。要求能够判别 3 个 4 位二进制数 $A(a_3a_2a_1a_0)$、$B(b_3b_2b_1b_0)$、$C(c_3c_2c_1c_0)$ 是否相等？A 是否最大？A 是否最小？并分别给出"3 个数相等""A 最大""A 最小"的输出信号。可以附加必要的门电路。

3.22 试用 4 位并行加法器 74LS283 设计一个加/减运算电路。当控制信号 $M=0$ 时，它将两个输入的 4 位二进制数相加，而 $M=1$ 时，它将两个输入的 4 位二进制数相减。允许附加必要的电路。

3.23 试判断下列表达式对应的电路是否存在竞争冒险。

(1) $L_1 = A\overline{B} + B\overline{C}$。

(2) $L_2 = (\overline{B} + C)(B + A)$。

(3) $L_3 = A\overline{B} + B\overline{C} + A\overline{C}$。

3.24 试用与非门设计一个组合逻辑电路，它接收一位 8421 BCD 码 $B_3B_2B_1B_0$，仅当 $3 \leqslant B_3B_2B_1B_0 \leqslant 6$ 时，输出 Y 才为 1。

3.25 图 3.10 所示为 8×2 位 ROM，A_2、A_1、A_0 为地址输入，D_1、D_0 为数据输出。问：

(1) 图中，U_1 完成什么功能？

(2) 写出 D_1、D_0 的逻辑表达式。

(3) 说明整个电路的逻辑功能。

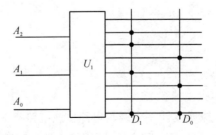

图 3.10 习题 3.25 图

第4章 触 发 器

现实的数字系统在满足因果性的条件下，通常必须考虑系统自身的记忆和历史，也就是说，输入输出之间的关系会由于系统内部状态的影响更加复杂。数字逻辑系统在前述组合电路的基础上，通过引入存储元件表征系统内部结构，就构成了更一般的时序逻辑电路。

时序电路中使用的存储元件称为触发器。触发器可以在不断电的情况下保持一个二进制状态，直到有效的信号输入引起状态的转换，这就是触发的含义。触发器一般有两个输出端，一端称为触发器状态，另一端在触发器正常工作时为前者的互补输出。根据二进制信息进入触发器的方式和触发条件的不同，可以定义和构造不同类型的触发器。各种类型的触发器之间的主要区别在于它们拥有输入端的数量以及输入影响二进制状态的方式。本章将研究各种类型的触发器并给出它们的逻辑特性。

4.1 基本触发器

1. 基本 RS 触发器

一个基本 RS 触发器电路可以由两个与非门或者两个或非门构成，如图 4.1.1 和图 4.1.2 所示。每个触发器有两个输出 Q、$\overline{Q}$ 和两个输入 S（Set：置 1、置数或置位）、R（Reset：归零、置零、清零、复位或重置）。该电路有两个稳定的状态。

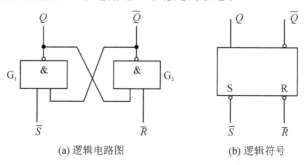

(a) 逻辑电路图   (b) 逻辑符号

图 4.1.1   由与非门构成的基本 RS 触发器

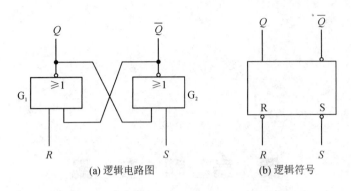

(a) 逻辑电路图　　　　　　(b) 逻辑符号

图 4.1.2　由或非门构成的基本 RS 触发器

当两个输入端 $\overline{S}$ 和 $\overline{R}$ 都等于 1 时，图 4.1.1 相当于图 4.1.3。显然 RS 触发器此时有两个稳定逻辑状态 0 和 1。当 $Q=1$、$\overline{Q}=0$ 时，触发器处于置位状态(1 状态)；当 $Q=0$、$\overline{Q}=1$ 时，触发器处于置零状态(0 状态)。输出 Q 和 $\overline{Q}$ 是互补的，分别被称为正常输出和互补输出。一般约定，输出 Q 表示触发器的二进制状态。

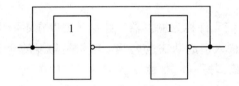

图 4.1.3　RS 触发器稳态结构

假设输入端 $\overline{S}$ 由高电平变为低电平，输入端 $\overline{R}$ 保持高电平不变，逻辑与门 G_1 输出为高电平，$Q=1$，逻辑门 G_2 输出 $\overline{Q}=0$，最终 RS 触发器将会稳定在 $Q=1$ 状态。这时无论 $\overline{S}$ 是否再回到高电平，RS 触发器都将继续保持 $Q=1$ 状态。如果输入端 $\overline{R}$ 由高电平变为低电平，输入端 $\overline{S}$ 保持高电平不变，逻辑与门 G_2 输出为高电平，$\overline{Q}=1$，逻辑门 G_1 输出 $Q=0$，最终 RS 触发器将会稳定在 $Q=0$ 状态。这时无论 $\overline{R}$ 是否再回到高电平，RS 触发器都将继续保持 $Q=0$ 状态。任何时候如果 $\overline{S}$ 和 $\overline{R}$ 同为低电平，触发器将有 $Q=\overline{Q}=1$。这种情况在正常工作状态下应当避免。以上分析中，无论输入端 $\overline{S}$ 变为低电平或者 $\overline{R}$ 变为低电平，都会触发 RS 触发器动作，且触发后的稳定状态与触发器之前的状态无关。触发器状态翻转时，触发器内部经历了一个正反馈过程，因此触发器状态翻转非常迅速。例如在触发器初态为 $Q=0$ 时，输入端 $\overline{S}$ 突然变为低电平(此时 $\overline{R}$ 仍保持高电平)，逻辑门 G_1 输出电压开始上升，当它上升到逻辑门 G_2 的输入转折电压时，逻辑门 G_2 的输出电压下降，进一步推高逻辑门 G_1 的输出电压。这样，逻辑门 G_1 的输出迅速稳定为高电平，同时逻辑门 G_2 的输出迅速稳定为低电平。

或非门构成的 RS 触发器的工作原理与上述触发器类似。当置位输入 S 和复位输入 R 均为 1 时，Q 和 $\overline{Q}$ 输出都将变为 0。这违反了输出 Q 和 $\overline{Q}$ 互补的约定。在触发器正常工作状态下，必须确保两个输入端不同时为 1，以免给电路带来难以预料的后果。

2. 基本 RS 触发器的特性表和特性方程

触发器触发前的状态称为现态或当前状态 Q^n，触发器触发后的稳定状态称为次态或下

一个状态 Q^{n+1}，根据上面的讨论可以列出基本 RS 触发器的特性表(对于触发器而言，它是真值表的另一个名称)，如表 4.1.1 所示。

表 4.1.1　基本 RS 触发器特性表

R	S	Q^n	Q^{n+1}
0	0	0	0
0	0	1	1
0	1	0	1
0	1	1	1
1	0	0	0
1	0	1	0
1	1	0	不用
1	1	1	不用

次态 Q^{n+1} 作为输入 R、S 以及触发器现态 Q^n 的函数，其卡诺图如图 4.1.4 所示。

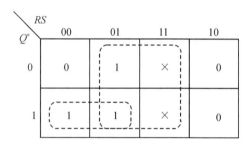

图 4.1.4　RS 触发器次态卡诺图

次态 Q^{n+1} 作为输入 R 和 S 以及触发器现态 Q^n 的函数表达式，或称为基本 RS 触发器的特性方程，可由特性表 4.1.1 得到。

$$\begin{cases} Q^{n+1} = S + \overline{R} Q^n \\ RS = 0 \qquad 约束条件 \end{cases} \tag{4.1.1}$$

特性方程中必须包括约束条件 $RS=0$ 以排除 S 和 R 同时等于 1 的情况。该触发器特性方程没有需要特别标明的触发条件，这是基本触发器与其他触发器之间的不同之处。为了使用方便，表 4.1.1 通常会进一步简化为表 4.1.2。

表 4.1.2　基本 RS 触发器的简化特性表

R	S	Q^{n+1}
0	0	Q^n
0	1	1
1	0	0
1	1	不用

根据基本 RS 触发器的特性表或特性方程，容易画出如图 4.1.5 所示的与非门基本 RS 触发器波形图。

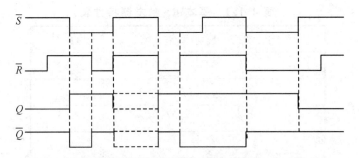

图 4.1.5　基本 RS 触发器中，RS 端同时加信号时的波形图

图 4.1.5 中不能预先确定状态的情况用虚线表示。对于与非门基本 RS 触发器和或非门基本 RS 触发器，两者在虚线部分的表现不同。

作为触发器的基础结构形式，基本 RS 触发器结构简单，具备置 0、置 1 和保持功能，但也存在一些问题，例如电平直接控制触发器动作，导致触发器电路抗干扰能力下降；另外，R、S 输入端之间有约束也给触发器的应用带来了不便。

4.2　同步触发器

1. 同步 RS 触发器

图 4.2.1(a)给出了具有时钟脉冲(CP)输入的同步 RS 触发器电路图。它由一个基本触发器电路和两个附加的与非门组成。脉冲输入作为其他两个输入的使能信号。只要 CP 输入保持为 0，与非门 G_3 和 G_4 的输出就会保持在逻辑电平 1，这是基本触发器的静态条件。当脉冲输入变为 1 时，允许来自 S 或 R 输入的信息影响输出。例如，在 CP＝1 并且 S＝1 和 R＝0 时，门 G_3 的输出变为 0，门 G_4 的输出保持为 1，触发器的输出 Q 变为 1，触发器

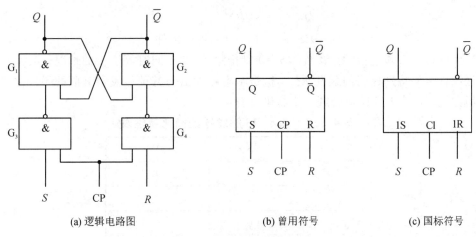

(a) 逻辑电路图   (b) 曾用符号   (c) 国标符号

图 4.2.1　同步 RS 触发器

置位；当 CP＝1 并且 $S＝0$ 和 $R＝1$ 时，触发器复位。当 CP＝1 并且输入 S 和 R 都等于 0 时，电路的状态不发生改变。当 CP 返回到 0 后，无论输入 S 和 R 如何取值，电路都会保持其先前状态。同步 RS 触发器的图形符号如图 4.2.1(b)、(c)所示。它由一个带有输入 S、R 和 CP 的框图表示。触发器输出是 Q 和 $\overline{Q}$。和基本触发器一样，除了在不确定状态下，$\overline{Q}$ 和 Q 互为反相输出。

根据同步 RS 触发器的特性表 4.2.1，或者根据同步 RS 触发器的卡诺图(见图 4.2.2)，容易写出同步 RS 触发器应满足的特性方程为

$$\begin{cases} Q^{n+1}＝S＋\overline{R}Q^n \\ RS＝0 \end{cases} \quad \text{CP＝1 期间有效} \tag{4.2.1}$$

表 4.2.1 同步 RS 触发器的特性表

CP	R	S	Q^n	Q^{n+1}	注
0	×	×	×	Q^n	保持
1	0	0	0	0	保持
1	0	0	1	1	保持
1	0	1	0	1	置1
1	0	1	1	1	置1
1	1	0	0	0	置0
1	1	0	1	0	置0
1	1	1	0	不用	不允许
1	1	1	1	不用	不允许

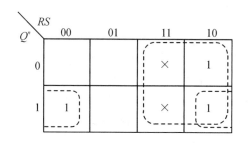

图 4.2.2 同步 RS 触发器次态卡诺图

当 CP＝1 并且 S 和 R 都等于 1 时，门 G_3 和 G_4 的输出为 0，触发器仍将出现 $Q＝1$ 且 $\overline{Q}＝1$ 的情况。不仅如此，当 CP 输入变为 0(S 和 R 仍保持为 1)时，触发器的下一个状态无法预知，因为这取决于 G_3 和 G_4 哪一个门的输出先回到 1。因此和基本 RS 触发器一样，同步 RS 触发器仍然要避免 S 和 R 同时等于 1 的情况。和基本 RS 触发器不同的是，图 4.2.1 的同步 RS 触发器必须满足时钟条件 CP＝1 才能触发，即其特性方程仅在 CP＝1 时有效，这时可以根据输入 S 和 R 以及现态 Q^n 的值确定触发器次态 Q^{n+1}；而在 CP＝0 期间，触发器保持现态不变。正是时钟电平控制这一特点使得同步 RS 触发器的抗干扰能力有所增强。

2. 同步 D 触发器

图 4.2.3(a)所示的同步 D 触发器，可以自然满足输入 S 和 R 不可能同时等于 1 的约束条件。同步 D 触发器只有两个输入：D 和 CP。变量 D 的值直接输入到 S 端，其反变量连线到 R 输入端。当 CP＝0 时，门 G_3 和 G_4 的输出为电平 1；此时触发器状态与输入变量 D 当前值无关，仅由 CP 下降沿到来时刻变量 D 的值决定。当 CP＝1 时，如果 D 为 1，Q 输出变为 1，电路状态被置位；如果 D 为 0，则输出 Q 变为 0，电路状态被清零。同步 D 触发器的图形符号如图 4.2.3(b)所示，它的卡诺图如图 4.2.3(c)所示。

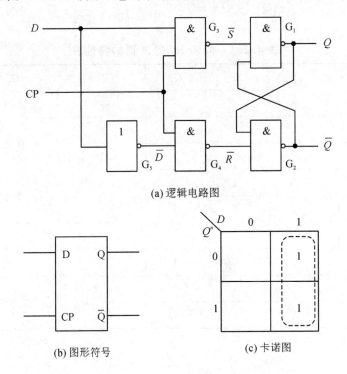

(a) 逻辑电路图

(b) 图形符号

(c) 卡诺图

图 4.2.3   同步 D 触发器

同步 D 触发器可以把输入的数据锁存到其内部。这种类型的触发器有时也称为门控 D 锁存器，CP 用来控制数据 D 何时能够进入门控锁存器。当 CP 使能触发器时，D 触发器数据输入端的值被传送到输出端 Q。只要时钟信号保持为 1，输出就跟随数据输入 D 的状态。当时钟信号变为 0 时，时钟信号下降沿到来时的输入数据将保留在 Q 输出中，这就是锁存的含义。D 触发器的特性如表 4.2.2 所示。

表 4.2.2   D 触发器的特性表

Q^n	D	Q^{n+1}
0	0	0
0	1	1
1	0	0
1	1	1

它表明,触发器的次态与现态无关,Q^{n+1} 等于输入 D。根据该特性表,或者根据图 4.2.3(c) 所示同步 D 触发器的卡诺图,容易得到同步 D 触发器的特性方程:

$$Q^{n+1}=D \quad (CP=1 \text{ 时}) \tag{4.2.2}$$

图 4.2.3 所示的同步 D 触发器也称为电平触发的同步 D 触发器。它的主要特点是时钟电平控制,无约束问题;在 CP=1 时输出跟随输入 D,时钟下降沿到来时锁存;CP=0 期间,输入 D 对输出无影响。

3. JK 触发器和 T 触发器

JK 触发器是同步 RS 触发器的另一种改进方案,输入 J、K 分别相当于置位输入 S 和复位输入 R;但当输入 J、K 都等于 1 时,触发器状态翻转。图 4.2.4 显示了由两个交叉耦合的或非门和两个与门构成的同步 JK 触发器。输出 Q 与输入 K 和 CP 进行与运算,只有 Q 先前为 1 时,$K=1$ 才可以在时钟脉冲到来后复位触发器。类似地,输出 $\overline{Q}$ 与输入 J 和 CP 进行与操作,使得只有当 $\overline{Q}$ 为 1 时,$J=1$ 才会在时钟脉冲到来后置位触发器。当 J 和 K 均为 1 时,两个与门由于输入端分别连到触发器的两个输出端,在确定的状态下只有一个与门导通,因此 J、K 的信号不可能同时影响到触发器。如果 $Q=1$,则在施加时钟脉冲时,上方与门的输出变为 1,触发器复位;如果 $\overline{Q}=1$,则下方与门的输出变为 1,触发器置位。

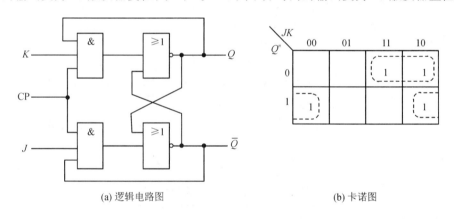

(a) 逻辑电路图　　　　　　　　　　　　　　(b) 卡诺图

图 4.2.4　同步 JK 触发器

JK 触发器的特性表见表 4.2.3。

表 4.2.3　同步 JK 触发器的特性表

Q^n	J	K	Q^{n+1}
0	0	0	0
0	0	1	0
0	1	0	1
0	1	1	1
1	0	0	1
1	0	1	0
1	1	0	1
1	1	1	0

由此可以画出同步 JK 触发器的卡诺图并写出触发器的特性方程：

$$Q^{n+1} = J\overline{Q^n} + \overline{K}Q^n \tag{4.2.3}$$

由于 JK 触发器中的反馈连接，当 J、K 都等于 1 时，在 CP 脉冲保持为 1 期间，触发器会不停翻转直到 CP 脉冲撤销。为了避免触发器的这种行为，时钟脉冲的持续时间必须短于触发器的传播延迟时间。因此，图 4.2.4 所示的 JK 触发器并不实用。

当 JK 触发器两个输入连接在一起时，JK 触发器就变为 T 触发器，如图 4.2.5 所示。

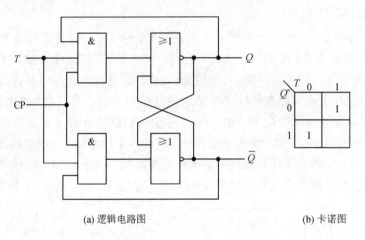

(a) 逻辑电路图　　　　　　　　　　(b) 卡诺图

图 4.2.5　T 触发器

T 来自英文单词 Toggle，指两种状态之间的切换或转换。无论当前状态如何，当时钟脉冲到来时，如果输入 T 为 1，触发器就会翻转，$Q^{n+1} = \overline{Q^n}$；当 $T = 0$ 时，$Q^{n+1} = Q^n$，即次态与现态相同，不发生变化。T 触发器的特性表如表 4.2.4 所示。容易由表 4.2.4 写出 T 触发器的特性方程：

$$Q^{n+1} = T\overline{Q^n} + \overline{T}Q^n \tag{4.2.4}$$

表 4.2.4　T 触发器的特性表

Q^n	T	Q^{n+1}
0	0	0
0	1	1
1	0	1
1	1	0

如果输入端 T 恒为高电平，就得到了 T′型触发器。T′型触发器的状态变化规律是每当时钟脉冲到来，触发器状态就会翻转。

4.3　主从触发器

时序电路一般在组合电路和存储元件之间具有反馈路径。如果存储元件（触发器）的输出正在改变，而到达触发器输入的组合电路输出正被时钟脉冲采样，则该路径会出现不稳定性。因此，触发器从输入到输出的信号传播延迟必须大于时钟脉冲持续时间。确保产生适当延迟从而解决反馈时序问题的方式通常有两种：一种方案是在触发器电路内设计一个物理延迟单元，其延迟时间不小于脉冲持续时间；另一种方案是使触发器对时钟脉冲边沿而不是脉冲持续时间敏感。

时钟脉冲可分为正脉冲和负脉冲。脉冲从 0 到 1 定义为上升沿或正边沿，从 1 回到 0 则定义为下降沿或负边沿，如图 4.3.1 所示。同步时钟触发器为时钟脉冲电平触发，在触发时钟电平维持期间，触发器状态会随着输入的变化而变化。与此相对，边沿触发的触发器只响应脉冲上升(下降)沿而不是在整个脉冲持续期间动作。这类触发器通常包括主从触发器和边沿触发器。

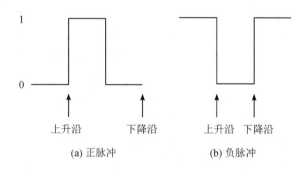

图 4.3.1　时钟脉冲

主从触发器由两个独立的触发器构成，一个作为主触发器，另一个作为从触发器，整个电路构成主从结构。如图 4.3.2 所示，RS 主从触发器由一个主触发器、一个从触发器和一个反相器组成。当时钟脉冲 CP 为 0 时，反相器的输出为 1。如果从触发器的时钟 CP 为 1，则从触发器被使能，其输出 $Q=Y$，$\overline{Q}=\overline{Y}$。由于此时 CP＝0，主触发器被封锁。当 CP 变为 1 时，外部输入端 R 和 S 的信息被传送给主触发器。但只要 CP 脉冲仍处于电平 1，从触发器就处于被封锁状态，因为此时反相器的输出为 0。当 CP 返回到 0 时，从触发器即进入与主触发器相同的状态，与此同时主触发器再次被封锁，从而阻断了之后外部输入的影响。

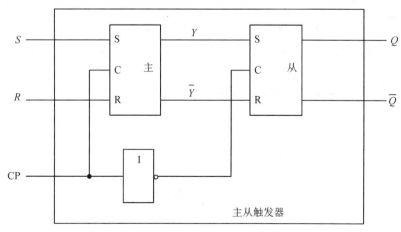

图 4.3.2　RS 主从触发器逻辑电路图

图 4.3.3 所示的时序图说明了主从触发器发生的事件序列。假设在时钟脉冲到来之前，触发器处于置零状态，即 $Y=0$ 且 $Q=0$。如果输入 $S=1$，$R=0$，下一个时钟脉冲应当使触发器翻转到 $Q=1$ 的置位状态。时钟脉冲上升沿到来后，主触发器被置位，Y 变为 1。从触发器因其时钟输入为 0 而不受影响。由于主触发器是一个内部电路，其状态变化不会体现在输出端 Q 和 $\overline{Q}$。当 CP 脉冲回到 0 时，允许来自主触发器的信息通过从触发器，使得外部输出 $Q=1$。

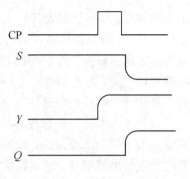

图 4.3.3　主从触发器时序图

任何类型的触发器都可以用来实现主从结构，这时只需要添加一个同步 RS 触发器作为从触发器。图 4.3.4 给出了一个用与非门构成的主从 JK 触发器的例子。它由两个触发器组成：门 $G_1 \sim G_4$ 构成主触发器，门 $G_5 \sim G_8$ 构成从触发器。J 和 K 输入端信息在时钟脉冲 CP 的上升沿被送入主触发器，当时钟脉冲 CP 的下降沿出现时主触发器的状态被送入从触发器。当时钟输入 CP 为 0 时，门 G_1 和 G_2 的输出保持在 1 电平，可以防止 J、K 输入影响主触发器。从触发器是一个同步 RS 型触发器，时钟输入由门 G_9 反相后提供。当时钟 CP 为 0 时，门 G_9 的输出为 1，所以输出 $Q=Y$，$\overline{Q}=\overline{Y}$；当时钟脉冲的上升沿出现时，主触发器响应输入端的值，并可能转换状态。只要时钟处于 1 电平，因为门 G_9 的输出为 0，门 G_7 和 G_8 构成的与非门基本 RS 型触发器的两个输入均为 1，从触发器被封锁；当时钟 CP 返回到 0，主触发器与输入 J 和 K 隔离，从触发器与主触发器处于相同状态。

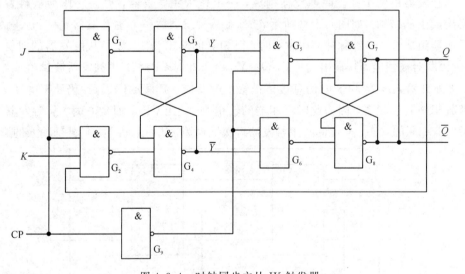

图 4.3.4　时钟同步主从 JK 触发器

4.4　边沿触发器

在边沿触发的触发器中，输出转换发生在时钟脉冲的特定电平处。当脉冲输入电位超过该阈值电压时，输入被封锁，因此触发器对输入的进一步变化没有响应，直到时钟脉冲返回 0 后出现另一个脉冲。边沿触发的触发器可以在脉冲的上升沿或者下降沿产生跳变，并且只有该时刻的外部输入才能对触发器的输出状态产生影响。在时钟脉冲的其他时刻，外部输入对触发器的输出状态不产生影响。这种触发器通过时钟边沿对外部输入进行即时采样，消除了锁存器或主从触发器的不正常触发导致的诸多问题，大大提高了触发器的工作可靠性。

边沿触发器包括维持-阻塞型触发器、基于门电路延时特性构成的边沿触发器和主从结构的边沿触发器等。在此我们主要讨论具有主从结构的边沿触发器。

造成主从触发器抗干扰能力弱的关键原因，在于主从触发器中的主触发器在 CP＝1 期间始终处于开通状态，一旦输入出现干扰，主触发器就会把这些干扰记录下来，最终影响了触发器的输出。如果在主从结构中，主触发器仅仅跟随外部输入但不记录输入的变化过程，就可以避开主触发器开通期间不稳定输入的影响，从而达到利用主从结构实现边沿触发的目的。最典型的具有跟随功能的触发器是同步 D 触发器，因此可以采用同步 D 触发器来构造边沿 D 触发器，如图 4.4.1 所示。

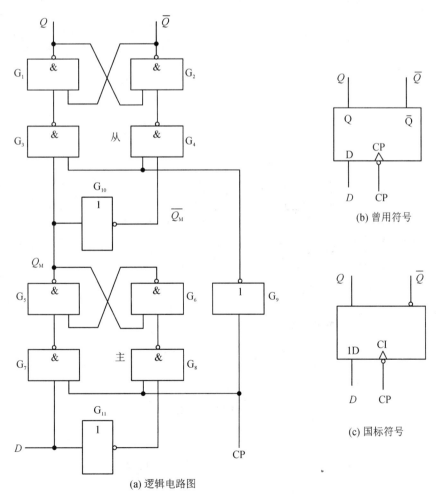

(a) 逻辑电路图

(b) 曾用符号

(c) 国标符号

图 4.4.1 边沿 D 触发器

当 CP＝1 时，主触发器开通，主触发器输出跟随输入 D 的值。此时因为从触发器被封锁，主触发器的输出不能进入从触发器，从触发器保持之前的状态。当 CP 由高电平转为低电平，主触发器开始由开通转为封锁，主触发器锁存 CP 下降沿到来时，输入 D 的瞬时值，随后由于主触发器被封锁，输入 D 的变化不再影响主触发器的状态。与此同时，从触发器开通，主触发器锁存的结果通过从触发器输出，并且由于主触发器处于封锁状态，从触发器的输出保持稳定。边沿 D 触发器的特性方程为

$$Q^{n+1}=D \quad （CP 下降沿时刻有效） \tag{4.4.1}$$

用边沿 D 触发器可以得到边沿 JK 触发器。其电路结构如图 4.4.2 所示。

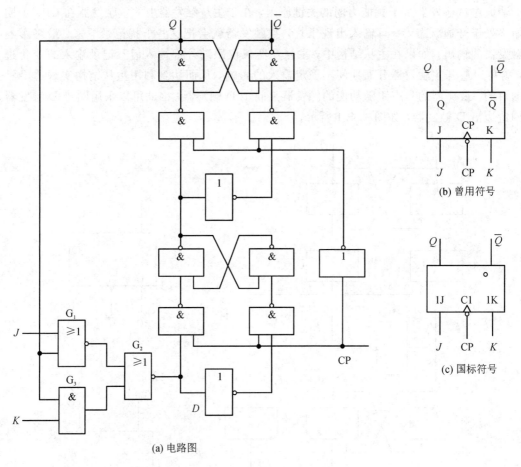

(a) 电路图

(b) 曾用符号

(c) 国标符号

图 4.4.2　边沿 JK 触发器

由图 4.4.2 可以得出：

$$D =\overline{\overline{\overline{J+Q^n}+KQ^n}}$$
$$=(J+Q^n) \cdot \overline{KQ^n}$$
$$=(J+Q^n) \cdot (\overline{K}+\overline{Q^n})$$
$$=J\overline{Q^n}+\overline{K}Q^n+J\overline{K}$$
$$=J\overline{Q^n}+\overline{K}Q^n$$

考虑到边沿 D 触发器的特性方程，容易看出关系式：

$$Q^{n+1} = D = J\overline{Q^n} + \overline{K}Q^n \quad \text{（CP 下降沿时刻有效）} \tag{4.4.2}$$

边沿触发的 JK 触发器的特性表见表 4.4.1。

表 4.4.1　边沿 JK 触发器的特性表

J	K	Q^n	CP	Q^{n+1}	注
0	0	0	↓	0	保持
0	0	1	↓	1	
0	1	0	↓	0	置0
0	1	1	↓	0	
1	0	0	↓	1	置1
1	0	1	↓	1	
1	1	0	↓	1	翻转
1	1	1	0		

常用的边沿触发器除以上介绍的几种外，还有边沿 T 型触发器和 T′ 型触发器。T 型触发器在时钟脉冲操作下，当 $T=0$ 时保持状态不变，当 $T=1$ 时一定翻转，其特性表如表 4.4.2 所示。

表 4.4.2　边沿 T 触发器的特性表

T	Q^n	Q^{n+1}	注
0	0	0	保持
0	1	1	
1	0	1	翻转
1	1	0	

边沿 T 型触发器的特性方程为

$$Q^{n+1} = T\overline{Q^n} + \overline{T}Q^n = T \oplus Q^n \quad \text{（CP 下降沿时刻有效）} \tag{4.4.3}$$

每来一次时钟脉冲就翻转一次的电路，称为 T′ 型时钟触发器。T′ 型时钟触发器除时钟脉冲输入端外，没有其他输入端。T′ 型时钟触发器的特性表见表 4.4.3。

表 4.4.3　边沿 T′ 触发器的特性表

CP	Q^n	Q^{n+1}	注
↓	1		翻转
↓	0	$\overline{Q^n}$	

容易得到 T′ 型时钟触发器的特性方程为

$$Q^{n+1} = \overline{Q^n} \quad \text{（CP 下降沿时刻有效）} \tag{4.4.4}$$

上述各触发器的图形符号如图 4.4.3 所示。每个图中的输入字母符号表示触发器的类型，例如 RS、JK、D 和 T。时钟脉冲输入以＞形符号标记边沿触发特性。图中所示为响应时钟上升沿的触发器。时钟输入端通常以＞形符号和小圆圈组合的方式表示触发器是时钟下降沿触发的。

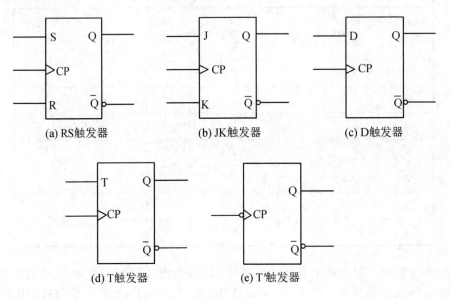

图 4.4.3　各类触发器图形符号

4.5　不同类型触发器之间的转换

在已有触发器输入端附加转换逻辑电路，可以得到其他类型的触发器，如图 4.5.1 所示。转换逻辑电路是一个组合电路，得到该电路的方法是：分别写出已有触发器和目标触发器类型的特性方程，并将目标触发器的特性方程改写为已有触发器特性方程的形式，对比即得转换逻辑电路。

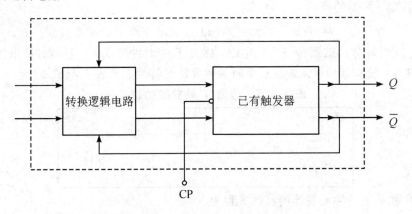

图 4.5.1　触发器类型转换示意图

　　例如将 JK 触发器转换为 D 触发器，目标触发器为 D 触发器。将 D 触发器的特性方程改写为已有 JK 触发器特性方程的形式，即

$$Q^{n+1}=D=DQ^n+D\overline{Q^n}$$

对比 JK 触发器特性方程可知：

$$J=D,\ K=\overline{D}$$

其转换逻辑连线图如图 4.5.2 所示。

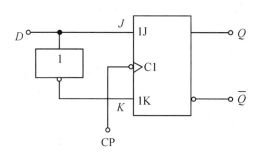

图 4.5.2　JK 触发器转换为 D 触发器

　　再如，将 D 触发器转换为 JK 触发器。目标触发器为 JK 触发器。将 JK 触发器的特性方程

$$Q^{n+1}=J\overline{Q^n}+\overline{K}Q^n$$

改写为原 D 触发器特性方程的形式：

$$Q^{n+1}=D$$

分析可得：

$$D=J\overline{Q^n}+\overline{K}Q^n$$

于是得到 D 触发器转换为 JK 触发器的转换逻辑连线图，如图 4.5.3 所示。

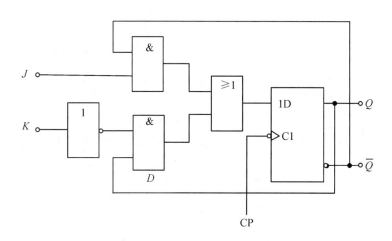

图 4.5.3　D 触发器转换为 JK 触发器

　　其他如 JK 触发器到 T 触发器、T′ 触发器和 RS 触发器的转换留作练习，由读者自行完成。

4.6　触发器逻辑功能表示方法及转换

　　触发器逻辑功能的表示方法除上面介绍的特性表、卡诺图和特性方程外，常用的还有状态图和时序图。下面仅以边沿触发器为例对触发器的状态图和时序图表示方法作简单介绍。

　　状态图用图形把触发器的状态转换关系及转换条件表示出来，图 4.6.1 为边沿 D 触发器的状态图。图中标记为 0 和 1 的两个圆圈代表触发器的两个稳定状态，箭头表示状态转换方向。状态转移曲线上都标记有斜杠和数字，斜杠左右两侧分别表示触发器的输入信号和输出信号的值。输入信号是转换条件，输出信号则是转换完成后触发器的稳定输出结果。如果除了时钟条件和触发器状态外没有其他输入或输出，则相应位置空置。

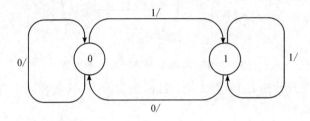

图 4.6.1　D 触发器的状态图

　　时序图用波形表示输入、触发器状态与 CP 的对应关系以及触发器的触发方式。对于上升沿触发的边沿 D 触发器，它的时序图如图 4.6.2 所示。

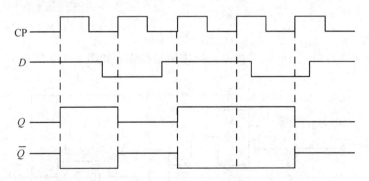

图 4.6.2　D 触发器的时序图

类似地，可以画出 JK 触发器的状态图和时序图，如图 4.6.3 和图 4.6.4 所示。

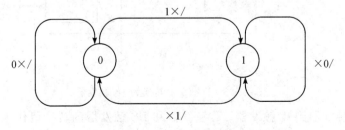

图 4.6.3　JK 触发器的状态图

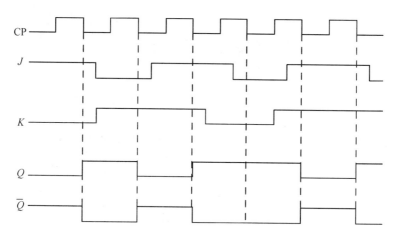

图 4.6.4　JK 触发器的时序图

状态图中输入信号分别代表 JK 触发器输入端 J、K 的取值，其中的×表示该输入端可以任意取值，无论等于 0 还是 1 都不会影响触发器沿着箭头所指方向转换状态。

IC 封装中提供的触发器有时会提供特殊的输入端，用于触发器的异步置位或复位。这些输入通常被称为强制置位端和强制复位端，它们不需要时钟脉冲同步，直接对触发器的状态进行设置。

带直接复位端的下降沿触发的边沿 JK 触发器由如图 4.6.5 所示的图形符号表示。清零端处的小圆圈表示输入低电平有效，在触发器正常工作状态下该输入端必须保持为 1。执行强制复位操作时该输入才为 0，这时不管其他输入或时钟脉冲状态如何，触发器立即清零。

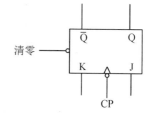

图 4.6.5　带直接清零端的 JK 触发器

电路功能表中，×表示无关条件，表明直接复位输入 0 会封锁所有其他输入。只有当复位输入为 1 时，时钟脉冲的下降沿才会影响输出，即当 $J=K=0$ 时，输出不改变；当 $J=K=1$ 时，触发器翻转。一些触发器也设有直接置位输入(预置输入)，它的作用是将输出 Q 异步置 1 ($\overline{Q}$ 为 0)。带直接清零端的 JK 触发器功能表见表 4.6.1，当清零端低电平有效时，相应栏时钟标记为×，表示直接清零时，时钟输入为无关变量，清零是异步的。

表 4.6.1　带直接清零端的 JK 触发器功能表

输　　　　入				输　　出	
清零	时钟	J	K	Q	$\overline{Q}$
0	×	×	×	0	1
1	↓	0	0	保持	
1	↓	0	1	0	1
1	↓	1	0	1	0
1	↓	1	1	翻转	

本 章 小 结

本章详细介绍了作为时序电路基本逻辑单元的触发器元件。首先对基本触发器进行了深入分析,然后又进一步讨论了同步触发器、主从触发器和边沿触发的触发器。最后讨论了各类触发器之间的转换逻辑以及描述触发器行为的其他方法——状态图和时序图。各类触发器的电路结构和特性方程是理解和掌握的重点。本章内容是第5章时序电路的基础。

习 题

4.1 简述触发器的特点。

4.2 简述触发器的逻辑功能和主要描述方法。

4.3 请写出 RS、JK、D、T、T' 各触发器的国标符号、特性方程和简化的特性表。

4.4 基本 RS 触发器中,各输入端波形见题图 4.1,试画出输出端的波形。

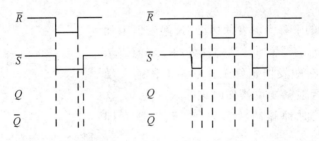

图 4.1 习题 4.4 图

4.5 在图 4.2 所示的边沿 D 触发器中,输入信号 CP、D、S_D、R_D 的波形见图 4.2,试画出 Q、$\overline{Q}$ 的波形。

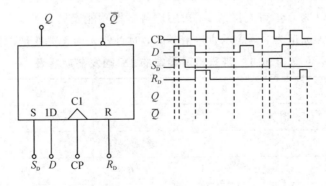

图 4.2 习题 4.5 图

4.6 在边沿 JK 触发器中(CP 下降沿触发),CP、J、K 的波形如图 4.3 中所示,试画出 Q 的波形。

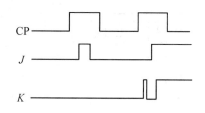

图 4.3 习题 4.6 图

4.7 设图 4.4 中各个边沿触发器初始皆为"0"状态,试画出连续六个时钟周期作用下,各触发器输出端的波形。

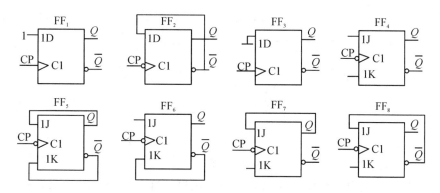

图 4.4 习题 4.7 图

4.8 试画出 D 触发器、JK 触发器、T 触发器的状态转换图。

4.9 电路如图 4.5 所示,已知 CP 和 A、B 的波形,试画出 Q_1 和 Q_2 的波形。设触发器的初始状态均为 0。

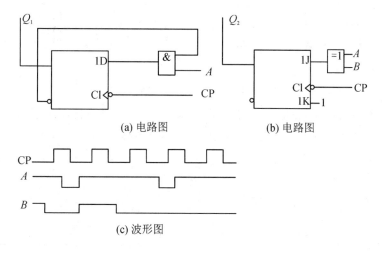

图 4.5 习题 4.9 图

4.10 将负边沿触发的 JK 触发器转换为 T′ 触发器时,在不添加任何其他器件的条件下,有几种电路方案?请画出外部连接图。

4.11 T 触发器组成的电路图 4.6 所示。分析电路功能,写出电路的状态方程,并画出状态转换图。

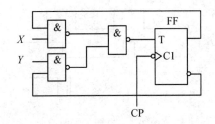

图 4.6　习题 4.11 图

4.12　JK 触发器组成的电路如图 4.7 所示。分析电路功能，画出状态转换图。

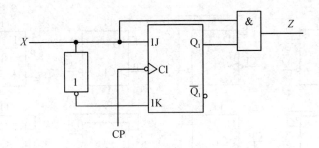

图 4.7　习题 4.12 图

4.13　图 4.8 所示为一个防抖动输出的开关电路。当拨动开关 S 时，由于开关触点接触的瞬间发生振颤，$\overline{S}_D$ 和 $\overline{R}_D$ 的电压波形如图中所示，试画出输出端对应的电压波形。

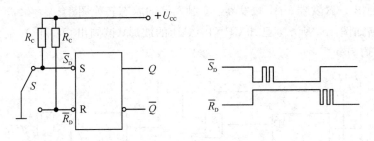

图 4.8　习题 4.13 图

4.14　电路如图 4.9(a)所示，设初始状态 $Q_1 = Q_2 = "1"$，试画出在图 4.9(b)信号的作用下 Q_1 和 Q_2 的波形(不用列出逻辑表达式)。

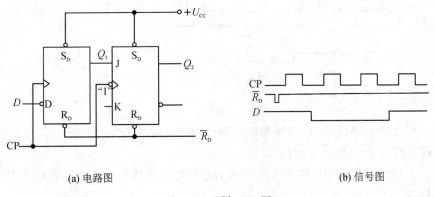

(a) 电路图　　　　　　　　　　　　　　　　(b) 信号图

图 4.9　习题 4.14 图

4.15 电路如图 4.10 所示，设初始状态 Q_0、Q_1 均为 0，试画出在 4 个周期的 CP 脉冲信号作用下 Q_0、Q_1 的波形，并列出其逻辑表达式。

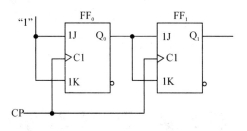

图 4.10 习题 4.15 图

第5章 时序电路

时序电路由组合电路和存储电路构成的反馈回路组成，如图 5.0.1 所示。存储电路存储的信息作为时序电路的状态，和外部输入共同决定了时序电路的输出。时序电路状态变化的条件和规律取决于存储电路的结构。因此，时序电路是由输入、输出和内部状态的时间序列确定的。

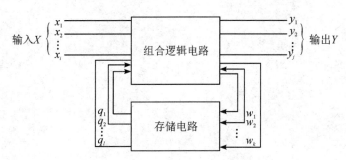

图 5.0.1　时序逻辑电路示意图

根据时序电路中的存储元件是否受同一时钟信号控制，可以将时序电路分为同步时序电路和异步时序电路。同步时序电路中，各存储元件状态的改变受同一个时钟脉冲 CP 控制，要更新状态的触发器同时翻转；异步时序电路中，各存储元件的状态则由不同 CP 时钟脉冲或触发信号控制。

图 5.0.1 所示的时序电路，如果用 $X(x_1, x_2, \cdots, x_i)$、$Y(y_1, y_2, \cdots, y_j)$、$W(w_1, w_2, \cdots, w_k)$ 和 $Q(q_1, q_2, \cdots, q_l)$ 分别代表存储电路当前的输入和输出信号，那么这些信号间的逻辑关系用逻辑表达式可以描述为：

（1）输出方程

$$Y(t_n) = F[X(t_n), Q(t_n)]$$

（2）驱动方程

$$W(t_n) = G[X(t_n), Q(t_n)]$$

（3）状态方程

$$Q(t_{n+1}) = H[W(t_n), Q(t_n)]$$

式中，t_n、t_{n+1} 是相邻的两个离散时间点，$Y(t_n)$ 是时序电路的输出，$W(t_n)$ 是存储电路的驱动或激励信号，而 $Q(t_{n+1})$ 代表存储电路或时序电路当前状态，决定这些函数的表达式分别称为时序电路的输出方程、驱动方程和状态方程。

由于时序电路的现态和次态通常是由构成该时序电路的触发器的现态和次态表征的，因此描述时序电路的状态表、卡诺图、状态图和时序图与触发器的情况类似。时序逻辑电路按逻辑功能划分为：计数器、寄存器、读/写存储器、顺序脉冲发生器等；按输出信号的特性则可以分为米勒型（Mealy）和摩尔（Moore）型，如图 5.0.2 所示。它们的函数形式分别如下：

米勒型：$Y(t_n) = F[X(t_n), Q(t_n)]$

摩尔型：$Y(t_n) = F[Q(t_n)]$

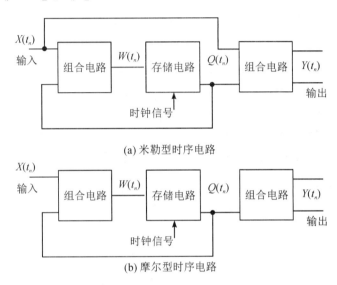

(a) 米勒型时序电路

(b) 摩尔型时序电路

图 5.0.2　时序电路按输出信号的特性分类

在米勒型电路中，输出是现态和输入的函数；在摩尔型电路中，输出只是现态的函数。

5.1　时序电路的基本分析和设计方法

5.1.1　时序电路的基本分析方法

时序电路的行为取决于输入、输出和触发器的状态。输出和次态都是输入和现态的函数。时序电路的分析是为了求出描述时序电路行为的函数表达式，获得输入、输出和内部状态的时间序列。在本节中，我们首先用一个例子引入时序电路分析过程中涉及的基本概念。

1. 时序电路的例子

如图 5.1.1 所示是一个钟控时序电路。该电路由两个 JK 触发器 FF_0 和 FF_1、输入 x 和输出 y 组成。

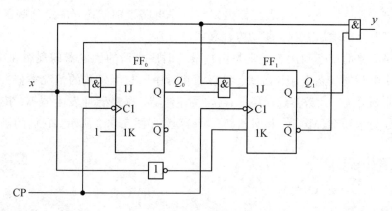

图 5.1.1 时序电路举例

由逻辑图可知：

$$Q_0(t+1)=x(t)\overline{Q_1}(t)\overline{Q_0}(t)$$

$$Q_1(t+1)=Q_0(t)x(t)\overline{Q_1}(t)+x(t)Q_1(t)$$

这两个式子描述了触发器状态转换行为的代数表达式，因此称为状态方程。状态方程左边表示触发器次态，右边是关于现态的函数表达式。考虑到钟控时序电路中时钟脉冲是离散的，触发器现态用上标 n 标记，次态用上标 $n+1$ 标记，于是：

$$Q_0^{n+1}=x\overline{Q_0^n}\ \overline{Q_1^n}$$

$$Q_1^{n+1}=xQ_0^n\overline{Q_1^n}+xQ_1^n$$

类似地，输出函数可以用代数方式表示如下：

$$y=Q_1^n x$$

2. 状态表

在图 5.1.1 所示电路中，输入、输出和触发器状态的时间序列可以由表 5.1.1 给出。

表 5.1.1　图 5.1.1 的电路状态表

现态		输入	次态		输出
Q_0^n	Q_1^n	x	Q_0^{n+1}	Q_1^{n+1}	y
0	0	0	0	0	0
1	0	0	0	0	0
0	1	0	0	0	0
1	1	0	0	0	0
0	0	1	1	0	0
1	0	1	0	1	0
0	1	1	0	1	1
1	1	1	0	1	1

表 5.1.1 由 4 个部分组成，分别为现态、输入、次态和输出。现态部分给出触发器的当前状态。输入部分为现态对应的 x 输入值。次态部分显示一个时钟周期之后的触发器状态。输出部分给出现态对应的 y 值。列状态表时首先列出现态和输入的所有可能取值，然后由逻辑图或状态方程确定次态值。触发器的次态必须满足前面给出的状态方程。

一般，具有 m 个触发器和 n 个输入的时序电路在状态表中需要 2^{m+n} 行，分别列出现态和输入的所有取值可能。次态部分共有 m 列，其中，每个触发器占据一列。次态的值直接来自于状态方程。输出部分具有与输出变量相同数目的列，它的值可以从电路或逻辑函数中得出。

3. 状态图

状态表中的信息也可以用状态图等价表示。在这种类型的图示中，一个状态由一个圆圈表示，状态之间的转换由连接这些圆圈的转换线表示。图 5.1.1 所示时序电路的状态图如图 5.1.2 所示。每个圆圈内的二进制数字表示触发器的状态编码。转换线本身附带标记，其中，斜杠左侧标记电路处于现态时的输入值，斜杠右侧数字为该输入对应的电路输出。例如，从 00 到 01 的转换线标记为 1/0，意指时序电路处于当前状态 00 并且输入是 1 时，电路输出为 0。在时钟信号到来后，电路转入下一个状态 01。相同的时钟转换阶段可以讨论不同的输入取值。除了表示方式不同，状态表和状态图间没有本质区别。

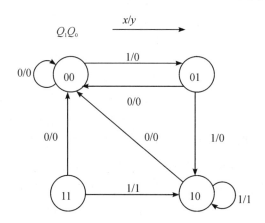

图 5.1.2　图 5.1.1 所示时序电路的状态图

4. 触发器激励函数

时序电路的逻辑图由触发器和逻辑门组成。产生外部输出的组合电路部分用电路输出函数描述，提供触发器激励或驱动的电路用一组触发器输入函数给出，通常相应输入是以函数的代数形式实现的，常称为输入方程。

图 5.1.1 的时序电路中两个触发器的激励函数为

$$J_0 = x\overline{Q_1^n},\ K_0 = 1$$
$$J_1 = xQ_0^n,\ K_1 = \overline{x}$$

电路输出函数为

$$y = xQ_1^n$$

这组逻辑函数为绘制时序电路的逻辑图提供了所有必要的信息。

触发器激励函数完全确定了驱动触发器的组合电路。这些方程式中虽未明显包含时间限制，但只有触发器时钟条件满足时状态方程才成立。

5. 特性表

触发器的输入和次态之间的关系需通过触发器特性表加以确定。表 5.1.2～表 5.1.5 给出了 4 种常用触发器的特性表。Q^n 指在施加时钟脉冲之前的现态。Q^{n+1} 是一个时钟周期之后的次态。

表 5.1.2   JK 触发器特性表

J	K	Q^{n+1}	注
0	0	Q^n	保持
0	1	0	置 0
1	0	1	置 1
1	1	$\overline{Q^n}$	翻转

表 5.1.3   RS 触发器特性表

S	R	Q^{n+1}	注
0	0	Q^n	保持
0	1	0	置 0
1	0	1	置 1
1	1	?	不允许

表 5.1.4   D 触发器特性表

D	Q^{n+1}	注
0	0	置 0
1	1	置 1

表 5.1.5   T 触发器特性表

T	Q^{n+1}	注
0	0	保持
1	$\overline{Q^n}$	翻转

由 JK 触发器的特性表可知，当输入 J 和 K 都等于 0 时，次态等于现态，即 $Q^{n+1}=Q^n$，表示时钟脉冲不会改变触发器状态。当 $K=1$、$J=0$ 时，时钟脉冲复位触发器，$Q^{n+1}=0$。当 $J=1$、$K=0$ 时，触发器置 1，$Q^{n+1}=1$。当 J 和 K 都等于 1 时，次态翻转现态，可以表示为 $Q^{n+1}=\overline{Q^n}$。除不确定的情况外，RS 触发器与 JK 触发器类似，其中 J 由 S 取代、K 由 R 取代。当 S 和 R 都等于 1 时，次态处的问号表示此时次态无法预知。

D 触发器的次态只取决于 D 输入，与当前状态无关，可以表示为 $Q^{n+1}=D$，即次态值可以直接从 D 输入的逻辑值得出。D 触发器没有保持条件。当需要保持触发器的状态时，可以通过禁用时钟脉冲来实现。

当 J 和 K 连在一起时，就可以由 JK 触发器得到 T 触发器。T 触发器特性表只有两种情形：当 $T=0$（即 $J=K=0$）时，时钟脉冲不改变触发器状态；当 $T=1$（即 $J=K=1$）时，时钟脉冲翻转触发器的现态。

6. 触发器的分析

分析由触发器构成的一般时序电路时，触发器次态值可通过以下两个步骤来获得：

（1）根据现态和输入变量获取每个触发器激励函数的值。

（2）使用相应的触发器特性表或特性方程来确定次态。

图 5.1.1 所示时序电路的详细状态如表 5.1.6 所示，与表 5.1.1 不同，表 5.1.6 中包括了作为触发器激励信号的输入信息。

表 5.1.6　时序电路图 5.1.1 的状态表

现态		输入	次态		触发器输入				输出
Q_0^n	Q_1^n	x	Q_0^{n+1}	Q_1^{n+1}	J_0	K_0	J_1	K_1	y
0	0	0	0	1	0	0	1	0	0
0	0	1	0	0	0	0	0	1	0
0	1	0	1	1	1	1	1	0	0
0	1	1	1	0	1	0	0	1	0
1	0	0	1	1	0	0	1	1	0
1	0	1	1	0	0	0	0	0	0
1	1	0	0	0	1	1	1	1	1
1	1	1	1	0	1	0	0	0	1

7. 综合分析举例

根据以上讨论可以总结出时序电路分析的一般步骤：

（1）明确触发器触发条件或时钟方程，写出输出方程和驱动方程。

（2）求状态方程：把激励函数或驱动方程代入相应触发器的特性方程，求出时序电路的状态方程，即各个触发器次态输出的逻辑表达式。

（3）根据预设的初态起始值按照次态转换的状态方程依次计算状态迁移。

（4）根据状态迁移画出状态图、状态表以及时序图。

（5）进行功能说明：如果输入和输出信号具有确切物理含义，则需结合这些含义进一步说明电路具体功能，或结合时序图说明时钟脉冲与输入、输出及内部变量之间的时间关系。

【例 5.1.1】　分析并画出图 5.1.3 所示时序电路的状态图和时序图。

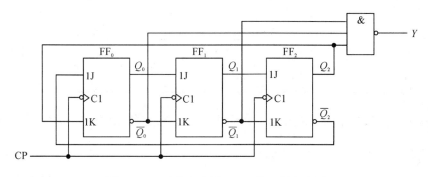

图 5.1.3　时序电路例 5.1.1 的逻辑电路图

解　（1）时钟方程。该电路是一个同步时序电路，各个触发器的时钟信号是相同的，均为输入 CP 脉冲：

$$\mathrm{CP}_0 = \mathrm{CP}_1 = \mathrm{CP}_2 = \mathrm{CP} \tag{5.1.1}$$

输出方程。该电路是一个摩尔型电路，其输出 Y 仅与电路现态有关：

$$Y = \overline{\overline{Q_2^n}\, \overline{Q_1^n}\, \overline{Q_0^n}} \tag{5.1.2}$$

驱动方程。该电路有 3 个触发器，由图上连线知各触发器输入端的逻辑函数表达式为：

$$J_0 = \overline{Q_2^n}, \quad K_0 = Q_2^n$$

$$J_1 = Q_0^n, \quad K_1 = \overline{Q_0^n} \tag{5.1.3}$$

$$J_2 = Q_1^n, \quad K_2 = \overline{Q_1^n}$$

（2）状态方程。电路中所有触发器均为下降沿触发的边沿 JK 触发器。将上一步得到的触发器激励函数代入 JK 触发器的特性方程：

$$Q^{n+1} = J\overline{Q^n} + \overline{K}Q^n \tag{5.1.4}$$

得到各触发器的状态方程：

$$Q_0^{n+1} = \overline{Q_2^n}\, \overline{Q_0^n} + \overline{Q_2^n}Q_0^n = \overline{Q_2^n}$$

$$Q_1^{n+1} = Q_0^n\overline{Q_1^n} + \overline{\overline{Q_0^n}}Q_1^n = Q_0^n \tag{5.1.5}$$

$$Q_2^{n+1} = Q_1^n\overline{Q_2^n} + \overline{\overline{Q_1^n}}Q_2^n = Q_1^n$$

（3）进行计算。依次假设电路的现态 $Q_2^n Q_1^n Q_0^n$，代入状态方程(5.1.5)和输出方程(5.1.2)进行计算，得出相应次态和输出，列出如表 5.1.7 所示的状态表。

表 5.1.7 例 5.1.1 的状态表

现 态			次 态			输出
Q_2^n	Q_1^n	Q_0^n	Q_2^{n+1}	Q_1^{n+1}	Q_0^{n+1}	Y
0	0	0	0	0	1	1
0	0	1	0	1	1	1
0	1	1	1	1	1	1
1	1	1	1	1	0	1
1	1	0	1	0	0	1
1	0	0	0	0	0	0
0	1	0	1	0	1	1
1	0	1	0	1	0	1

（4）画状态图和时序图，如图 5.1.4 和图 5.1.5 所示(状态顺序为 $Q_2^n Q_1^n Q_0^n$)。

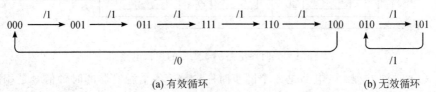

(a) 有效循环　　　　　　　　　　　(b) 无效循环

图 5.1.4　例 5.1.1 的状态图

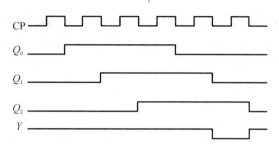

图 5.1.5　例 5.1.1 的时序图

（5）明确电路的有效状态与有效循环、无效状态与无效循环并讨论电路能否自启动。有效状态指在正常工作状态被利用的状态，有效状态形成的循环相应称为有效循环。图 5.1.4(a) 所示即有效循环，其中的 6 个状态均为有效状态。无效状态则指正常工作过程中未直接利用的状态，无效状态若形成循环，称为无效循环或死循环。如果由于外界干扰导致电路处于无效状态，那么无效循环的存在将使电路无法回到有效状态和有效循环。对于存在无效循环的情况，一般也可以说该电路不能够自启动，据此可知本例的电路不能实现自启动。

5.1.2　时序电路的基本设计方法

时序电路的分析指从电路图入手给出电路的状态表或状态转换图。与之相对的是时序电路的设计，后者最终要得到电路的逻辑图。

1. 状态约化

任何设计过程必须考虑电路成本的问题，直接思路是寻找合适的最小化算法以减少时序电路中触发器和逻辑门的数量。状态约化算法研究如何减少状态表中有效状态数，从而减少触发器的数量。需要注意的是，使用较少触发器数的等效电路可能需要更多的组合逻辑门。

状态约化的方法和效果可以通过一个串行数据检测器的例子加以说明。该电路的状态转换如图 5.1.6 所示，其数据输入端 x 随机输入的串行数据出现"1111"序列时，输出信号为 $z=1$，对于其他任何输入序列，输出都为 0。对于时序电路的功能，真正重要的是输入输出序列，而不是触发器内部状态，因此触发器状态可以仅用字母等符号标记。

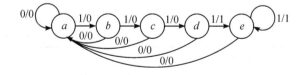

图 5.1.6　状态转移图

对于该电路，可能的输入序列是完全任意的。不同的输入序列会产生不同的输出序列。当电路处于初始状态 a 时，输入 0 产生输出 0，电路保持在状态 a。现态为 a 且输入为 1 时，输出为 0，次态为 b。现态为 b 且输入 1 时，输出为 0，次态为 c。在这个电路中，状态本身是次要的，因为关键在于由输入序列导致的输出序列。

　　现在假设已经找到了一个少于五个状态的时序电路，将相同的输入序列应用于两个电路，如果对于所有的输入序列输出均相同，则这两个电路就输入输出而言等效。状态约化的目的就是：在确保时序电路输入输出关系不变的前提下尽量减少状态数目。

　　从图 5.1.6 的状态图可以直接得到状态表，如表 5.1.8 所示，用状态表进行状态约化比用状态图更方便。

表 5.1.8　图 5.1.6 的状态表

现态	次态		输出	
	$x=0$	$x=1$	$x=0$	$x=1$
a	a	b	0	0
b	a	c	0	0
c	a	d	0	0
d	a	e	0	1
e	a	e	0	1

　　用状态表进行状态约化的算法如下。如果对于每组输入，它们给出完全相同的输出，并且将该电路迁移到相同的状态或等价的状态，两个状态称为等价的，等价状态的合并不会改变原来的输入输出关系。从图 5.1.6 的状态图容易看出，状态 d 和 e 就是满足条件的两个状态：当输入 $x=0$ 时，它们都迁移到状态 a，具有输出 0；当 $x=1$ 时，它们都迁移到状态 e，并具有相同的输出 1。因此，d 和 e 就是可以合并的等价状态。表 5.1.9 就是完成状态约化后的状态表。从该表可以看出，最终的状态图仅由 4 个状态组成，如图 5.1.7 所示。此状态图满足原始输入输出要求，并可为任何给定的输入序列生成正确的输出序列。

表 5.1.9　约化后的状态表

现态	次态		输出	
	$x=0$	$x=1$	$x=0$	$x=1$
a	a	b	0	0
b	a	c	0	0
c	a	d	0	0
d	a	d	0	1

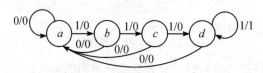

图 5.1.7　约化后的状态转移图

　　每个触发器的状态可以提供 1 位二进制编码，m 个触发器可以实现对最多 2^m 个不同的状态的编码。如果使用表 5.1.8 的状态表，则需要 3 个触发器，从 000 到 111 最多编码 8

个状态,分配给 5 个状态后,剩余 3 个处于未使用状态。使用表 5.1.9 的状态表,只需要 2 个触发器即可,对状态进行二进制编码后没有未使用状态。但在电路设计时,未使用状态仍视为无关状态或约束项,通常有助于获得更简单的逻辑函数。

2. 状态分配

时序电路状态的二进制编码方案并不唯一。对于时序电路中的组合电路部分,不同的编码分配方案直接关系到驱动触发器的组合电路。如果只要求给定的输入序列产生正确的输出序列,那么时序电路就可以通过合理的状态分配方案进一步简化。

例如,表 5.1.9 的时序电路可以有多种二进制状态分配方案。表 5.1.10 给出了 4 种具体的状态分配方案。事实上,这个电路有 24 种不同分配方案。

表 5.1.10 4 种可能的二进制状态分配方案

状态	方案 1	方案 2	方案 3	方案 4
a	00	01	10	11
b	01	00	11	01
c	10	11	01	11
d	11	10	00	10

表 5.1.11 是使用二进制分配方案 1 后的状态表,它可以用来导出时序电路的组合逻辑部分。所获得的组合电路的复杂度取决于所选择的二进制状态分配方案。状态分配的优化算法是数字电路理论中一个尚未完全解决的课题。

表 5.1.11 表 5.1.10 中方案 1 的约化状态表

现态	次态		输出	
	$x=0$	$x=1$	$x=0$	$x=1$
00	00	01	0	0
01	00	10	0	0
10	00	11	0	0
11	00	11	0	1

3. 触发器激励表

特性表指定了当输入和现态已知时的次态,决定了触发器的行为。在设计过程中,通常已知从现态到次态的转换,要找到促成所需状态转换的触发器输入,就需要用激励表列出实现改变特定状态所需的输入。

从现态到次态有 4 种可能的转换,每个转换所需的输入可从特性表相应的信息中得出。表中的符号×表示无关条件,即输入是 1 还是 0 对触发器行为并无影响。

RS 触发器的激励表如表 5.1.12 所示。第一行显示在时刻 t 时处于 0 状态的触发器。在时钟脉冲到来后,如果希望将其保持在 0 状态,从 RS 触发器的特性表中可知,当 S 和 R

都为 0 时触发器将保持原状态，这样 S 和 R 输入都应该为 0。如果时钟脉冲出现时 R 变为 1，触发器仍会处于 0 状态，虽然这时触发器执行的是复位操作。因此，无论 R 是 1 还是 0，触发器都将保持在 0 状态。换句话说，对于现态 0 向次态 0 的转换，R 的取值为无关条件，因此在激励表中以×标记。

表 5.1.12   RS 触发器激励表

Q^n	Q^{n+1}	S	R
0	0	0	×
0	1	1	0
1	0	0	1
1	1	×	0

如果触发器处于 0 状态并且希望它进入 1 状态，则从特性表中我们发现使 Q^{n+1} 等于 1 的唯一方式是使 $S=1$，$R=0$。如果触发器从 1 状态转换到 0 状态，则必须有 $S=0$ 和 $R=1$。

最后一种情况是触发器处于 1 状态，并保持在 1 状态。R 必须是 0，否则触发器将被清零；S 可以是 0 或者 1：如果 S 是 0，触发器保持 1 状态；如果 S 是 1，它会将触发器置位到 1 状态。因此，这种情况下 S 的取值是无关条件。

JK 触发器的激励表如表 5.1.13 所示。当现态和次态均为 0 时，J 输入必须保持为 0，而 K 输入可以是 0 或 1。类似地，当现态和次态均为 1 时，K 输入必须保持为 0，而 J 输入可以是 0 或 1。如果触发器从 0 状态转换到 1 状态，J 必须等于 1，因为 J 输入置位触发器。但是输入 K 可以是 0 或 1：如果 $K=0$，则 $J=1$ 条件按照要求置位触发器；如果 $K=1$ 并且 $J=1$，则触发器翻转并因此从 0 状态变为 1 状态。因此 K 输入被标记为 0 到 1 转换的无关条件。对于从 1 状态到 0 状态的转换，必须有 $K=1$，而 J 输入可以是 0 或 1：当 $J=0$ 时，输入 $K=1$ 会使触发器复位；当 $J=1$ 时，连同 $K=1$ 的输入将会触发翻转动作从而使触发器从 1 状态转换到 0 状态。

表 5.1.13   JK 触发器激励表

Q^n	Q^{n+1}	J	K
0	0	0	×
0	1	1	×
1	0	×	1
1	1	×	0

JK 触发器的激励表说明了在设计时序电路时使用这种类型触发器的优势，它具有相对较多的无关条件，因而输入函数的组合电路可能更简单。

D 触发器的激励表如表 5.1.14 所示。从 D 触发器的特性表中我们注意到，次态总是等于 D 输入，与现态无关。因此，如果 Q^{n+1} 必须为 0，那么 D 必须为 0，而如果 Q^{n+1} 必须为

1，则不管 Q^n 的值如何，D 都必须为 1。

T 触发器的激励表如表 5.1.15 所示。从 T 触发器的特性表中我们发现，当输入 $T=1$ 时，触发器的状态翻转；当 $T=0$ 时，触发器的状态保持。因此，当触发器的状态必须保持不变时，要求 $T=0$；当触发器的状态必须翻转时，T 必须等于 1。

<table>
<tr><td colspan="3">表 5.1.14　D 触发器激励表</td></tr>
<tr><td>Q^n</td><td>Q^{n+1}</td><td>D</td></tr>
<tr><td>0</td><td>0</td><td>0</td></tr>
<tr><td>0</td><td>1</td><td>1</td></tr>
<tr><td>1</td><td>0</td><td>0</td></tr>
<tr><td>1</td><td>1</td><td>1</td></tr>
</table>

<table>
<tr><td colspan="3">表 5.1.15　T 触发器激励表</td></tr>
<tr><td>Q^n</td><td>Q^{n+1}</td><td>T</td></tr>
<tr><td>0</td><td>0</td><td>0</td></tr>
<tr><td>0</td><td>1</td><td>1</td></tr>
<tr><td>1</td><td>0</td><td>1</td></tr>
<tr><td>1</td><td>1</td><td>0</td></tr>
</table>

4. 设计步骤

下面介绍的设计过程对于任何触发器都是适用的。一般而言，设计时必须先确定触发器的类型，然后据此得到相应的激励表，才可以进一步确定触发器的输入函数。

钟控同步时序电路的设计目的是得到满足设计要求的逻辑图。状态表之于时序电路就如真值表之于组合电路，因此时序电路设计的第一步是获得正确的状态表或状态图。

本节介绍时序电路的设计过程，具体步骤如下：

(1) 进行逻辑抽象，建立原始状态图(表)：分析给定设计要求，确定输入、输出变量和电路内部状态关系。

(2) 进行状态简化并画出最简状态图(表)。

(3) 得出状态分配后的状态图(表)。

(4) 选择触发器，从状态图(表)或状态方程中导出电路激励表和输出表。

(5) 写出时钟方程、电路输出方程和触发器激励函数(驱动方程)。

(6) 检查设计；画逻辑电路图。

通常情况下，日常语言的描述从电路设计的角度考察并不完整、精确，往往需要用数字电路的知识和经验对设计要求做进一步的解释和澄清。一旦阐明了电路的具体含义并且得出状态图(表)，就可以利用上面列出的步骤设计电路。如果状态的总数小于 2^m，则 m 个触发器构成的电路会有未使用的二进制状态。在组合电路部分的设计过程中，这些未使用的状态将会被视为无关条件用于函数化简。

当时序电路有多种类型触发器可用时，在需要传输数据的场合(如移位寄存器)使用 D 触发器、需要频繁翻转的情况(如二进制计数器)使用 T 触发器，而在其他情况常用功能最为丰富的 JK 触发器。

外部输出信息在状态表的输出部分列出，由此可以导出电路输出函数。电路的激励表，除输入条件由状态表的现态和次态列中的信息确定外，其他方面类似于各个触发器的激励表。下面举例说明如何获得电路激励表和触发器输入。

考虑一个无输出的同步时序电路，当输入 x 为 0 时，该电路内部状态为 00；当输入 x 为 1 时，该电路内部状态按照 $00 \rightarrow 01 \rightarrow 11 \rightarrow 10 \rightarrow 00$ 的方式进行循环。

画出如图 5.1.8 所示的电路状态转移图。

实现 4 个内部状态需要用两个触发器 FF_0 和 FF_1。表 5.1.16 所示为该电路的状态表。注意该电路没有输出部分。现在说明如何得到电路激励表和触发器输入端的逻辑门结构。

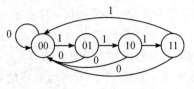

图 5.1.8　状态转移图

表 5.1.16　图 5.1.8 所示例子的状态表

现 态		次 态			
		$x=0$		$x=1$	
Q_0^n	Q_1^n	Q_0^{n+1}	Q_1^{n+1}	Q_0^{n+1}	Q_1^{n+1}
0	0	0	0	1	0
1	0	1	0	0	1
0	1	0	0	1	1
1	1	0	0	0	0

假定选用 JK 触发器进行设计。表 5.1.16 的第一行显示，当输入 x 为 0 时，触发器 FF_0 从现态 0 转换到次态 1；当输入 x 为 1 时，触发器 FF_0 从现态 0 转换到次态 1。由表 5.1.13 可知，JK 触发器状态从 0 到 0 的转换需要输入 $J=0$ 和 $K=\times$，从 0 到 1 的转换需要输入 $J=1$ 和 $K=\times$。所以在表 5.1.17 第一行中，J_0 和 K_0 应取 0 和 $\times$；表 5.1.16 的第二行中，J_1 和 K_1 应取 1 和 $\times$。由时序逻辑电路的示意图 5.0.1 可知，组合电路的输出信号由触发器的输入和外部输出提供；组合电路的输入则是由电路外部输入和触发器的现态值提供。于是就可以从激励表得到组合电路部分的真值表，从而可导出组合电路的逻辑函数。输入是变量 Q_0^n、Q_1^n 和 x；输出是变量 J_0、K_0 和 J_1、K_1。真值表的信息对应为图 5.1.9 的卡诺图，图 5.1.9 所示例子的激励表如表 5.1.17 所示。最后得到 4 个简化的触发器输入函数：

$$J_0=Q_0^n\overline{x} \quad K_0=Q_0^nx \quad J_1=x \quad K_1=\overline{Q_1^n\oplus x}$$

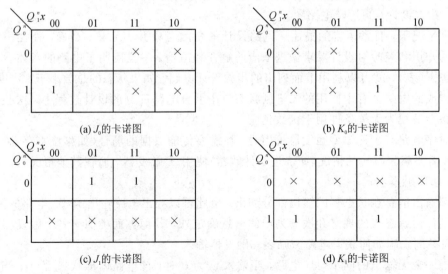

图 5.1.9　图 5.1.8 所示例子的组合逻辑部分的卡诺图

表 5.1.17 图 5.1.9 所示例子的激励表

组合电路输入			次态		组合电路输出			
现态		输入			触发器输入			
Q_0^n	Q_1^n	x	Q_0^{n+1}	Q_1^{n+1}	J_0	K_0	J_1	K_1
0	0	0	0	0	0	$\times$	0	$\times$
0	0	1	1	0	0	$\times$	1	$\times$
1	0	0	1	0	1	$\times$	$\times$	1
1	0	1	0	1	0	$\times$	$\times$	0
0	1	0	0	0	$\times$	0	0	$\times$
0	1	1	1	1	$\times$	0	1	$\times$
1	1	0	0	0	$\times$	0	$\times$	0
1	1	1	0	0	$\times$	1	$\times$	1

图 5.1.8 所示例子的逻辑图如图 5.1.10 所示，电路由 2 个触发器、2 个与门、1 个同或门和 1 个反相器组成。

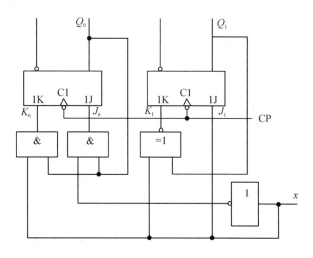

图 5.1.10 图 5.1.8 所示例子的逻辑电路图

一般，具有 m 个触发器、每个触发器有 k 个输入和 n 个外部输入的时序电路，其激励表由现态和输入变量的 $m+n$ 列构成，并最多有 2^{m+n} 行。次态部分有 m 列，其中每个触发器一列。触发器输入有 mk 列。如果电路包含 j 个输出，则该表的输出部分必有 j 列。在激励表中，组合电路的真值表以 $m+n$ 列现态和外部输入作为组合电路的输入、$mk+j$ 列触发器输入和外部输出作为组合电路输出构成。

如果一个电路未被置为初始有效状态，或者由于噪声信号或其他不可预见的原因，电路进入无效状态，在这种情况下，逻辑设计应确保电路最终能进入有效状态，避免时序电路在无效状态之间形成循环而无法返回到正常工作序列中。无效状态的次态可以在电路分析中确定,在设计最终完成前,有必要检查电路确实已消除这些无效状态的影响。

【**例 5.1.2**】 试用 JK 触发器设计一个循环脉冲序列为 11000 的时序逻辑电路。

解 由题设要求,电路输出为循环脉冲序列 11000,据此可以画出如图 5.1.11 的状态图。

假定该时序电路的二进制编码状态图按照 $Q_2^n Q_1^n Q_0^n$ 排序,如图 5.1.12 所示。

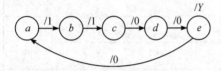

图 5.1.11 约化后的状态转移图

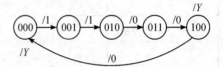

图 5.1.12 状态编码后的状态转移图

显然该电路需要 3 个触发器标记电路内部状态。假设电路选用 CP 下降沿触发的边沿 JK 触发器,并采用时钟同步控制方式实现时序电路,那么时钟方程为

$$CP_0 = CP_1 = CP_2 = CP$$

注意该电路无输入,其输出和电路次态仅是电路现态的函数。由题设规定,当现态为 000 时,输出为 1,次态为 001,知输出函数 Y 的卡诺图中左上角 000 方格中应填充 1。由其他输出与现态之间的逻辑关系得卡诺图中其他方格的填充方式,最终得到输出 Y 的卡诺图如图 5.1.13 所示。

$Q_2^n \backslash Q_1^n Q_0^n$	00	01	11	10
0	1	1	0	0
1	0	×	×	×

图 5.1.13 例 5.1.2 输出 Y 的卡诺图

注意状态 111 和 110 没有出现在状态图中,它们是未使用的无效状态,其对应的最小项是约束项。因此可写出输出 Y 的方程为

$$Y = \overline{Q_2^n} \, \overline{Q_1^n}$$

由题设要求,作为变量的现态与作为函数的次态之间的逻辑关系确定了次态的卡诺图,如图 5.1.14 所示,例如当现态为 000 时,次态的函数值等于 001,相应的左上角方格 000 中标记 001。

$Q_2^n \backslash Q_1^n Q_0^n$	00	01	11	10
0	001	010	100	011
1	000	×××	×××	×××

图 5.1.14 时序电路次态卡诺图

化简时，可以把电路次态的卡诺图分解为 3 个触发器次态的卡诺图，如图 5.1.15 所示。

Q_2^n \ $Q_1^n Q_0^n$	00	01	11	10
0	0	0	1	0
1	0	×	×	×

(a) 例5.1.2触发器次态Q_2^{n+1}的卡诺图

Q_2^n \ $Q_1^n Q_0^n$	00	01	11	10
0	0	1	0	1
1	0	×	×	×

(b) 例5.1.2触发器次态Q_1^{n+1}的卡诺图

Q_2^n \ $Q_1^n Q_0^n$	00	01	11	10
0	1	0	0	1
1	0	×	×	×

(c) 例5.1.2触发器次态Q_0^{n+1}的卡诺图

图 5.1.15　各触发器次态卡诺图

于是得到各触发器的次态函数为

$$Q_2^{n+1} = Q_1^n Q_0^n$$
$$Q_1^{n+1} = \overline{Q_1^n} Q_0^n + Q_1^n \overline{Q_0^n}$$
$$Q_0^{n+1} = \overline{Q_2^n}\, \overline{Q_0^n} \tag{5.1.6}$$

把状态方程式(5.1.6)写为 JK 触发器特性方程的形式，则有

$$Q_2^{n+1} = Q_1^n Q_0^n$$
$$= Q_1^n Q_0^n (\overline{Q_2^n} + Q_2^n)$$
$$= Q_1^n Q_0^n \overline{Q_2^n} + \overline{\overline{Q_1^n Q_0^n}} Q_2^n$$
$$Q_1^{n+1} = \overline{Q_1^n} Q_0^n + Q_1^n \overline{Q_0^n} = Q_0^n \overline{Q_1^n} + \overline{Q_0^n} Q_1^n$$
$$Q_0^{n+1} = \overline{Q_2^n}\, \overline{Q_0^n} = \overline{Q_2^n} \overline{Q_0^n} + \overline{1} Q_0^n$$

于是得各触发器的驱动方程为

$$J_2 = Q_1^n Q_0^n, \quad K_2 = \overline{Q_1^n Q_0^n}$$
$$J_1 = K_1 = Q_0^n$$
$$J_0 = \overline{Q_2^n}, \quad K_0 = 1$$

根据所选用的触发器和时钟方程、输出方程及驱动方程，可以画出如图 5.1.16 所示的逻辑图。

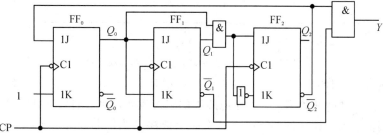

图 5.1.16　例 5.1.2 的逻辑图

最后检查电路是否能自启动：将无效状态 101、110 和 111 作为现态代入状态方程式 (5.1.6)进行计算，结果如下：$101 \xrightarrow{/0} 010$；$110 \xrightarrow{/0} 010$；$111 \xrightarrow{/0} 100$。可见，所有无效状态都能在下一个时钟脉冲到来时迁移到有效状态，因此所设计的时序电路可以自启动。

5.2 计数器的设计

5.2.1 计数器的特点和分类

输入脉冲后按照某种状态序列循环的时序电路称为计数器。作为计数脉冲的输入脉冲可以是时钟脉冲或来自于其他外部计数源的信号。在计数器中，状态序列可以遵循二进制计数或任何其他状态序列。计数器按照进制可分为二进制计数器、十进制计数器和 N 进制计数器。不同进制的计数器按照相应进制的计数规律实现计数。输入脉冲到来时，计数器可按照递增或递减的规律计数，分别称为加法计数器和减法计数器。既可以实现加法计数又可以实现减法计数的计数器称为可逆计数器。按照触发器翻转是否同步这一特点，时序电路可分为同步时序电路和异步时序电路。同样的，作为特殊时序电路的计数器可据此分为同步计数器和异步计数器。

计数器能够记忆输入脉冲的数目，即电路的有效状态数 M，是计数器设计中首要关心的问题。M 有时也称为计数器的计数容量、计数长度或者模。一般而言，n 位二进制计数器可以实现的最大计数长度是最大有效状态数 2^n。

5.2.2 二进制计数器

二进制计数器包括二进制同步加法计数器、二进制同步减法计数器、二进制同步可逆计数器、集成二进制同步计数器及非二进制序列计数器。

1. 二进制同步加法计数器

按照二进制序列进行循环的计数器称为二进制计数器或自然态序计数器。一个 n 位二进制计数器由 n 个触发器组成，可以实现从 0 到 2^n-1 的 n 个二进制数进行计数。例如，一个 3 位二进制加法计数器的状态图如图 5.2.1 所示。状态由 3 位二进制数编码，触发器输出在 111 之后清零，重复该二进制计数序列。

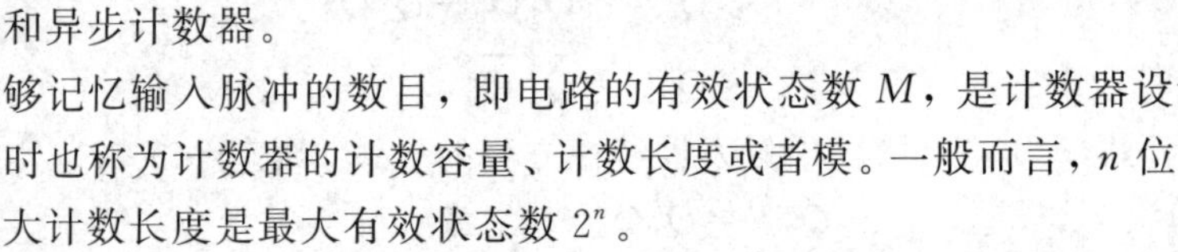

$$000 \xrightarrow{/0} 001 \xrightarrow{/0} 010 \xrightarrow{/0} 011 \xrightarrow{/0} 100 \xrightarrow{/0} 101 \xrightarrow{/0} 110 \xrightarrow{/0} 111$$

$/c$　　　　　　　　　　　　　　$/1$

排列：$Q_2^n Q_1^n Q_0^n$

图 5.2.1　3 位二进制加法计数器的状态图

与其他状态图一样，图 5.2.1 中转换线处标记有输入/输出值。该电路唯一的输入是时钟计数脉冲。在时钟脉冲到来时，时序电路中的状态发生转换；如果没有时钟脉冲到来，触发器保持当前的状态。计数器的下一个状态完全取决于当前状态，每次脉冲到来都会触发状态转换。

　　如果选用边沿 JK 触发器,该计数器电路的设计可以按照 5.1 节介绍的方法进行,此处不再赘述。

　　根据上述要求列出电路的状态表,如表 5.2.1 所示。

表 5.2.1　3 位二进制计数器状态表

CP	Q_2	Q_1	Q_0	C
0	0	0	0	0
1	0	0	1	0
2	0	1	0	0
3	0	1	1	0
4	1	0	0	0
5	1	0	1	0
6	1	1	0	0
7	1	1	1	1
8	0	0	0	0

　　从表 5.2.1 中可以观察到：每到来一个时钟脉冲,最低位触发器 FF_0 都会翻转,对照 JK 触发器的特性方程将有输入 $J_0 = K_0 = 1$;当 FF_0 现态为 1(即 $Q_0^n = 1$)时,每到来一个时钟脉冲,触发器 FF_1 翻转,因此 $J_1 = K_1 = Q_0^n$;当 FF_1 和 FF_0 现态均为 1(即 $Q_1^n Q_0^n = 11$)时,每到来一个时钟脉冲,触发器 FF_2 会翻转,因此 $J_2 = K_2 = Q_1^n Q_0^n$。也就是说,每当一个时钟脉冲到来时,最低位触发器 FF_0 都会翻转,当低于该位的触发器都为 1 时,时钟脉冲会触发该位置的触发器翻转,因为在这个脉冲到来时,所有低位触发器将会因为向高位进位而全部翻转为 0。所有触发器的 CP 端连接到一个公共的时钟脉冲源。如果计数器使能,触发器 FF_0 的 J_0 和 K_0 等于 1;如果低位触发器状态都为 1,并且计数器处于计数状态,则其他所有 J 和 K 输入等于 1。据此可以直接画出电路图如图 5.2.2 所示。

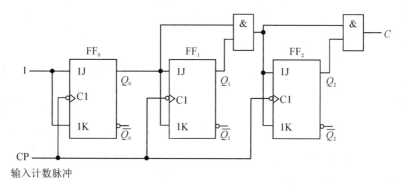

图 5.2.2　3 位二进制同步加法计数器

　　从输出信号看,该电路采用的是串行进位方式,它的优点是触发器负载均匀,但是串行进位信号正确传播的前提是低位触发器状态必须稳定下来,因此电路速度较慢。采用并行进位的方式，高位触发器不必等待低位触发器的状态稳定后再动作，可以大大提高电路运行速度，由图5.2.3可知，并行进位计数器的问题是低位触发器负载较重。

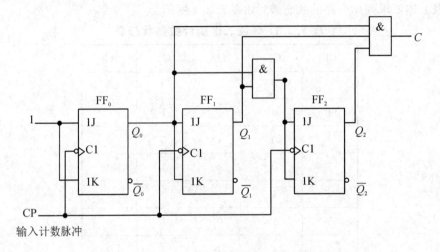

图5.2.3　3位二进制同步加法器的并行进位接法

JK触发器的J、K输入端连在一起构成的就是T触发器，表5.2.2是3位二进制计数器的激励表。3个触发器赋予变量Q_2，Q_1和Q_0。T触发器的输入激励从T触发器的激励表通过观察电路的状态转换表导出。

表5.2.2　3位二进制计数器的激励表

现　态			次　态			触发器输入		
Q_2^n	Q_1^n	Q_0^n	Q_2^{n+1}	Q_1^{n+1}	Q_0^{n+1}	T_2	T_1	T_0
0	0	0	0	0	1	0	0	1
0	0	1	0	1	0	0	1	1
0	1	0	0	1	1	0	0	1
0	1	1	1	0	0	1	1	1
1	0	0	1	0	1	0	0	1
1	0	1	1	1	0	0	1	1
1	1	0	1	1	1	0	0	1
1	1	1	0	0	0	1	1	1

举例来说，当现态为001，对应次态是010，即Q_2在时钟脉冲到来时保持为0，所以T_2标记为0；Q_1在时钟脉冲到来时，从0变为1，所以T_1应标记为1；同样，Q_0从1到0，表示相应触发器必须翻转，所以T_0被标记为1。来自激励表的触发器输入函数可用图5.2.4的卡诺图化简。将这些函数与3个触发器组合起来，就可以得到计数器的逻辑图，如图5.2.5所示。

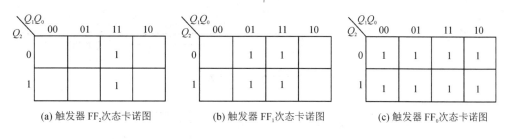

(a) 触发器 FF_2 次态卡诺图　　(b) 触发器 FF_1 次态卡诺图　　(c) 触发器 FF_0 次态卡诺图

图 5.2.4　各触发器次态卡诺图

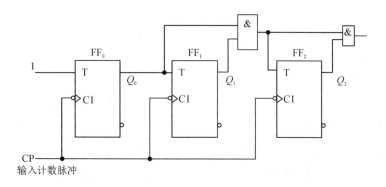

图 5.2.5　用 T 触发器构成的 3 位二进制加法计数器

2. 二进制同步减法计数器

图 5.2.6 为 3 位二进制同步加减法计数器的状态图。

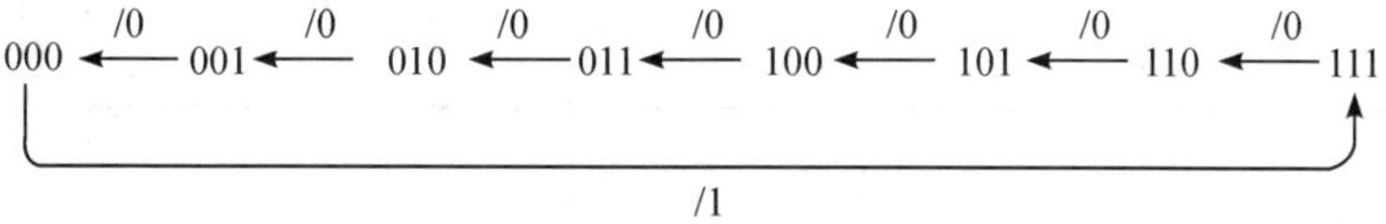

$$000 \xleftarrow{/0} 001 \xleftarrow{/0} 010 \xleftarrow{/0} 011 \xleftarrow{/0} 100 \xleftarrow{/0} 101 \xleftarrow{/0} 110 \xleftarrow{/0} 111$$

$/1$

$/B$：B 为借位

状态排列：$Q_2^n Q_1^n Q_0^n$

图 5.2.6　3 位二进制同步减法计数器的状态图

　　按照图 5.2.6 的要求可以构造二进制同步减法计数器。在二进制同步减法计数器中，每个计数脉冲都会翻转最低位触发器。如果所有低于该位的触发器状态都等于 0，则该位触发器在时钟脉冲触发下翻转。因此，一个作减法计数的二进制计数器的结构见图 5.2.7 和图 5.2.8。区别只是与门的输入必须来自前一个触发器的互补输出 $\overline{Q}$ 端而不是来自正常输出 Q 端。

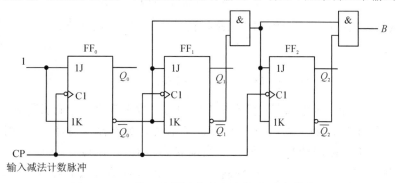

图 5.2.7　3 位二进制同步减法计数器（串行借位）

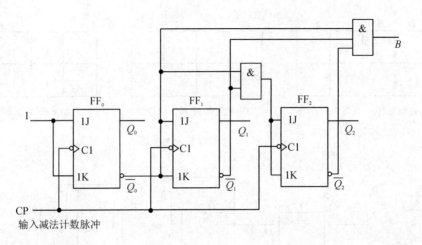

图 5.2.8　3 位二进制减法计数器的并行借位接法

3. 二进制同步可逆计数器

同步加法计数器和同步减法计数器中，高位触发器的输入分别取自低位触发器状态输出或互补输出端，通过在驱动连线部分增加译码器或 2 选 1 数据选择器，可以复用所有触发器，并构造出二进制同步可逆计数器，其电路图如图 5.2.9 所示。

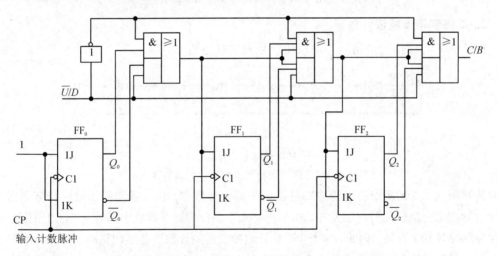

图 5.2.9　3 位二进制同步可逆计数器

当加/减计数控制端 $\overline{U}/D=0$ 时，电路执行加法计数；当控制端 $\overline{U}/D=1$ 时，电路执行减法计数，因为：

$$T_i = \overline{U}/D \cdot \prod_{j=0}^{i-1} Q_j^n + \overline{\overline{U}/D} \cdot \prod_{j=0}^{i-1} \overline{Q_j^n} \quad (i=1, 2, \cdots, n)$$

式中，下标"i"代表第 i 位触发器。只要在扩展的每一位上都有一个触发器和一个与门，计数器可以扩展到任意数量的触发器序列，如果所有低位触发器输出都是 1，则其输出为 1。例如设计一个 4 位二进制计数器，假设其当前状态是 $Q_3Q_2Q_1Q_0=0011$。如果是加计数，则下一个计数是 0100。首先，Q_0 总会翻转；其次，因为当前状态下 $Q_0=1$，Q_1 也要翻转；再次，因为 $Q_1Q_0=11$，Q_2 也会翻转；最后，由于 $Q_2Q_1Q_0=011$ 不全为 1，Q_3 并不变化。

如果是减计数，则下一个计数态将是 0010。同样，Q_0 总会翻转；由于 Q_0 现态为 1，Q_1 不会翻转；由于 $Q_1 Q_0 = 10$，Q_2 不翻转；由于 $Q_2 Q_1 Q_0 = 010$，低位触发器当前状态不全为 0，因此 Q_3 也不翻转。

因此，n 位二进制同步加法计数器的级联规律如下：

$$T_i = Q_{i-1}^n Q_{i-2}^n \cdots Q_1^n Q_0^n = \prod_{j=0}^{i-1} Q_j^n \quad (i = 1, 2, \cdots, n)$$

图 5.2.10 为 4 位二进制同步加法计数器的电路图结构。

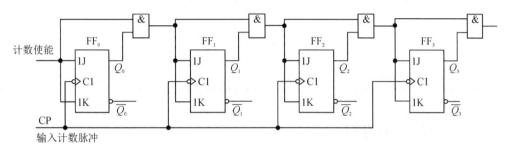

图 5.2.10 4 位二进制同步计数器

考虑到 n 位二进制同步减法计数器电路的级联规律如下：

$$T_i = \overline{Q_{i-1}^n}\, \overline{Q_{i-2}^n} \cdots \overline{Q_1^n}\, \overline{Q_0^n} = \prod_{j=0}^{i-1} \overline{Q_j^n}$$

容易构造一个可以作加法计数也可以作减法计数的 4 位二进制计数器。

4. 集成二进制同步计数器

目前市面上已经有各种集成 IC 计数器芯片，通常无需自行设计。典型的 MSI 二进制同步计数器有加法计数和可逆计数两种，均采用 8421 编码方案。集成 4 位二进制同步加法计数器增加了若干辅助功能，对集成电路的功能进行了扩展。比较典型的芯片是 74161，其引出端功能排列图、逻辑功能示意图及状态表如附录 A 所示。74LS161 与 74161 的逻辑功能、计数器工作原理和外引线排列均一致。74163 和 74LS163 除采用同步清零方式外，其逻辑功能、计数器工作原理和外引线排列与 74161 相同，具体见附录 A 中 74163 的状态表。CC4520 是双 4 位二进制同步加法计数器，属于 CMOS 集成电路，可在附录 A 中查到它的引出端排列图、逻辑功能示意图和状态表。与 TTL 芯片不同的是，CMOS 电路中有 4 位二进制同步减法计数器，其型号为 CC4526。集成 4 位二进制同步可逆计数器有单时钟和双时钟两种类型，前者用的是 T 触发器，后者用的是 T′ 触发器。比较典型的是 74191（单时钟）和 74193（双时钟），其引出端排列图、逻辑功能示意图和状态表也已列入附录 A。74LS191 与 74191 功能和引出端排列完全相同。此外，74S169、74LS169、CC4516 等芯片也是集成单时钟 4 位二进制同步可逆计数器。集成双时钟 4 位二进制同步可逆计数器中，74LS193 功能和引出端排列与 74193 一致，而 CC40193 则为 CMOS 集成电路芯片。

5. 非二进制序列计数器

计数器状态循环不必是自然态序的二进制序列，设计过程并无不同，首先都是从计数序列中获得状态表。表 5.2.3 给出的计数器，它有 6 个计数状态的重复序列，触发器 FF_1 和 FF_2 重复二进制计数 00、01、10，而触发器 FF_0 每 3 次在 0 和 1 之间交替，计数序列不是自然态序的二进制序列，011 和 111 两种状态为无效状态。

表 5.2.3　计数器激励表

现　态			次　态			触发器输入					
Q_0	Q_1	Q_2	Q_0	Q_1	Q_2	J_0	K_0	J_1	K_1	J_2	K_2
0	0	0	0	0	1	0	×	0	×	1	×
0	0	1	0	1	0	0	×	1	×	×	1
0	1	0	1	0	0	1	×	×	1	0	×
1	0	0	1	0	1	×	0	0	×	1	×
1	0	1	1	1	0	×	0	1	×	×	1
1	1	0	0	0	0	×	1	×	1	0	×

5.2.3　十进制同步计数器

十进制同步计数器包括十进制同步加法计数器、十进制同步减法计数器、十进制同步可逆计数器与集成十进制同步计数器。

1．十进制同步加法计数器（BCD 码计数器）

具有 n 个触发器的计数器可以具有小于 2^n 的二进制序列，BCD 码计数器按自然态序从 0000 计数到 1001，再返回 0000 以重复序列。由于 1001 代表的计数态为 9，0000 代表的计数态为 0，因此 BCD 码计数器是一种典型的十进制计数器。

表 5.2.4 所示为 BCD 码计数器的激励表。T 触发器的激励是从现态和次态条件获得的。输出 y 也显示在表中。当计数器当前状态为 1001 时，该输出 Y 等于 1。这样，y 可以使能下一个十进制计数器的计数，而相同脉冲将当前十进制计数器从 1001 切换到 0000。

表 5.2.4　BCD 码计数器的激励表

现　态				次　态				输出	触发器输入			
Q_3	Q_2	Q_1	Q_0	Q_3	Q_2	Q_1	Q_0	y	TQ_3	TQ_2	TQ_1	TQ_0
0	0	0	0	0	0	0	1	0	0	0	0	1
0	0	0	1	0	0	1	0	0	0	0	1	1
0	0	1	0	0	0	1	1	0	0	0	0	1
0	0	1	1	0	1	0	0	0	0	1	1	1
0	1	0	0	0	1	0	1	0	0	0	0	1
0	1	0	1	0	1	1	0	0	0	0	1	1
0	1	1	0	0	1	1	1	0	0	0	0	1
0	1	1	1	1	0	0	0	0	1	1	1	1
1	0	0	0	1	0	0	1	0	0	0	0	1
1	0	0	1	0	0	0	0	1	1	0	0	1

激励表中的触发器输入函数可以通过卡诺图化简。第 $10 \sim 15$ 最小项为未使用的状态作为约束项。化简后的函数是：

$$TQ_0 = 1$$
$$TQ_1 = \overline{Q_3} Q_0$$
$$TQ_2 = Q_1 Q_0$$
$$TQ_3 = Q_3 Q_0 + Q_2 Q_1 Q_0$$
$$Y = Q_3 Q_0$$

该电路容易由 4 个 T 触发器、5 个与门和一个或门来构成。准确地说，这里讨论的十进制计数器是一位十进制同步计数器，状态图如图 5.2.11 所示，其输出为计数进位。

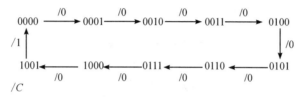

状态排列：$Q_3^n Q_2^n Q_1^n Q_0^n$

图 5.2.11　十进制同步加法计数器状态图

设计流程和同步计数器一般设计方法相同。首先选择触发器：选用 4 个时钟脉冲下降沿触发的 JK 触发器，并用 FF_0、FF_1、FF_2、FF_3 表示。此处使用同步电路，故时钟方程为

$$\mathrm{CP}_0 = \mathrm{CP}_1 = \mathrm{CP}_2 = \mathrm{CP}_3 = \mathrm{CP}$$

根据图 5.2.11 所示状态图的规定，可画出输出进位 C 的卡诺图，如图 5.2.12 所示。无效状态 $1010 \sim 1111$ 对应的最小项视为约束项。因此可以写出输出方程

$$C = Q_3^n Q_0^n$$

根据图 5.2.11 所示状态图的规定，画出计数器次态的卡诺图，如图 5.2.13 所示。

$Q_3^n Q_2^n$ \\ $Q_1^n Q_0^n$	00	01	11	10
00	0	0	0	0
01	0	0	0	0
11	×	×	×	×
10	0	1	×	×

图 5.2.12　输出进位的卡诺图

$Q_3^n Q_2^n$ \\ $Q_1^n Q_0^n$	00	01	11	10
00	0001	0010	0100	0011
01	0101	0110	1000	0111
11	××××	××××	××××	××××
10	1001	0000	××××	××××

图 5.2.13　十进制同步加法计数器次态卡诺图

得状态方程：

$$Q_0^{n+1} = \overline{Q_0^n}$$
$$Q_1^{n+1} = \overline{Q_3^n} \, \overline{Q_1^n} Q_0^n + Q_1^n \overline{Q_0^n}$$
$$Q_2^{n+1} = \overline{Q_2^n} Q_1^n Q_0^n + Q_2^n \overline{Q_1^n} + Q_2^n \overline{Q_0^n}$$
$$Q_3^{n+1} = Q_2^n Q_1^n Q_0^n + Q_3^n \overline{Q_0^n}$$

把它们写为 JK 触发器特性方程的形式：

$$Q_0^{n+1} = 1 \cdot \overline{Q_0^n} + \overline{1} \cdot Q_0^n$$

$$Q_1^{n+1} = \overline{Q_3^n} Q_0^n \overline{Q_1^n} + \overline{Q_0^n} Q_1^n$$

$$Q_2^{n+1} = Q_1^n Q_0^n \overline{Q_2^n} + (\overline{Q_1^n} + \overline{Q_0^n}) Q_2^n$$

$$Q_3^{n+1} = Q_2^n Q_1^n Q_0^n (Q_3^n + \overline{Q_3^n}) + \overline{Q_0^n} Q_3^n$$

$$= Q_2^n Q_1^n Q_0^n \overline{Q_3^n} + \overline{Q_0^n} Q_3^n + Q_3^n Q_2^n Q_1^n Q_0^n \quad (\text{约束项，去掉})$$

$$= Q_2^n Q_1^n Q_0^n \overline{Q_3^n} + \overline{Q_0^n} Q_3^n$$

对照得驱动方程为

$$J_0 = K_0 = 1$$

$$J_1 = \overline{Q_3^n} Q_0^n, \ K_1 = Q_0^n$$

$$J_2 = K_2 = Q_1^n Q_0^n$$

$$J_3 = Q_2^n Q_1^n Q_0^n, \ K_3 = Q_0^n$$

十进制同步加法计数器相应的电路图如图 5.2.14 所示。

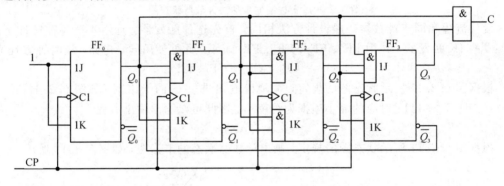

图 5.2.14　十进制同步加法计数器

最后检查电路能否自启动。将无效状态 1010～1111 代入状态方程，可以得出

$$1010 \rightarrow 1011 \rightarrow 0100$$
$$1110 \rightarrow 1111 \rightarrow 1000$$
$$1100 \rightarrow 1011 \rightarrow 0100$$

从无效状态触发经过若干个时钟脉冲后都能回到有效状态，因此该电路可以实现自启动。

2. 十进制同步减法计数器

类似可以画出十进制同步减法计数器的状态图。其输出方程为

$$B = \overline{Q_3^n} \ \overline{Q_2^n} \ \overline{Q_1^n} \ \overline{Q_0^n}$$

驱动方程为

$$J_0 = K_0 = 1$$

$$J_1 = Q_3^n \overline{Q_0^n} + Q_2^n \overline{Q_0^n} = \overline{\overline{Q_3^n} \ \overline{Q_2^n}} \ \overline{Q_0^n}, \ K_1 = \overline{Q_0^n}$$

$$J_2 = Q_3^n \overline{Q_0^n}, \ K_2 = \overline{Q_1^n + Q_0^n} = \overline{Q_1^n} \ \overline{Q_0^n}$$

$$J_3 = \overline{Q_2^n} \ \overline{Q_1^n} \ \overline{Q_0^n}, \ K_3 = \overline{Q_0^n}$$

十进制同步减法计数器的电路见图 5.2.15。

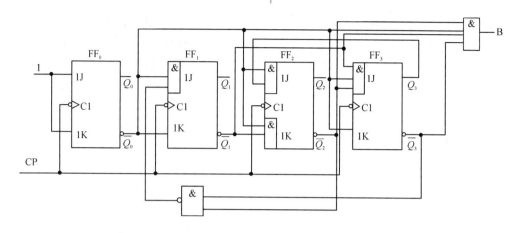

图 5.2.15　十进制同步减法计数器

3. 十进制同步可逆计数器

电路中可以引入一个输入端 $\overline{U}/D$，当输入等于 0 时电路实现加计数，当输入等于 1 时则实现减计数。其输出方程和驱动方程分别为

$$C/B = Q_3^n Q_0^n \cdot \overline{\overline{U}/D} + \overline{Q_3^n}\,\overline{Q_2^n}\,\overline{Q_1^n}\,\overline{Q_0^n} \cdot \overline{U}/D$$

$$J_0 = K_0 = 1$$

$$J_1 = \overline{Q_3^n} Q_0^n \cdot \overline{\overline{U}/D} + \overline{\overline{Q_3^n}\,\overline{Q_2^n} Q_0^n} \cdot \overline{U}/D, \qquad K_1 = Q_0^n \cdot \overline{\overline{U}/D} + \overline{Q_0^n} \cdot \overline{U}/D$$

$$J_2 = Q_1^n Q_0^n \cdot \overline{\overline{U}/D} + Q_3^n \overline{Q_0^n} \cdot \overline{U}/D, \qquad K_2 = Q_1^n Q_0^n \cdot \overline{\overline{U}/D} + \overline{Q_1^n}\,\overline{Q_0^n} \cdot \overline{U}/D$$

$$J_3 = Q_2^n Q_1^n Q_0^n \cdot \overline{\overline{U}/D} + \overline{Q_2^n}\,\overline{Q_1^n}\,\overline{Q_0^n} \cdot \overline{U}/D, \quad K_3 = Q_0^n \cdot \overline{\overline{U}/D} + \overline{Q_0^n} \cdot \overline{U}/D$$

从以上方程出发，容易画出十进制同步可逆计数器的逻辑电路图。

4. 集成十进制同步计数器

常用的集成十进制同步计数器有加法计数和可逆计数两大类，采用的都是 8421 BCD 码。集成十进制同步加法计数器的型号包括 TTL 产品 74160、74LS160、74162、74LS162、74S162 以及 CMOS 产品 CC4518 等。集成十进制同步可逆计数器分为单时钟和双时钟两种类型。常见的产品型号有 74192、74LS192、74168、74LS168、74190、74LS190、CC4510 及 CC40192 等。

5. 任意进制计数器的设计

在数字系统中使用的计数器通常需要有并行加载能力，这样计数器可以从任意设定的初始状态开始计数，从而改变一个计数周期的长度。表 5.2.5 为具有并行加载功能的计数器功能。

表 5.2.5　具有并行加载功能的计数器功能表

清零	CP	加载	计数	功能
0	×	×	×	清零
1	×	0	0	保持
1	↑	1	×	置数
1	↑	0	1	计数

在表 5.2.5 中,计数器有 4 个输入控制信号:清零、CP、加载控制和计数控制。清零输入是异步的,当它等于 0 时,不管是否存在时钟脉冲或其他输入,计数器都将被清零。

图 5.2.16 是表 5.2.5 所示计数器的一个电路实现。当清零端为 1、加载控制也为 1 时,禁止计数,触发器 $A_1 \sim A_4$ 的状态在 CP 端时钟脉冲上升沿到来时由输入 $I_1 \sim I_4$ 给定;当

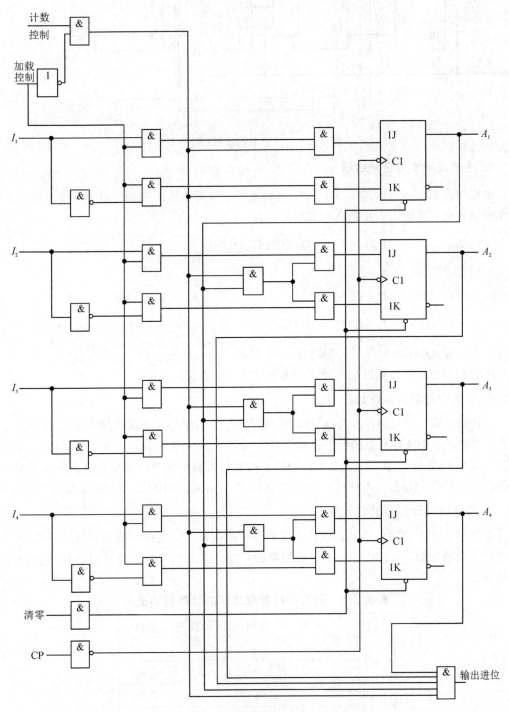

图 5.2.16 并行加载的 4 位二进制计数器

清零端为 1、加载控制为 0 而计数控制为 1，触发器状态按照二进制数序列的变化规律对时钟脉冲进行计数；当清零端为 1、加载和计数控制端均为 0 时，无论 CP 端是否有时钟脉冲，计数器输出状态都不会改变。另外，对于图 5.2.16 所示计数器，计数使能时若所有触发器都等于 1，则进位输出为 1。

使用具有并行加载功能的计数器可以产生任意个状态数的计数序列。模 N（缩写为 mod-N）计数器是有 N 个计数状态的重复序列的计数器。例如，一个 4 位二进制计数器是一个模 16 计数器。BCD 码计数器是一个模 10 计数器。在一些应用中，模 N 计数器具体使用哪 N 个状态可能并不重要，因而可以使用具有并行加载功能的计数器来构建任何模 N 计数器，其中 N 是任意值。

一般而言，N 进制计数器除用触发器和门电路按照同步时序电路的一般设计流程实现外，可以通过使用集成计数器在清零端和置数端添加反馈电路构成。在这里要注意同步清零（置数）和异步清零（置数）的区别。具体设计步骤可总结如下：

（1）利用同步清零或置数端获得 N 进制计数器，当计数到终值 S_{N-1} 后回到 S_0 状态。

（2）写出状态 S_{N-1} 的二进制代码。

（3）实现归零逻辑：相应代码中为 1 的变量经与非门后把输出反馈到芯片归零端$\overline{\text{CR}}$。

例如，用 4 位二进制计数器 74163 构成一个十二进制计数器：首先写出计数终值的二进制代码，即 $S_{N-1}=S_{11}=1011$；其归零逻辑表达式为 $\overline{\text{CR}}=\overline{Q_3^n Q_1^n Q_0^n}$，其连线图如图 5.2.17 所示。

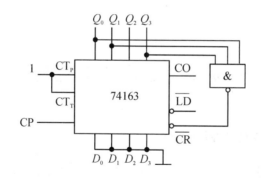

图 5.2.17　用 74163 构成十二进制计数器连线图

归零逻辑中需要特别注意的是异步清零或异步置数端的计数终值为 S_N。如果用 4 位二进制计数器 74161 构成十二进制计数器，注意到该计数器清零采用的是异步方式，因此应先写出 S_N 的二进制代码，$S_N=1100$；根据该代码，这时电路的归零逻辑应为 $\overline{\text{CR}}=\overline{Q_3^n Q_2^n}$。

这一方法可以扩展到多个芯片级联构成的大进制计数器。用集成二进制计数器扩展容量后，终值 S_N（或 S_{N-1}）是二进制代码；用集成十进制计数器扩展容量后，终值 S_N（或 S_{N-1}）的代码由个位、十位、百位的十进制数对应的 BCD 代码构成。例如用 74161 级联构成六十进制计数器，可以先分别级联两块 74161 得到 256 进制计数器，采用与集成同步计数器构成 N 进制计数器相同的步骤，容易得到 60 进制计数器。它们的反馈电路连线分别如图 5.2.18 和图 5.2.19 所示。

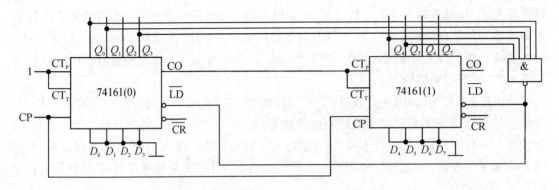

图 5.2.18   用同步置数端实现 74161 芯片的级联计数

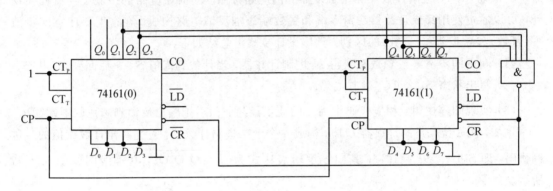

图 5.2.19   用异步清零端实现 74161 芯片的级联计数

5.3   寄存器和读/写存储器

5.3.1   寄存器的主要特点和分类

寄存器的基本功能是保存二进制信息。它包括一组触发器，每个触发器都是能够存储一位信息的二进制单元。寄存器通常还包括了影响状态转换的逻辑门。触发器保存二进制信息，门控制何时以及如何将信息送入送出寄存器。通过扩展组合逻辑电路部分，寄存器可以实现多种附加功能。5.2 节介绍的计数器本质上也是一个寄存器。

5.3.2   基本寄存器

1. 4 位基本寄存器

图 5.3.1 显示了由 4 个 D 触发器和一个公共时钟脉冲 CP 输入构成的寄存器。时钟脉冲 CP 上升沿到来时，当前 4 个输入端的数据 $I_1 \sim I_4$ 置入对应寄存器中。如果触发器是用门控 D 锁存器构成的，则只要 CP 信号保持为 1，Q 输出就跟随输入数据。当 CP 变为 0 时，恰好在转换之前数据输入端 D 出现的信息保留在 Q 输出端。

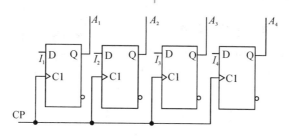

图 5.3.1　4 位寄存器

通常把一组对脉冲电平敏感的触发器称为锁存器，而把一组对脉冲转换敏感的触发器称为寄存器。在随后的讨论中，将假定任何一组触发器都是一个寄存器，并且所有的触发器都是边沿触发或主从触发的。

2. 基本寄存器集成电路

对图 5.3.1 所示的基本寄存器电路附加直接清零功能后封装成一个芯片，就是 4 边沿 D 触发器 74175，如图 5.3.2 所示。当时钟脉冲下降沿到来时，并行输入数码端的值同时送入 4 个触发器中。当时钟脉冲下降沿过去后，寄存器保持状态。清零端称为低电平有效，当清零端为 0 时，所有触发器无需等待时钟信号立即清零。它具有并入并出、结构简单、抗干扰能力强等优点。同样功能的寄存器还包括 4 边沿 D 触发器 74LS175 和双 4 位锁存器 74116。

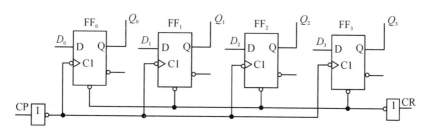

图 5.3.2　4 边沿 D 触发器 74175、74LS175

4×4 寄存器阵列 74170、74LS170 逻辑功能示意如图 5.3.3 所示，该阵列由 16 个 D 锁存器构成，能存放 4 个字，每个字 4 位。它有两个写输入地址端 $A_{W1}A_{W0}$ 和两个读输出地址端 $A_{R1}A_{R0}$，在读/写控制端使能的前提下，写输入地址端负责把数码输入端 $D_0\sim D_3$ 的数并行送入指定字的 4 位锁存器中，读输出地址端负责把指定字的 4 位锁存器状态并行送出到数码输出端 $Q_0\sim Q_3$。其特点是能同时进行读写且具有集电极开路输出结构。

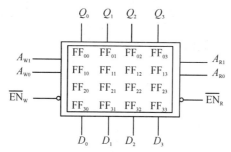

图 5.3.3　4×4 寄存器阵列 74170、74LS170 逻辑功能示意图

3. 寄存器在时序逻辑设计中的应用

时序电路由一组触发器和组合门组成。由于作为 MSI 电路的寄存器使用起来很方便，因此有时采用寄存器作为时序电路的一部分。图 5.3.4 为使用寄存器的时序电路框图。寄存器的当前状态和外部输入决定寄存器的下一个状态和外部输出的值。组合电路一方面可确定下一个状态，另一方面则产生输出。组合电

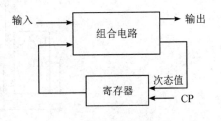

图 5.3.4   时序电路示意图

路反馈的次态值通过时钟脉冲加载到寄存器中。因此可以将时序电路的设计约化为连接到寄存器的组合电路的设计。

【**例 5.3.1**】 用表 5.3.1 设计时序电路，其中，触发器状态为 A_1 和 A_2，电路输入为 x，输出为 y。

表 5.3.1   例 5.3.1 的状态表

现 态		输入	次 态		输出
A_1^n	A_2^n	x	A_1^{n+1}	A_2^{n+1}	y
0	0	0	0	0	0
0	0	1	0	1	0
0	1	0	0	1	0
0	1	1	0	0	1
1	0	0	1	0	0
1	0	1	0	1	0
1	1	0	1	1	0
1	1	1	0	0	1

解   触发器次态 A_1^{n+1}、A_2^{n+1} 和输出 y 信息直接从表中获得：

$$A_1^{n+1} = \sum(4, 6)$$

$$A_2^{n+1} = \sum(1, 2, 5, 6)$$

$$y(A_1^n, A_2^n, x) = \sum(3, 7)$$

其中，最小项按 $A_1 A_2 x$ 的取值编号。次态和输出函数化简后分别为

$$A_1^{n+1} = A_1^n \overline{x}$$

$$A_2^{n+1} = A_2^n \oplus x$$

$$y = A_2^n x$$

逻辑电路如图 5.3.5 所示。

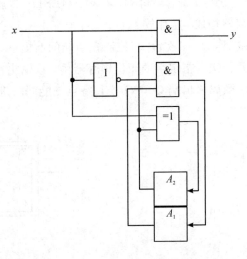

图 5.3.5   例 5.3.1 的时序逻辑电路图

5.3.3 移位寄存器

1. 移位寄存器的定义与分类

能够将其存储的二进制信息向右或向左移位的寄存器称为移位寄存器。移位寄存器由一系列触发器串联而成。所有触发器在同一个时钟脉冲控制下进行状态转换。

移位寄存器根据数据的移动方向分类，分为右移移位寄存器(见图 5.3.6)与左移移位寄存器(见图 5.3.7)。这两种寄存器只能在一个方向上移位，统称为单向移位寄存器，能够左右移位的寄存器称为双向移位寄存器。右移移位寄存器与左移移位寄存器的电路结构与右移寄存器类似，两者连线方向不同导致了移位方向的改变。

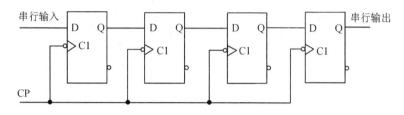

图 5.3.6 右移移位寄存器

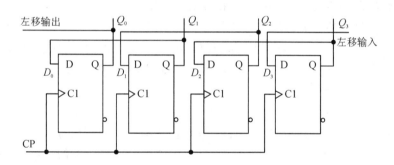

图 5.3.7 左移移位寄存器

最简单的移位寄存器是仅使用触发器的移位寄存器，如图 5.3.6 所示。对于相邻触发器，左侧触发器的输出端 Q 连接到右侧触发器的输入端 D。每当时钟脉冲到来时，移位寄存器中的数据都会同步向右平移一位，最左侧触发器的次态由外部输入数据置入，最右侧触发器的现态则移出移位寄存器。通过上述方式，移位寄存器一个时钟周期传输一位数据，因此称移位寄存器工作在串行输入和串行输出模式。与之相对地，并行传输模式一次可以传输多位数据。虽然串行模式传输相同的数据量通常需要更多时间，但串行传输具有对接口的硬件资源占用较少的优势。

移位寄存器可用于将串行数据转换为并行数据，反之亦然。如果移位寄存器中所有触发器的输出端均可以作为外部输出端，那么串行输入的信息通过移位寄存器缓冲后可以实现并行输出。同样的，如果移位寄存器具有并行加载能力，则可以把并行输入的数据通过移位以串行方式输出。

2. 串行加法

借助移位寄存器，可以实现一个重要的数字电路功能：多位二进制数的串行加法。串行加法器如图 5.3.8 所示，两个二进制数分别存储在两个移位寄存器 A 和 B 中。通过一个一位全加器电路，可以实现对两个多位二进制数的求和。全加器的进位输出信息送入 D 触发器。然后这个触发器的输出被作为高一位加法的进位输入。全加器输出的和位 S 可以传送到第 3 个移位寄存器，也可以将和位 S 送入存放被加数的寄存器 A，这样可以通过不断往寄存器 B 中串行送入新数而实现多个二进制数累加求和的功能。

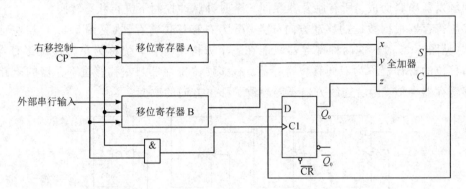

图 5.3.8　串行加法器

串行加法器的操作如下。最初，移位寄存器 A 存放被加数，移位寄存器 B 存放加数，并且进位 D 触发器清零。移位寄存器 A 和 B 的串行输出作为全加器的输入 x 和 y。进位触发器的输出 Q 连接到到全加器的进位输入 z。右移控制使能两个移位寄存器和进位触发器，当时钟脉冲到来时，两个移位寄存器同时向右移一位，全加器的和位结果 S 置入寄存器 A 最左端的触发器，进位输出传送到 D 触发器的 Q 端。随着每个新到来的时钟脉冲，两个寄存器同时向右移一位，新的和位结果置入寄存器 A 最左端触发器，新的进位信号传送到 Q。这个过程一直持续到右移控制禁止。

串行加法器和并行加法器有以下不同：并行加法器必须使用具有并行加载能力的寄存器，而串行加法器使用的是移位寄存器；并行加法器中全加器电路的数量等于二进制数的位数，而串行加法器仅需要一个全加器电路和一个进位触发器；除寄存器之外，并行加法器是纯粹的组合电路，而串行加法器是一个时序电路，是由一个全加器电路和一个存储进位输出结果的触发器组成。

3. 集成移位寄存器

集成移位寄存器比较典型的例子是 8 位单向移位寄存器 74164 和 4 位双向移位寄存器 74194。具体可参见附录 B。

5.3.4　移位寄存器型计数器

如果把移位寄存器的输出以不同方式反馈到串行输入端，就可以得到不同计数模式的一类计数器，即移位寄存器型计数器。图 5.3.9 是移位寄存器型计数器的电路结构。n 个 D 型触发器构成 n 位右移移位寄存器，反馈逻辑电路由门电路组成，其输入是移位寄存器的输出，其输出送给 FF_0 触发器。FF_0 的驱动方程为

$$D_0 = F(Q_0^n, Q_1^n, Q_2^n, \cdots, Q_{n-1}^n)$$

移位寄存器型计数器的计数模式受驱动方程形式的调控。

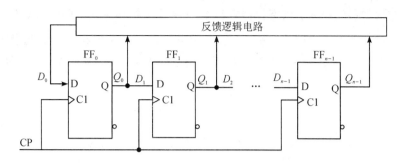

图 5.3.9　一位寄存器型计数器电路结构示意图

　　环形计数器是一个非常典型的移位寄存器型计数器,它的反馈回路非常简单,只要把移出端触发器的输出直接连接到移位寄存器的输入端即可。图 5.3.10 是一个 4 位移位环形计数器电路的例子。与图 5.3.9 的右移寄存器相比,该电路将右移串行输出端直接连接到了右移串行输入端。

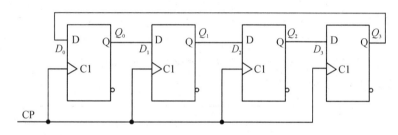

图 5.3.10　4 位移位环形计数器

　　从移位寄存器的特点很容易推断出环形计数器具有自循环模式。假设计数器在启动前已置于某有效状态 0010,则可画出环形计数器的有效循环状态图,如图 5.3.11 所示,假设计数器在启动前置于有效循环之外的其他任一状态,否则会进入不同的无效循环中。

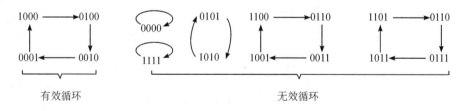

有效循环　　　　　　　　　　　　　无效循环

图 5.3.11　4 位环形计数器的状态图

　　从图 5.3.11 中可以看出,该电路无法实现自启动。如果要实现自启动,需要改变电路使电路在不影响有效循环的前提下切断无效循环,把断开处的无效状态引导至相应的有效状态。容易验证,如果 $D_0 = \overline{Q_2^n}\,\overline{Q_1^n}\,\overline{Q_0^n}$,就可以使改造后的电路如图 5.3.12 实现自启动。环形计数器自启动问题的解决方案并不唯一。

　　一个 n 位环形计数器在触发器列中通过循环一个信号位只提供 n 个可区分的状态,状态利用率低。一种提高环形计数器状态利用率的方案是扭环形计数器。如果移位寄存器改装为扭环计数器,则有效状态数可以加倍。扭环形计数器是一个循环移位寄存器,其最后一个触发器的互补输出连接到第一个触发器的输入端。循环连接是从最右触发器的互补输出连接到最左触发器的输入。该寄存器在每个时钟脉冲右移一次，同时最右触发器的互补状态被传送到最左触发器，即 $D_0 = \overline{Q_{n-1}^n}$。一般来说，一个 n 位扭环计数器将经历一系列 $2n$ 个状态。从全 0 状态开始，每个移位操作从左边插入 1，直到寄存器被 1 填满。在后面的序列中，开始从左边插入 0，直到寄存器再次填满 0。

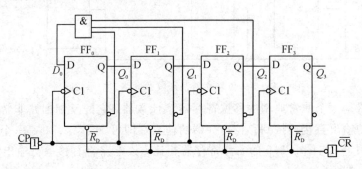

图 5.3.12　能自启动的 4 位环形计数器

4 位扭环形计数器的逻辑电路图见图 5.3.13，该图所示电路的缺点是其存在自启动问题，图 5.3.14 是其有效循环状态图。可以看出，该电路有 8 个有效状态和 8 个无效状态。从清零状态开始，扭环计数器经过 8 个有效状态循环序列，如图 5.3.15 所示。其利用的有效状态数比同类型环形计数器多了一倍。

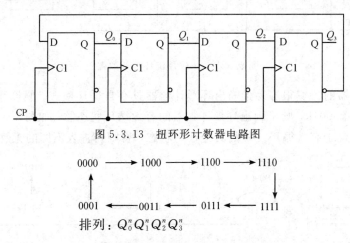

图 5.3.13　扭环形计数器电路图

$$0000 \longrightarrow 1000 \longrightarrow 1100 \longrightarrow 1110$$

$$0001 \longleftarrow 0011 \longleftarrow 0111 \longleftarrow 1111$$

排列：$Q_0^n Q_1^n Q_2^n Q_3^n$

图 5.3.14　扭环计数器有效循环状态图

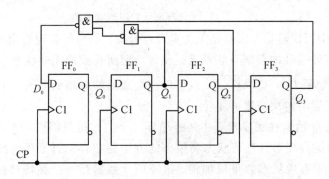

图 5.3.15　能自启动的 4 位扭环形计数器

　　另一种可提高移位寄存器型计数器状态利用率的方案是最大长度移位寄存器型计数器。它的反馈回路由异或门构成，可以实现计数长度 $N = 2^n - 1$。可以证明，这是移位寄存器型计数器能实现的最大计数长度。举例说明，3 位移位寄存器型计数器的电路图和状态图如图 5.3.16 所示。

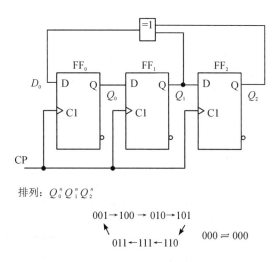

排列：$Q_0^n Q_1^n Q_2^n$

$$001 \rightarrow 100 \rightarrow 010 \rightarrow 101$$
$$011 \leftarrow 111 \leftarrow 110 \qquad 000 \rightleftharpoons 000$$

图 5.3.16　3 位最大长度移位寄存器型计数器

5.3.5　随机读/写存储器(RAM)

1. RAM 类型

　　寄存器、计数器和存储器广泛应用于一般数字系统，特别是数字计算机的设计中。常见的存储器包括随机存取存储器(RAM)和只读存储器(ROM)。RAM 任意存储单元中的信息都可以随时读出和写入，因而称为随机读/写存储器。集成电路 RAM 存储器有静态和动态两种类型。静态 RAM 主要依靠内部触发器存储二进制数据，只要设备保持供电，存储的信息就不会丢失。动态 RAM 通过内部 MOS 管栅极电容积累和释放电荷实现二进制信息的存储。由于漏电流的存在，MOS 管栅极电容储存的电荷会发生泄露，因而必须周期性地刷新动态存储器，通过每隔数毫秒对所有的字循环一遍的方式给电容器补充电荷。当电源关闭时，RAM 中存储的信息就会丢失，这称为 RAM 的易失性或挥发性。相反，诸如磁盘和 ROM 等非易失性存储器在断电后能够保留其存储的信息。

　　计算机系统中，通常将不能更改的程序和数据存储在 ROM 中，而将其他程序和数据保存在磁盘上，在需要时调入内存 RAM。计算机上电时，首先执行存储在 ROM 中的程序。驻留在磁盘上的其他程序根据需要读入 RAM。在关闭电源前，如果 RAM 中的某些信息需要保留，计算机应当把 RAM 中相应的二进制信息存储到磁盘中。

　　一般而言，静态 RAM 具有更短的读取和写入周期，访问速度很快，而动态 RAM 功耗更低、存储容量更大。

2. RAM 译码器电路

　　存储器设备中，采用同一个地址存放的一组二进制数称为字。存储器的 k 根地址线经地址译码器生成 2^k 根字线，每根字线对应一个字。字与字节不同，一个字节通常由 8 个二进制位构成。习惯上用字母 KB(千)、MB(兆)和 GB(千兆)来表示存储器中字节的数目,其中 1K 等于 2^{10},1M 等于 2^{20},1G 等于 2^{30}。考虑容量为 1K 个字、每个字有 16 位的存储器设备,因为 1K 即 $1024 = 2^{10}$,16 个二进制位构成两个字节,所以存储器容量为 2KB 即 2048字节。一个容量为 64K×10 位的存储器,应该有 16 根地址线(因为 $64K = 2^{16}$),每个字包含10 个二进制位。存储器中所需的地址线根数取决于存储器的总字数,与每个字的位数(字长)无关。

一个小容量 RAM 的逻辑结构如图 5.3.17 所示。它由 4 个字组成,每个字包含 2 个二进制位,因此共有 8 个基本存储单元。每个标有 BC 的方块代表一个可以存储一位二进制数的基本存储单元。

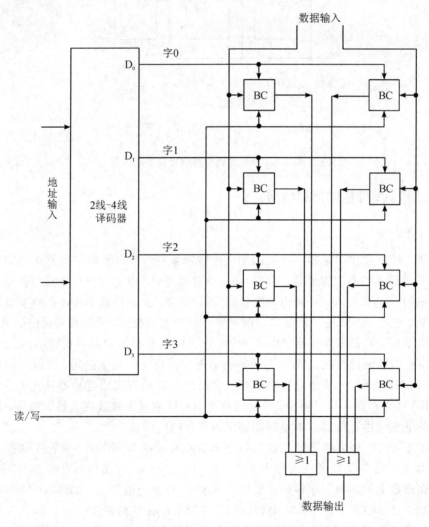

图 5.3.17 4×3 RAM 的逻辑结构

图 5.3.17 所示的 RAM 存储器共有 4 个字,需要 2 根地址线。存储器使能输入使译码器进入工作状态。当存储器使能端为 0 时,译码器被封锁。当存储器使能端为 1 时,2 位地址通过一个 2 线-4 线译码器选中 4 个字中的一个。一旦选定了一个字,读/写输入便决定了对该字进行的操作:读操作期间,所选字的 2 位信息通过或门输出存储器;写操作期

间，数据输入线中的数据被加载到所选字的 2 个基本存储单元中，其他存储单元数据保持不变。

一般地，有 2^k 个 n 位字长的存储器需要 k 根地址线以及 k 线-2^k 线译码器。译码器的每个输出选择一个 n 位的字执行读或写操作。

3. RAM 存储单元

m 个字、字长为 n 的 RAM 内部具有 $m \times n$ 个二进制位。每个二进制位都是存储设备的基本存储单元，为了满足 IC 芯片高集成度的要求，基本存储单元尺寸必须尽量小。

图 5.3.18 是六管 CMOS 静态存储单元的逻辑电路图。$V_1 \sim V_4$ 构成基本 RS 触发器，可以保存一位信息。V_5、V_6 门控管控制触发器与位线的连通，V_7、V_8 门控管控制位线与数据线的连通。当进行读操作时，行译码器把选中的行线置为有效电平，列译码器把选中的列线置位有效电平，于是有 $D = Q$，$\overline{D} = \overline{Q}$；当进行写操作时，行译码器把选中的行线置为有效电平，列译码器把选中的列线置位有效电平，于是有 $Q = D$，$\overline{Q} = \overline{D}$。由于该电路采用 CMOS 结构，因此功耗极小，在交流电源断电后，仅依靠内部电池就能够长时间保持存储数据。

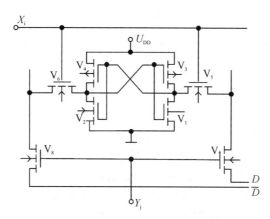

图 5.3.18　六管 CMOS 静态存储单元逻辑电路图

图 5.3.19 是四管动态存储单元逻辑电路图。V_3、V_4 门控管控制存储单元与位线的连通，V_7、V_8 门控管控制位线与数据线的连通。相比六管 CMOS 静态存储单元，四管动态存储单元存储信息保存于 V_1、V_2 管的栅极电容中。当进行读操作时，V_3、V_4、V_7、V_8 门控管导通，如这时电容 C_1 带电，则由于 V_1 管导通 C_2 上电荷为零，位线输出 $D = 0$，$\overline{D} = 1$；反之，如电容 C_2 带电，将有 $D = 1$，$\overline{D} = 0$。当进行写操作时，同样有 V_3、V_4、V_7、V_8 门控管导通，如要写入数据 1，则外部电路置位线 $D = 1$，$\overline{D} = 0$，位线 D 经 V_7、V_3 给电容 C_2 充电，电容 C_1 由于位线 $\overline{D} = 0$ 不携带电荷。注意到存储单元信息读取需要直接采样存储电容 C_1、C_2 电荷量，多次读取导致的电荷量减少会破坏存储数据的准确性，因此四管动态存储单元电路在读数据前会通过 V_5、V_6 管预先对电容 C_B、$C_{\overline{B}}$ 充电，这样，在门控管导通后，如电容 C_1 有存储电荷，则 $C_{\overline{B}}$ 预充电电荷可以对电容 C_1 起到补充电荷和刷新数据的作用，与此同时，C_B 经 V_3、V_1 放电，C_2 仍保持不携带电荷状态。

　　图 5.3.20 是单管动态 MOS 存储单元逻辑电路，MOS 管 V 和电容 C_S 构成基本存储单元，当电容 C_S 带电时存储数据为 1。MOS 管 V 导通，即可直接通过位线 B 对电容 C_S 进行读写操作。和四管动态 MOS 存储单元电路类似，存储单元信息读取需要直接采样存储电容 C_S 电荷量，可能会对存储数据造成破坏。控制器可以在读取到数据 1 后对存储电容 C_S 再次充电，这一操作称为刷新或再生。不管是哪一种动态 RAM，都是利用电容存储电荷的原理来保存信息的，而电容的绝缘电阻不可能无限大，电容漏电不可避免，这也要求每隔一定时间对存储体中全部的存储电容进行充电，以补充所消失的电荷。

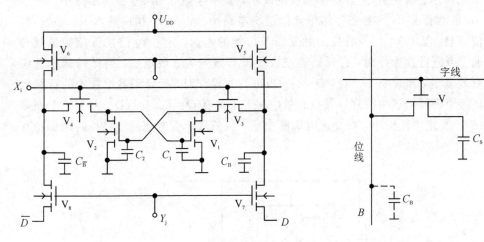

图 5.3.19　单管动态 MOS 存储单元逻辑电路图　　图 5.3.20　单管动态 MOS 存储单元逻辑电路图

4. RAM 芯片阵列

　　集成电路 RAM 芯片容量有多种规格可选。图 5.3.21 所示 RAM 的容量是 1024×8 位，它有 10 条地址线、8 条数据输入线和 8 条数据输出线。图 5.3.21 中用一根线和带括号的数字表示相应数目的输入或输出。片选输入（CS）用来使能特定 RAM 芯片。当芯片及单元被选定时，读/写控制（$R/\overline{W}$）确定对其进行的是读或写操作。

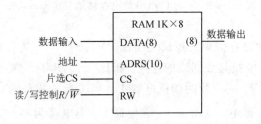

图 5.3.21　$1K\times 8$ RAM 芯片示意图

　　如果在实际应用中所需的存储器容量大于单个芯片的容量，可以通过将多个芯片级联的办法实现存储容量的扩展。由于存储器的容量取决于两个参数：字数和每个字的位数，因此存储器的扩展可以在两个维度上进行，分别对应 RAM 芯片的字扩展和位扩展方案。字数的增加要求我们增加地址长度，地址线每增加一条，所能寻址的范围就增加一倍。这时除芯片内部译码器之外，还需要为存储器配置外部译码器，从而通过译码器片选实现新增地址线。每个字的位数，可通过增加数据输入和输出线的数量实现扩展，此时地址长度不变。

　　为了使两个 RAM 芯片级联后的字数增加一倍，可以通过 2 线-4 线译码器，用两位新增地址线实现对 4 个 RAM 芯片的片选，从而得到 4 倍字数的存储容量。例如，用 4 个 $1K \times 8$ 的 RAM 芯片可以字扩展为 $4K \times 8$ 的 RAM，如图 5.3.22 所示，所有芯片分别共用 8 条输入数据线和 8 条输出数据线。12 条地址线寻址 4K 个字，其中 10 条低位地址为所有芯片公用；新增高位地址线 $A_{11}A_{10}$ 通过 2 线-4 线译码器产生 4 个输出，分别连接到每个芯片的 CS 片选端。当译码器封锁时，所有芯片均被封锁。当译码器使能，如果最高两位地址为 00，则选择第一个 RAM 芯片，其余十个地址在 $0 \sim 1023$ 的范围内选择该芯片内的一个字；如果其值为 01 则选中第二个 RAM 芯片。

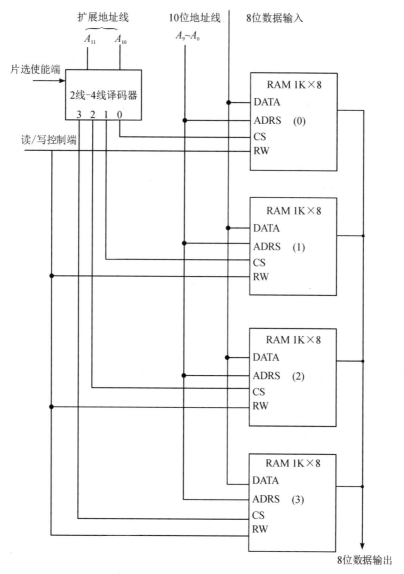

图 5.3.22　$1K \times 8$ RAM 芯片字扩展

　　如果将两个芯片以位扩展的方式组合起来，则扩展前后存储器存储的字数不变，而每个字的位数加倍。图 5.3.23 显示了两个 $1K \times 8$ RAM 芯片互连形成一个 $1K \times 16$ 的 RAM

存储体。扩展后的存储体具有 16 条数据输入线和 16 条数据输出线。两个芯片有相同的 10 位地址以及公共的 CS 和 R/$\overline{\text{W}}$ 控制输入。

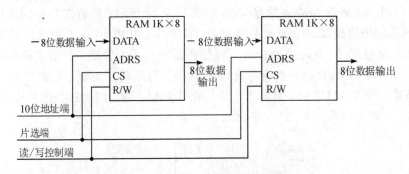

图 5.3.23   1K×8 RAM 芯片位扩展

5. RAM 集成电路芯片

2K×8 位静态 CMOS RAM 6116 芯片具有片选端、输出使能端、写入控制端、地址码输入端和数据输出端。当片选端无效时，芯片处于低功耗维持状态，数据输出端呈现高阻态。输出使能端、写入控制端是分开的，写入控制优先，当其中一端使能时，芯片分别以输出模式执行读操作和以输入模式执行写操作。

5.4   定时序列和顺序脉冲发生器

通过计数器或移位寄存器，可以很方便地实现时钟信号的移相、分频和定时序列，这些时钟信号序列的稳定性和可靠性对于协调时序逻辑器件的动作执行、确保时序电路的有序运行至关重要。

1. 时钟移相

数字电路系统中，如果要用到相差固定的多个时钟信号，可以使用单一的时钟脉冲发生电路，加上环形(扭环形)计数器实现所需多相时钟信号。

图 5.4.1 是用扭环形计数器实现的 6 相时钟信号发生器电路。从图 5.4.2 的时序图可以看出，图 5.4.1 的确实现了具有 60°恒定相差的多相时钟信号。

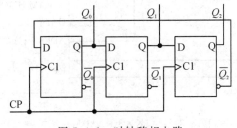

图 5.4.1   时钟移相电路

2. 定时序列

如果计算机的控制单元需要为数据传输提供维持一定时间的时钟窗口，这样的字时间

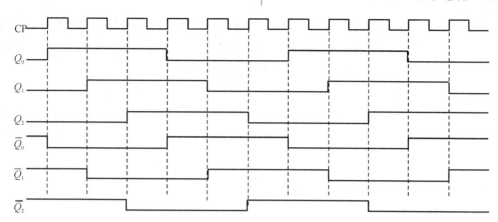

图 5.4.2 图 5.4.1 电路的时序图

信号或定时序列可以通过脉冲计数器来生成。

假设串行传输的字时间信号必须保持 8 个时钟脉冲周期,那么图 5.4.3(a)所示电路就可以提供符合要求的时钟窗口。触发器的输出 Q 提供字时间控制,并且在 Q 为高电平时使能 3 位计数器。最初,3 位计数器清零。随后使能信号置位触发器 Q,从而启动 3 位计数器开始计数。在计数 8 个脉冲之后,触发器复位,Q 变为 0,3 位计数器在清零状态下停止计数。图 5.4.3(b)的时序图给出了电路的工作时序。使能信号与时钟同步并保持一个时钟脉冲周期。Q 置 1 后,计数器开始计数时钟脉冲。当计数到 7(二进制 111)时,它向触发器的复位输入端发送一个停止信号。在第 7 个脉冲 7 的下降沿到来后,停止信号变为 1。下一个时钟脉冲将计数器切换到 000 状态并清零 Q。于是计数器被封锁,字时间信号保持为 0。可见字时间控制将保持 8 个脉冲周期。

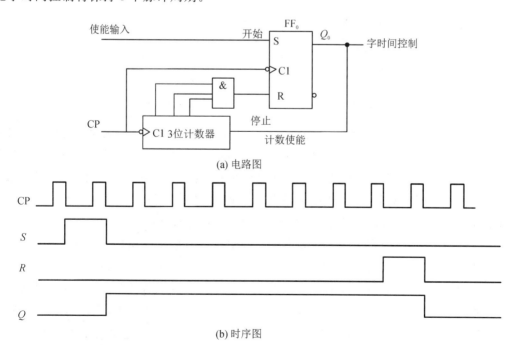

(a) 电路图

(b) 时序图

图 5.4.3 串行传输字时间控制信号

当考虑并行传输数据的情况，如果单个时钟脉冲就可以完成数据传输任务，这时需要数字系统中的控制单元产生只在一个时钟脉冲周期内保持的时序信号，而且这些时序信号不能重叠。通过移位寄存器或带有译码器的计数器就可以产生这类时序信号。设置环形计数器的初态为1000，当置位状态从一个触发器依次传递到相邻触发器时，就可以产生一组顺序脉冲序列。以图5.3.10中4位移位环形计数器（初态为1000）为例，对于每个触发器，每4个时钟脉冲，其输出会在一个脉冲周期时间保持置位状态，从而产生如图5.4.4所示的顺序脉冲序列信号。

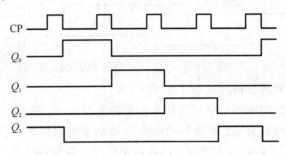

图 5.4.4　顺序脉冲序列的产生

要输出如图5.4.4所示的顺序脉冲序列信号，也可以通过译码器对计数器的4种状态进行译码得到，称为计数器型顺序脉冲发生电路，如图5.4.5所示。

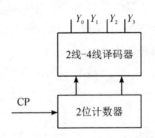

图 5.4.5　计数器和译码器实现顺序脉冲序列

一般，为了得到 2^n 个顺序脉冲序列信号，可以用一个带有 2^n 个触发器的移位寄存器实现，也可以通过一个 n 位计数器和一个 n 线-2^n 线译码器组合实现。例如，16个顺序脉冲序列信号可以用16位移位寄存器连接成的一个环形计数器得到，也可以用一个4位计数器和一个4线-16线译码器组合而成的电路实现。在第一种情况下，需要16个触发器；在第二种情况下，则需要4个触发器和16个4输入与门组成的译码器。

在实际应用中，由于扭环形移位寄存器具有更大的有效状态循环，它和译码器组合生成顺序脉冲序列的电路具有触发器数量少、译码器只包括二输入与门的优点。事实上，输出 $2k$ 个顺序脉冲序列只需要 k 位扭环形计数器和 $2k$ 个二输入译码门即可。译码器与门的逻辑表达式列于表5.4.1最后一列，其中只包含两个变量的原因在于，扭环形移位寄存器计数序列的每一个状态只需要两个变量的值就可以唯一确定。而且由于该电路的状态表中，相邻两组代码只可能有一位二进制代码不同，故在计数过程中不会产生错误的译码信号。

表 5.4.1 计数序列和对应译码

序号	触发器输入				输出与门
	A	B	C	D	
1	0	0	0	0	$\overline{A}\,\overline{D}$
2	1	0	0	0	$A\overline{B}$
3	1	1	0	0	$B\overline{C}$
4	1	1	1	0	$C\overline{D}$
5	1	1	1	1	AD
6	0	1	1	1	$\overline{A}B$
7	0	0	1	1	$\overline{B}C$
8	0	0	0	1	$\overline{C}D$

本 章 小 结

时序电路包括组合电路部分和存储电路部分。由于存储电路的作用,系统的输出不仅由当前输入决定,还受电路当前状态的影响。如果把系统的当前状态理解为电路先前输入的结果,就可以把时序电路这种行为特点归结为记忆的作用。因此,在一般时序电路分析与设计的基础上,本章先后介绍了计数器、寄存器和存储器及序列发生器等功能性电路,作为重要的数字电路器件,学习过程中应注意熟练掌握和灵活应用相应的集成电路芯片。

习 题

5.1 试画出图 5.1 中电路输出端 Y、Z 的电压波形。输入信号 A 和 CP 的电压波形如图 5.1 所示。设触发器的初始状态均为 0。

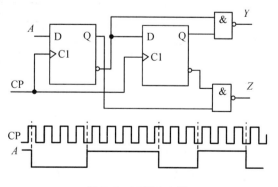

图 5.1 习题 5.1 图

5.2 已知时序电路如图 5.2 所示,假设触发器的初始状态均为"0"。

(1) 写出电路的状态方程和输出方程。

(2) 分别列出 $X=0$ 和 $X=1$ 两种情况下的状态转换表,说明其逻辑功能。

(3) 画出 $X=1$ 时,在 CP 脉冲作用下的 Q_1、Q_0 和输出 Z 的波形。

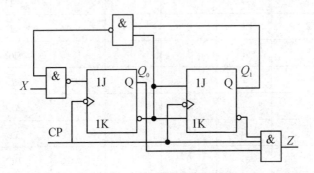

图 5.2 习题 5.2 图

5.3 试分析图 5.3 时序电路的逻辑功能,写出电路的驱动方程、状态方程和输出方程,画出电路的状态转换图,检查电路能否自启动。

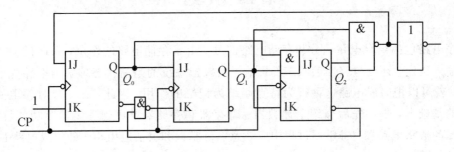

图 5.3 习题 5.3 图

5.4 移位寄存器型计数器如图 5.4 所示。试画出状态转换图,说明这是几进制计数器、能否自启动。

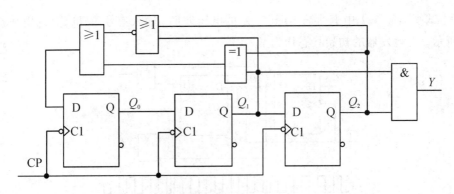

图 5.4 习题 5.4 图

5.5 试分析如图 5.5 所示的计数器在 $M=1$ 和 $M=0$ 时各为几进制。74160 的功能表见表 5.1。

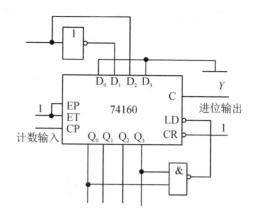

图 5.5 习题 5.5 图

表 5.1 4 位同步二进制计数器 74160 的功能表

CP	$\overline{R}_D$	$\overline{LD}$	EP	ET	工作状态
×	0	×	×	×	置零
↑	1	0	×	×	预置数
×	1	1	0	1	保持
×	1	1	×	0	保持(但 C=0)
↑	1	1	1	1	计数

5.6 图 5.6 所示电路是可变进制计数器。试分析当控制变量 A 分别为 1 和 0 时电路各为几进制计数器。

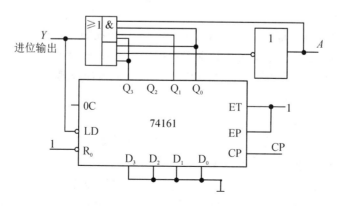

图 5.6 习题 5.6 图

5.7 图 5.7 为由 4 位二进制同步加法计数器 74LS161 构成的电路,试画出完整状态转换图,说明它是几进制计数器?何种编码?(Q_D 为高位)

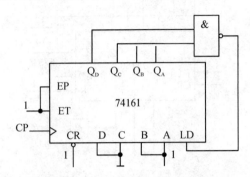

图 5.7 习题 5.7 图

5.8 分析图 5.8 中的电路,说明这是多少进制的计数器,两片 74160 之间为多少进制?

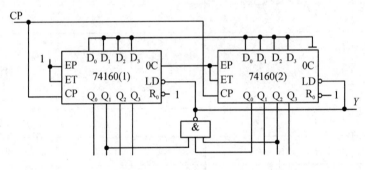

图 5.8 习题 5.8 图

5.9 用 JK 触发器设计一个同步五进制加法计数器。要求写出设计过程,并验证能否自启动。

5.10 试用 JK 触发器和门电路设计一个同步七进制加法计数器和同步十二进制加法计数器,并检查能否自启动。

5.11 试用上升沿触发的 D 触发器和与非门设计一个自然态序四进制同步加法计数器和十进制同步加法计数器。

5.12 用集成同步二进制加法计数器 74161(芯片功能表及逻辑功能示意图见附录)构成十二进制计数器,采用反馈清零法和反馈置数法(设初始态为 0000)。

5.13 用异步清零法将集成计数器 74161 连接成下列计数器:

(1) 十进制加法计数器。

(2) 二十进制加法计数器。

5.14 设计一个可控制进制的计数器,当输入控制变量 $M=0$ 时工作在五进制,$M=1$ 时工作在十五进制。请标出计数输入端和进位输出端。

5.15 图 5.9 电路中,若两个移位寄存器中的原始数据分别为 $A_3A_2A_1A_0=1001$,$B_3B_2B_1B_0=0011$,试问经过 4 个 CP 信号作用以后两个寄存器中的数据如何?这个电路完成什么功能?

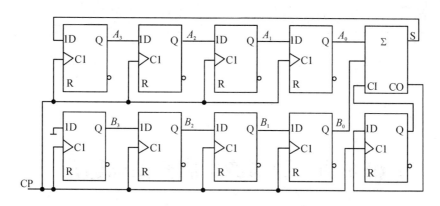

图 5.9 习题 5.15 图

5.16 试用 D 触发器构成下列环形计数器：

（1）3 位环形计数器。

（2）5 位环形计数器。

（3）5 位扭环形计数器。

5.17 最大长度移位寄存器型计数电路如图 5.10 所示。分析电路循环长度，画出电路的状态转换图，并检查电路能否自启动。

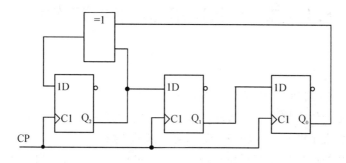

图 5.10 习题 5.17 图

5.18 试用 JK 触发器设计一个脉冲序列为 10011 的时序逻辑电路。

5.19 试画出用 2 片 74LS194 组成 8 位双向移位寄存器的逻辑图。

5.20 设计一个序列信号发生器电路，使之在一系列 CP 信号作用下能周期性地输出"0010110111"的序列信号。

第6章 脉冲波形的产生与整形

在数字系统中，经常需要各种宽度、幅度且边沿陡峭的脉冲信号，如时钟信号、定时信号等，因此必须学习掌握脉冲信号的产生与变换问题。本章主要讨论矩形脉冲的产生和整形，首先介绍 555 定时器的基本工作原理及典型应用，然后介绍集成单稳触发器的基本功能和特点，最后介绍用集成门构成的脉冲电路和晶体振荡电路。

6.1 脉冲产生电路和整形电路的特点

获得矩形脉冲的方法通常有两种：一种是用脉冲产生电路直接产生；另一种是对已有的信号进行整形，然后将它变换成所需要的脉冲信号。

脉冲产生电路能够直接产生矩形脉冲或方波，它由开关元件和惰性电路组成，开关元件的通断使电路实现不同状态的转换，而惰性电路用来控制暂态变化过程的快慢。

典型的矩形脉冲产生电路有双稳态触发电路、单稳态触发电路和多谐振荡电路三种类型。双稳态触发电路具有两个稳定状态，两个稳定状态的转换都需要在外加触发脉冲的触发下才能完成。前面介绍的基本 RS 触发器就是典型的双稳态触发电路。

单稳态触发电路只有一个稳定状态，另一个是暂时稳定状态，从稳定状态转换到暂稳定状态时必须由外加触发信号触发，从暂稳态转换到稳态是由电路自身完成的，暂稳态的持续时间取决于电路本身的参数。

多谐振荡电路能够自激产生脉冲波形，它的状态转换不需要外加触发信号触发，而完全由电路自身完成。因此它没有稳定状态，只有两个暂稳态。

脉冲整形电路能够将其他形状的信号（如正弦波、三角波和一些不规则的波形）变换成矩形脉冲。施密特触发电路就是常用的整形电路，它有两个特点：① 能把变化非常缓慢的输入波形整形成数字电路所需的矩形脉冲；② 有两个阈值电平，当输入信号达到某一额定阈值时，电路状态就会转换，因此它属于电平触发的双稳态电路。

脉冲产生及整形电路种类很多，在这一章里只介绍应用得很广，也是最基本、最典型的几种电路，即可以划归入脉冲整形电路的施密特触发电路、单稳态触发器和属于产生矩形脉冲的多谐振荡器。在具体讲解时，均以用 555 集成定时器构成的电路为典型例子，分析其工作过程，并说明工作原理，至于其他电路，例如石英晶体多谐振荡器、集成施密特触发电路和单稳态触发器，则只讲主要特点和外部特性，同时也用少量篇幅简单介绍它们的应用情况。

6.2 555 定时器

555 定时器是一种中规模集成电路，只要在外部配上适当阻容元件，就可以方便地构成脉冲产生和整形电路，在工业控制、定时、仿声、电子乐器及防盗报警等方面应用很广。

1. 电路组成

图 6.2.1 给出的是 555 定时器的电路结构图，它由 4 个部分组成。

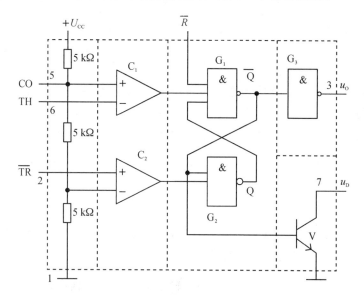

图 6.2.1 555 定时器的电路结构

(1) 基本 RS 触发器。由两个与非门(G_1、G_2)组成，输入信号 $\overline{R}$ 是专门设置的，可从外部对触发器进行置 0 的复位端，当 $\overline{R}=0$ 时，使 $Q=0$，$\overline{Q}=1$。

(2) 比较器。C_1、C_2 是两个电压比较器。每个比较器有两个输入端，分别标有 $+$ 号和 $-$ 号，如果用 U_+ 和 U_- 表示相应输入端上所加的电压，则当 $U_+>U_-$ 时，其输出为高电平；$U_+<U_-$ 时，其输出为低电平，两个输入端基本上不向外电路索取电流，即输入电阻趋近于无穷大。

(3) 分压器。3 个阻值均为 5 kΩ 的电阻串联起来构成分压器(555 也因此而得名)，为比较器 C_1 和 C_2 提供参考电压，C_1 正端 $U_+=2U_{CC}/3$，C_2 负端 $U_-=U_{CC}/3$。如果电压控制端 CO 另加控制电压，则可改变 C_1、C_2 的参考电压。工作中不使用 CO 端时，一般都通过一个 0.01 μF 的电容接地，以旁路高频干扰。

(4) 晶体管开关。晶体管 V 构成开关，其状态受 $\overline{Q}$ 端控制，当 $\overline{Q}$ 为 0 时 V 截止、$\overline{Q}$ 为 1 时 V 导通。输出缓冲器就是接在输出端的反相器 G_3，其作用是提高定时器的带负载能力和隔离负载对定时器的影响。

综上所述可知，555 定时器不仅提供了一个复位电平为 $2U_{CC}/3$、置位电平为 $U_{CC}/3$，且可通过 $\overline{R}$ 端直接从外部进行置 0 的基本 RS 触发器，还给出了一个状态受该发器 $\overline{Q}$ 端控制的晶体管开关，因此使用起来极为灵活。

2. 基本功能

表 6.2.1 所示是 555 定时器的功能表，它全面地表示了 555 的基本功能。

表 6.2.1   555 定时器的功能表

U_{TH}	U_{TR}	$\overline{R}$	u_O	V 的状态
×	×	0	U_{OL}	导通
$>2U_{CC}/3$	$>U_{CC}/3$	1	U_{OL}	导通
$<2U_{CC}/3$	$>U_{CC}/3$	1	不变	不变
$<2U_{CC}/3$	$<U_{CC}/3$	1	U_{OH}	截止

由图 6.2.1 和表 6.2.1 可知，当直接复位端 $\overline{R}=0$ 时，$\overline{Q}=1$，输出电压 $u_O=U_{OL}$ 为低电平，T_D 导通饱和。

当 $\overline{R}=0$ 时，$\overline{Q}=1$，输出电压 $u_O=U_{OL}$ 为低电平，V_D 饱和导通。

当 $\overline{R}=1$、$U_{TH}>\dfrac{2}{3}U_{CC}$、$U_{\overline{TR}}>U_{CC}/3$ 时，C_1 输出低电平、C_2 输出高电平，$\overline{Q}=1$、$Q=0$，$u_O=U_{OL}$、V 饱和导通。

当 $\overline{R}=1$、$U_{TH}<\dfrac{2}{3}U_{CC}$、$U_{\overline{TR}}>U_{CC}/3$ 时，C_1、C_2 输出均为高电平，基本 RS 触发器保持原来状态不变，因此 u_O、V 也保持原来状态不变。

$\overline{R}=1$、$U_{TH}<\dfrac{2}{3}U_{CC}$、$U_{\overline{TR}}<U_{CC}/3$ 时，C_1 输出高电平、C_2 输出低电平，$\overline{Q}=0$、$Q=1$，$u_O=U_{OH}$、V 截止。

555 定时器的电源电压范围较大，双极型电路 $U_{CC}=4.5\sim16$ V，输出高电平不低于电源电压的 90%，带拉电流和灌电流负载的能力可达 200 mA；CMOS 电路 $U_{DD}=3\sim18$ V、输出高电平不低于电源电压的 95%，带拉电流负载的能力为 1 mA，带灌电流负载的能力为 3.2 mA。

6.3   施密特触发电路

施密特触发电路一个重要的特点，就是能够把变化非常缓慢的输入脉冲波形整形为适合于数字电路需要的矩形脉冲，而且因为其具有滞回特性，抗干扰能力也很强。施密特触发电路在脉冲的产生和整形电路中应用很广泛。

1. 用 555 定时器构成的施密特触发电路的组成及其工作原理

1）电路组成

将 555 定时器的 TH 端(2)、$\overline{\text{TR}}$ 端(6)连接起来作为信号输入端 u_1，便构成了施密特触发器，如图 6.3.1 所示。555 定时器中的晶体三极管 V 集电极引出端(7)，通过外接电阻 R 接电源 U_{DD}，成为输出端 u_{O1}，其高电平的幅值可通过改变 U_{DD} 进行调节；u_{O2} 是 555 定时器的信号输出端(3)。

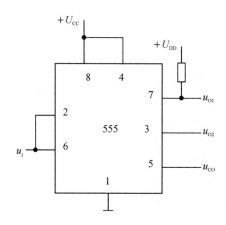

图 6.3.1　555 定时器构成的施密特触发器

2）工作原理

图 6.3.2 是当 u_1 为三角波时施密特电路的工作波形。

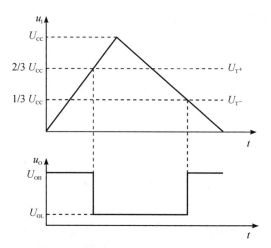

图 6.3.2　输入为三角波的施密特触发器工作波形

（1）当 $u_1 = 0$ V 时，由于 $u_{\text{TH}} = u_{\overline{\text{TR}}} = u_1 = 0$ V，显然，比较器 C_1 输出为 1、C_2 输出为 0，基本 RS 触发器将工作在 1 状态，即 $Q = 1$、$\overline{Q} = 0$，u_{O1}、u_{O2} 均为高电平 U_{OH}。u_1 升高，在未到达 $2U_{\text{CC}}/3$ 以前，电路的这种状态是不会改变的。

（2）当 u_1 上升到 $2U_{\text{CC}}/3$ 时，不难理解，比较器 C_1 输出会跳变为 0、C_2 输出为 1，基本 RS 触发器被触发，由 1 状态翻转到 0 状态，即跳变到 $Q = 0$、$\overline{Q} = 1$，u_{O1}、u_{O2} 也随之由高电

平 U_{OH} 跳变到低电平 U_{OL}。此后 u_I 上升到 U_{CC}，再降低，但是在未下降到 $U_{CC}/3$ 以前，$Q=0$、$\overline{Q}=1$，u_{O1} 和 u_{O2} 均为 U_{OL} 的状态会一直保持不变。

（3）当 u_I 下降到 $U_{CC}/3$ 时：比较器 C_1 输出为 1、C_2 输出将跳变为 0，基本 RS 触发器被触发，由 0 状态翻转到 1 状态，即跳变到 $Q=1$、$\overline{Q}=0$，u_{O1}、u_{O2} 也会随之由低电平 U_{OL} 跳变到高电平 U_{OH}，而且 u_I 继续下降直至 0 V，电路的这种状态也都不会改变。

综上所述，图 6.3.1 所示施密特触发器将输入缓慢变化的三角波 u_I，整形成为输出跳变的矩形脉冲 u_O，如图 6.3.2 所示。

2. 滞回特性及主要参数

1）滞回特性

图 6.3.3 是施密特触发器的电压传输特性，即输出电压 u_O 与输入电压 u_I 之间的关系曲线，它是图 6.3.1 所示电路滞回特性形象而直观的反映。虽然当 u_I 由 0 V 上升到 $2U_{CC}/3$ 时，u_O 由 U_{OH} 跳变到 U_{OL}；但是 u_I 由 U_{CC} 下降到 $2U_{CC}/3$ 时，$u_O=U_{OL}$ 却不改变，只有当 u_I 下降到 $U_{CC}/3$ 时，u_O 才会由 U_{OL} 跳变回到 U_{OH}。

2）主要静态参数

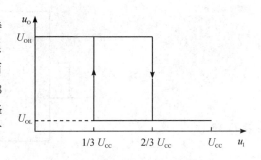

图 6.3.3　施密特触发器的电压传输特性

（1）上限阈值电压 U_{T+}。u_I 上升过程中，使施密特触发器状态翻转，当输出电压 u_O 由高电平 U_{OH} 跳变到低电平 U_{OL} 时，所对应的输入电压的值叫作上限阈值电压，并用 U_{T+} 表示。在图 6.3.3 中，$U_{T+}=2U_{CC}/3$。

（2）下限阈值电压 U_{T-}。u_I 下降过程中，使施密特触发器状态更新，当 u_O 由 U_{OL} 跳变到 U_{OH} 时，所对应的输入电压的值称为下限阈值电压，且用 U_{T-} 表示。在图 6.3.3 中，$U_{T-}=U_{CC}/3$。

（3）回差电压 ΔU_T。回差电压又叫滞回电压，定义如下：

$$\Delta U_T = U_{T+} - U_{T-}$$

在图 6.3.3 中，有

$$\Delta U_T = U_{T+} - U_{T-} = \frac{2U_{CC}}{3} - \frac{U_{CC}}{3} = \frac{U_{CC}}{3}$$

若在控制端 $U_{CO}(5)$ 外加电压 U_S，则将有 $U_{T+}=U_S$、$U_{T-}=U_S/2$、$\Delta U_T=U_S/2$。U_S 改变，它们的值也随之改变。

应该注意，施密特触发器的输出电平是由输入信号电平决定的，触发的含义是指当 u_I 由低电平上升到 U_{T+}，或由高电平下降到 U_{T-} 时，会引起电路内部的正反馈过程，从而使 u_O 发生跳变。所以图 6.3.1 所示电路应该叫作具有施密特触发器的反相器，因为当 $u_I=U_{IL}$ 时，$u_O=U_{OH}$；$u_I=U_{IH}$ 时，$u_O=U_{OL}$，实现的逻辑功能是取非，即"反相"，并不是通常意义上的双稳态触发器。

3. 施密特触发器的应用

施密特触发器的应用主要有以下几个方面：

（1）波形整形。可将边沿变化缓慢的周期性信号或不规则的电压波形变换成矩形脉冲。

（2）提高电路的抗干扰能力。若适当增大回差电压，则电路的抗干扰能力将提高。图
6.3.4 依次给出了顶部有干扰的输入信号、回差电压较小的输出波形以及当回差电压大于
顶部干扰时的输出波形。

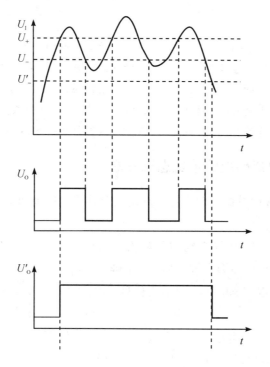

图 6.3.4　波形整形

（3）脉冲鉴幅。图 6.3.5 是将一系列幅度不同的脉冲信号加到施密特触发器输入端的
波形，只有那些幅度大于上触发电平 U_+ 的脉冲才在输出端产生输出信号。因此，通过这一
方法可以选出幅度大于 U_+ 的脉冲，即可以对幅度进行鉴别。

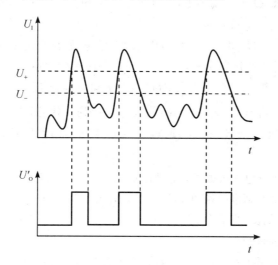

图 6.3.5　幅度鉴别

此外，施密特触发器还可以构成多谐振荡器等，是应用较广泛的脉冲产生电路。

6.4　单稳态触发器

单稳态触发器具有下列特点：第一，它有一个稳定状态和一个暂稳状态；第二，在外来触发脉冲的作用下，它能够由稳定状态翻转到暂稳状态；第三，暂稳状态维持一段时间以后，它会自动返回到稳定状态，而暂稳状态时间的长短与触发脉冲无关，仅取决于电路本身的参数。这种电路在数字系统和装置中，一般用于定时(产生一定宽度的方波)、整形(把不规则的波形转换成宽度、幅度都相等的脉冲)以及延时(将输入信号延迟一定的时间之后输出)等。

6.4.1　用 555 定时器构成的单稳态触发器

用 555 定时器构成的单稳态触发器电路组成及其工作原理如下：

1) 电路组成

图 6.4.1 是用 555 定时器构成的单稳态触发器。R、C 是定时元件；u_I 是输入触发信号，下降沿有效，加在 555 的 $\overline{\text{TR}}$ 端(2 脚)；u_O 时输出信号。

2) 工作原理

(1) 没有触发信号时，电路工作在稳态。

无触发信号即 u_I 为高电平时，电路工作在稳定状态，即 $Q=0$，$\overline{Q}=1$，u_O 为低电平，V 饱和导通。

若接通电源后，$u_I = U_{IH}$，555 定时器中基本 RS 触发器处在 0 状态，即 $Q=0$、$\overline{Q}=1$，$u_O = U_{OL}$，V 饱和导通，则这种状态将保持不变。

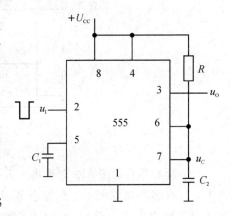

图 6.4.1　555 定时器构成的单稳态触发器

若接通电源后，$u_I = U_{IL}$，555 定时器中基本 RS 触发器处在 1 状态，即 $Q=1$、$\overline{Q}=0$，$u_O = U_{OH}$，V 截止，则这种状态是不稳定的，经过一段时间之后，电路会自动地返回到稳定状态。因为 V 截止，电源 U_{CC} 会通过 R 对 C 进行充电，u_C 将逐渐升高，当 $u_C = u_{TH}$ 上升到 $2U_{CC}/3$ 时，比较器 C_1 输出 0，将基本 RS 触发器复位到 0 状态，$Q=0$、$\overline{Q}=1$，$u_O = U_{OL}$，V 饱和导通，电容 C 通过 V 迅速放电，使 $u_O \approx 0$，即电路返回到稳态。

(2) u_I 下降沿触发。

当 u_I 下降沿到来时，电路被触发，立即由稳态翻转到暂稳态——$Q=1$、$\overline{Q}=0$，$u_O = U_{OH}$，V 截止。因为 $u_I = u_{\overline{TR}}$ 由高电平跳变到低电平时，比较器 C_2 的输出跳变为 0，所以基本 RS 触发器立刻被置成 1 状态，即暂稳态。

(3) 暂稳态的维持时间。

在暂稳态期间，电路中有一个定时电容 C 充电的渐变过程，充电回路是 $U_{CC} \rightarrow R \rightarrow C \rightarrow$ 地，充电时间常数为 $\tau_1 = RC$。在电容上电压 $u_C = u_{TH}$ 上升到 $2U_{CC}/3$ 以前，显然电路将保持暂稳态不变。

（4）暂稳态结束自动返回时间。

随着定时电容 C 充电过程的进行，$u_C = u_{TH}$ 逐渐升高。当 $u_C = u_{TH}$ 上升到 $2U_{CC}/3$ 时，比较器 C_1 输出 0，立即将基本 RS 触发器复位到 0 状态，即 $Q = 0$、$\overline{Q} = 1$，$u_O = U_{OL}$，VD 饱和导通，暂稳态结束。

（5）恢复过程。

当暂稳态结束后，定时电容 C 将通过饱和导通的晶体三极管 VD 放电，放电时间常数为 $\tau_2 = R_{CES} \cdot C$（R_{CES} 是 V 的饱和导通电阻，很小），经 $3\tau_2 \sim 5\tau_2$ 后，定时电容 C 放电完毕，$u_C = u_{TH} = 0$，恢复过程结束。

恢复过程结束后，电路返回到稳定状态，单稳态触发器又可接收新的输入触发信号。

6.4.2　单稳态触发器应用举例

单稳态触发器应用很广，以下举例说明。

1. 延时与定时

1）延时

脉冲的延时和定时如图 6.4.2 所示，如果仔细观察图中 u_1 与 u'_O 的时间关系，则不难发现，u'_O 的下降沿比 u_1 的下降沿滞后了一段时间。这个延迟时间正好生动具体地反映了单稳态触发器的延时作用。

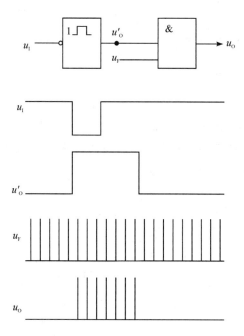

图 6.4.2　脉冲的延时和定时选通

2）定时

在图 6.4.2 中，单稳态触发器的输出 u'_O 送给与门作为定时控制信号，当 $u'_O = U_{OH}$ 时，与门打开，$u_O = u_F$；当 $u'_O = U_{OL}$ 时，与门关闭，$u_O = U_{OL}$。显然，与门打开的时间是恒定不变的，就是单稳态触发器输出脉冲 u'_O 的宽度。

2. 整形

单稳态触发器能够把不规则的输入信号 u_1 整形为幅度、宽度都相同的"干净"的矩形脉冲 u_0。因为 u_0 的幅度仅决定单稳电路输出的高、低电平，所以整形后的脉冲与 R、C 有关。图 6.4.3 所示就是单稳态触发器整形最简单的例子。

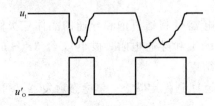

图 6.4.3 波形的整形

6.5 多谐振荡器

多谐振荡器是一种自激振荡电路，当电路连接好之后，只要接通电源，在其输出端便可获得矩形脉冲，由于矩形脉冲中除基波外还含有极丰富的高次谐波，因此人们把这种电路叫作多谐振荡器。

6.5.1 用 555 定时器构成的多谐振荡器

1. 电路组成及其工作原理

1）电路组成

图 6.5.1 所示是用 555 定时器构成的多谐振荡器。图中，R_1、R_2、C 是外接定时元件，定时器的 $\mathrm{TH}(6)$、$\overline{\mathrm{TR}}(2)$ 端连接起来接 u_C 处，晶体三极管的集电极（7）接到 R_1、R_2 的连接点 P，$u_0(3)$ 为多谐振荡器的输出。

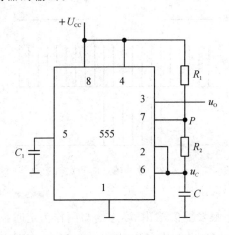

图 6.5.1 用 555 定时器构成的多谐振荡器

2) 工作原理

起始状态：接通电源前电容 C 上无电荷，所以接通电源瞬间，C 来不及充电，故 $u_C = 0$，比较器 C_1 输出为 1，C_2 输出为 0，基本 RS 触发器的 $Q = 1$、$\overline{Q} = 0$，$u_O = U_{OH}$，V 截止。

（1）暂稳态 I。$Q = 1$、$\overline{Q} = 0$，$u_O = U_{OH}$，V 截止，是电路的一种暂稳状态，因为在这种状态下，有一个电容 C 充电、u_C 缓慢升高的渐变过程在进行着，充电回路是 $U_{CC} \to R_1 \to R_2 \to C \to$ 地，时间常数 $\tau_1 = (R_1 + R_2)C$。

（2）自动翻转 I。当电容 C 充电，u_C 上升到 $2U_{CC}/3$ 时，比较器 C_1 输出跳变为 0，基本 RS 触发器立即翻转到 0 状态，$Q = 0$、$\overline{Q} = 1$，$u_O = U_{OL}$，V 饱和导通。

（3）暂稳态 II。$Q = 0$、$\overline{Q} = 1$，$u_O = U_{OL}$，V 饱和导通，是电路的另一种暂稳状态，因为在这种状态下，同样有一个电容 C 放电、u_C 缓慢下降的渐变过程在进行，放电回路是 $C \to R_2 \to V \to$ 地，时间常数 $\tau_2 = R_2 C$（忽略 VD 饱和导通电阻 R_{CES}）。

（4）自动翻转 II。当电容 C 放电，u_C 下降到 $U_{CC}/3$ 时，比较器 C_2 输出跳变为 0，基本 RS 触发器立即翻转到 1 状态，$Q = 1$、$\overline{Q} = 0$，$u_O = U_{OH}$，V 截止（暂稳态 I）。

在暂稳态 I，电容 C 又充电、u_C 再上升……。不难理解，接通电源之后，电路就在两个暂稳态之间来回翻转，即振荡，于是在输出端就产生了矩形脉冲。

2. 占空比可调电路

在图 6.5.1 所示电路中，因为电容 C 的充电时间常数 $\tau_1 = (R_1 + R_2)C$，放电时间常数 $\tau_2 = R_2 C$，所以总有 $t_{w1} > t_{w2}$，u_O 的波形不但不可能对称，而且占空比 $q = t_{w1}/T = (R_1 + R_2)/(R_1 + 2R_2)$ 不易调节。利用半导体二极管的单向导电特性，把电容 C 的充电和放电回路隔离开来，再加上一个电位器，便可以得到占空比可调的多谐振荡器，如图 6.5.2 所示。

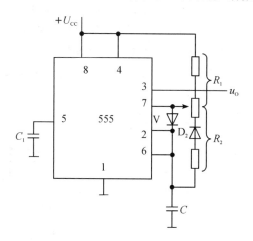

图 6.5.2 占空比可调的多谐振荡器

6.5.2 石英晶体多谐振荡器

在许多数字系统中，都要求时钟脉冲的重复频率 f 十分稳定。例如，在数字钟表里，计数脉冲频率的稳定性直接决定计时的精度。而前面介绍的多谐振荡器，由于其工作频率取决于电容 C 充、放电过程中电容电压到达转换阈值的时间，因此稳定度不够高。稳定度不够高有几个方面的原因：第一，转换电压易受温度变化和电源波动的影响；第二，电路的工作方式易受干扰，从而使电路状态转换提前或滞后；第三，电路状态转换时，电容充、放电的过程已经比较缓慢，转换电平的微小变化或者干扰对振荡周期影响都比较大。因此，在对振荡频率稳定性要求很高的地方，都需要采取稳频措施，其中最常用的一种方式，就是利用石英谐振器(简称石英晶体或晶体)，构成石英晶体多谐振荡器。

1. 石英晶体的选频特性

图 6.5.3 是石英晶体的电抗频率特性和符号。从图 6.5.3 中可明显地看出，当外加电压的频率 $f = f_0$ 时，石英晶体的电抗 $X = 0$，在其他频率下电抗都很大。石英晶体不仅选频特性极好，而且谐振频率 f_0 十分稳定，其稳定程度可达 $10^{-11} \sim 10^{-10}$。

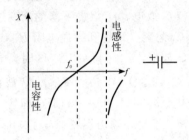

图 6.5.3　石英晶体的电抗频率特性和符号

2. 石英晶体多谐振荡器的电路组成及工作原理

1) 电路组成

图 6.5.4 是一种比较典型的石英晶体多谐振荡器电路。

电路中 R_1、R_2 的作用是保证两个反相器在静态时都能工作在转折区，使每一个反相器都成为具有很强放大能力的放大电路。对 TTL 反相器，常取 $R_1 = R_2 = R = 0.7 \sim 2 \text{ k}\Omega$，若是 CMOS 门电路，则常取 $R_1 = R_2 = R = 10 \sim 100 \text{ M}\Omega$；$C_1 = C_2 = C$ 是耦合电容，它们的容抗在石英晶体谐振频率 f_0 时可以忽略不计，C_1、C_2 也可以不要，而采取直接耦合方式；石英晶体构成选频环节。

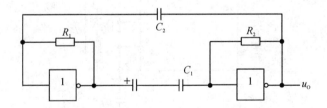

图 6.5.4　石英晶体多谐振荡电路图

2) 工作原理

由于串联在两级放大电路中间的石英晶体具有极好的选频特性，只有频率为 f_0 的信号能够顺利通过，满足振荡条件，因此一旦接通电源，电路就会在频率为 f_0 时形成自激振荡。因为石英晶体的谐振频率为 f_0 仅取决于其体积大小、几何形状及材料，与 R、C 无关，所以这种电路工作频率的稳定度很高。实际使用时，常在图 6.5.4 所示电路的输出端再加一个反相器，它既起整形作用，使输出脉冲更接近矩形波，又起缓冲隔离作用。

3) CMOS 石英晶体多谐振荡器

CMOS 石英晶体多谐振荡器可以采用图 6.5.4 所示的电路结构形式，但图 6.5.5 所示的电路则更简单、更典型。G_1、G_2 是两个 CMOS 反相器，G_1 与 R_F、晶体、C_1、C_2 构成电容三点式振荡电路。R_F 是偏置电阻，取值常在 $10 \sim 100$ MΩ 之间，它的作用是保证在静态时，G_1 能工作在其电压传输特性的转折区，即线性放大区。C_1、晶体、C_2 组成 π 形选频反馈网络，电路只能在晶体谐振频率 f_0 处产生自激振荡。反馈系数由 C_1、C_2 之比决定，改变 C_1 可以微调振荡频率，C_2 是温度补偿用电容。G_2 是整形缓冲用反相器，因为振荡电路输出接近于正弦波，经 G_2 整形之后才会变成矩形脉冲，同时，G_2 也可以隔离负载对振荡电路工作的影响。

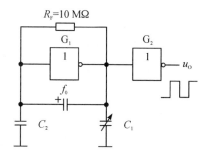

图 6.5.5　石英晶体电容三点式多谐振荡器

6.5.3　多谐振荡器应用举例

1. 秒信号发生器

图 6.5.6 是一个秒信号发生器的逻辑电路。CMOS 石英晶体多谐振荡器产生 $f = 32\,768$ Hz 的基准信号，经由 T$'$ 触发器 $FF_1 \sim FF_{15}$ 构成的 15 级异步计数器分频后，便可得到稳定度极高的秒信号。这种秒信号发生器可作为各种计时系统的基准信号源。

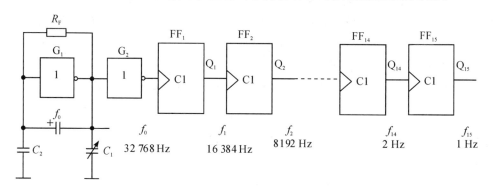

图 6.5.6　秒信号发生器逻辑电路图

2. 模拟声响电路

用两个多谐振荡器可以组成图 6.5.7 所示的模拟声响发生器。适当选择定时元件，使振荡器 A 的振荡频率 $f_A = 1$ Hz，振荡器 B 的振荡频率 $f_B = 1$ kHz。由于低频振荡器 A 的输出接至高频振荡器 B 的复位端(4)，当 U_{o1} 输出为高电平时，B 振荡器才能振荡，当 U_{o1}

输出低电平时，B 振荡器被复位，停止振荡，因此使扬声器发出 1 kHz 的间歇声响。其工作波形如图 6.5.8 所示。

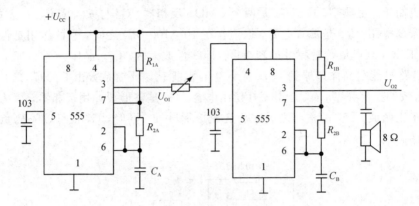

图 6.5.7 两个多谐振荡器构成的模拟声响发生器

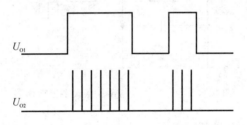

图 6.5.8 模拟声响波形图

本 章 小 结

获得矩形脉冲的方法通常有两种：一种是用脉冲产生电路直接产生；另一种是对已有信号进行整形，然后将它变换成所需要的脉冲信号。本章主要讨论矩形脉冲的产生和整形，首先介绍了 555 定时器的基本工作原理，然后利用 555 定时器实现了脉冲波形的产生和整形电路，包括施密特触发电路、单稳触发器和多谐振荡器；分别介绍了这些电路的功能、电路结构、基本原理、特点和典型应用。最后介绍了用集成门构成的脉冲电路和晶体振荡电路。

习 题

6.1 通常描述矩形脉冲的 5 个特性参数分别是什么？

6.2 多谐振荡器、单稳态触发器、双稳态触发器、施密特触发器各有几个暂稳态，几个能够自动保持的稳定状态？

6.3 图 6.1(a)是由 555 定时器构成的单稳态触发电路。

(1) 计算暂稳态维持时间 t_W。

(2) 画出在图 6.1(b)所示输入 u_i 作用下的 u_C 和 u_O 的波形。

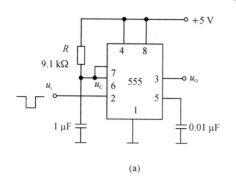
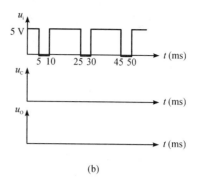

(a)　　　　　　　　　(b)

图 6.1　单稳态触发电路

6.4　在图 6.2 所示施密特触发器中,计算在下列条件下电路的 U_{T+}、U_{T-}、ΔU_T。

(1) $U_{CC}=12$ V、U_{co} 通过 0.01 μF 电容接地。

(2) $U_{CC}=12$ V、U_{co} 端接 5 V 电源。

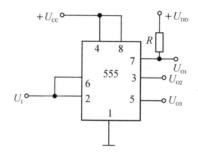

图 6.2　习题 6.4 图

6.5　由 555 定时器构成的电路如图 6.3(a)所示,其中 $U_{CC}=15$ V。回答下列问题:

(1) 说明由 555 定时器构成的电路名称。

(2) 计算电路的 U_{T+}、U_{T-}。

(3) 如果输入信号 u_i 如图 6.3(b)所示,画出电路输出 u_o 的波形。

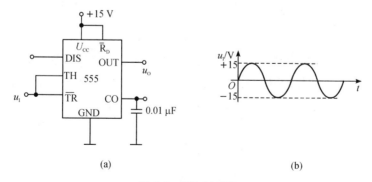

(a)　　　　　　　　　(b)

图 6.3　555 定时器

6.6　图 6.4(a)为由 555 定时器和 D 触发器构成的电路,请问:

(1) 555 定时器构成的是哪种脉冲电路?

(2) 在图 6.4(b)中画出 u_C、u_{O1}、u_{O2} 的波形。

(3) 计算 u_{O1} 和 u_{O2} 的频率。

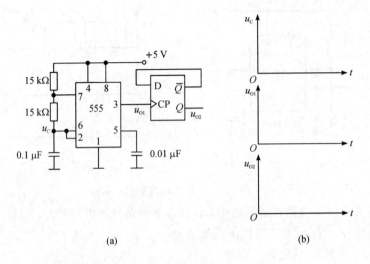

(a)　　　　　　　　　　　(b)

图 6.4

6.7　图 6.5 是用两个 555 定时器接成的延时报警器。当开关 S 断开并经过一定的延迟时间后，扬声器开始发声。如果在延迟时间内开关 S 重新闭合，扬声器不会发出声音。在图中给定参数下，试求延迟时间的具体数值和扬声器发出声音的频率。图中 G_1 是 CMOS 反相器，输出的高、低电平分别为 $U_{OH}=12$ V, $U_{OL}=0$ V。

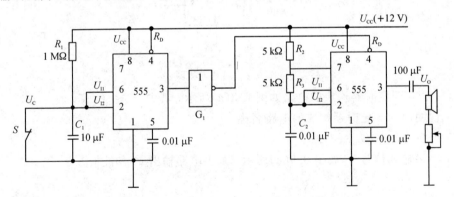

图 6.5　习题 6.7 图

6.8　图 6.6 为一通过可变电阻 R_W 实现占空比调节的多谐振荡器，R_W 包括两部分，其中上半部分为 R_{W1}，试分析电路的工作原理，求振荡频率 f 和占空比 q 的表达式。

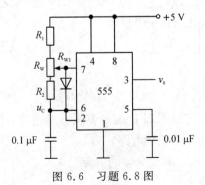

图 6.6　习题 6.8 图

6.9 由 555 定时器构成的电子门铃电路如图 6.7 所示,按下开关 S 使门铃 Y 鸣响,且抬手后持续一段时间。

(1)计算门铃鸣响频率。

(2)在电源电压 U_{CC} 不变的条件下,要使门铃的鸣响时间延长,可改变电路中哪个元件的参数?

(3)电路中电容 C_2 和 C_3 具有什么作用?

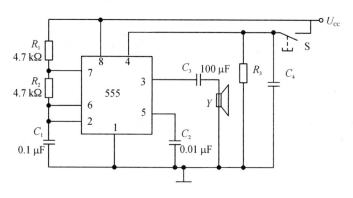

图 6.7 习题 6.9 图

第 7 章　数模与模数转换器

数字系统具有易用性和可靠性高的特点,采用数字电路处理模拟输入或用数字信号产生模拟输出控制量的情况十分普遍。这涉及两个方面,一是利用模数转换电路把模拟信号转换成数字信号,计算机可以处理该数字信号;二是通过数模转换电路将数字信号还原成模拟信号或发出连续控制信号。

数模转换电路简称 D/A(Digital to Analog)转换器,模数转换电路简称 A/D(Analog to Digital)转换器。数字信号转换成模拟信号或模拟信号转换成数字信号是常用的信号转换技术,在实际中有着广泛的应用。本章先介绍各种数模转换器,然后介绍模数转换器,除介绍其工作原理与转换器技术参数外,还介绍几种实际的转换器。

7.1　D/A 转换器

D/A 转换器的功能是将数字量转换成与之成正比的模拟量。D/A 转换器的输入是一个 n 位二进制数 $D(d_{n-1}d_{n-2}\cdots d_1 d_0)$,按每一位的权展开后得到

$$D = d_{n-1}2^{n-1} + d_{n-2}2^{n-2} + \cdots + d_1 2^1 + d_0 2^0 \tag{7.1.1}$$

输出应当是一个与输入 D 成正比的模拟量(电压或电流)A,即 $A = KD$,将式(7.1.1)代入

$$A = K(d_{n-1}2^{n-1} + d_{n-2}2^{n-2} + \cdots + d_1 2^1 + d_0 2^0) \tag{7.1.2}$$

式中,K 为转换比例系数,即输入数字量 $D(d_{n-1}d_{n-2}\cdots d_1 d_0)$ 最低位的模拟量当量。随着 $d_{n-1}d_{n-2}\cdots d_1 d_0$ 值每增加 1,输出模拟量 A 增加 K,输出模拟量 A 与输入数字量 D 的值成正比。

在介绍几种常用的 D/A 转换器的工作原理之前,先介绍运算放大器。

运算放大器符号如图 7.1.1 所示。

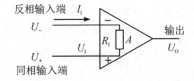

图 7.1.1　运算放大器符号

由图 7.1.1 可知，运算放大器(简称运放)具有同相输入端、反相输入端和一个输出端，其放大倍数为 A，输入电阻为 R_1，放大器输出电压的表达式为 $U_O = A(U_+ - U_-)$，即运放放大输入信号之差。通常运放具有正负电源，输出电压 U_O 的值只能在正负电源之间摆动。

若运放的放大倍数 $A \approx \infty$，输入电阻 $R_1 \approx \infty$，则为理想运放。因为 U_O 为有限值(正电源电压或是负电源电压)，则由表达式 $U_O = A(U_+ - U_-)$ 可知两输入端电位差 $U_+ - U_- \approx 0$，说明两个输入端的电位相等，相当于短路；又由于 $R_1 \approx \infty$，可知输入电流 $I_1 \approx 0$，因此两输入端之间没有真短路，习惯称为虚短路。

图 7.1.2 所示是反相运算放大器电路，其输出信号的相位与输入信号的相位相反。

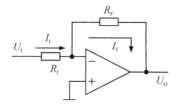

图 7.1.2　反相运算放大器电路图

由图 7.1.2 可知，由于同相端接地，基于虚短，运放反相端电位为地电位，称为虚地。由于输入电流 $I_1 = 0$，流过电阻 R_1 的电流 I_1 等于流过反馈电阻 R_F 的电流 I_F，因此有

$$\frac{U_1 - 0}{R_1} = \frac{0 - U_O}{R_F}$$

得到反相放大器输出电压与输入电压之间的关系为

$$U_O = -\frac{R_F}{R_1} U_1$$

图 7.1.3 所示是同相运算放大器电路。

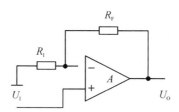

图 7.1.3　同相运算放大器电路图

输入信号 U_1 加在同相端，由于虚短，反相端电压也为 U_1，因此有

$$\frac{0 - U_1}{R_1} = \frac{U_1 - U_O}{R_F}$$

可以得到同相放大器的输出 U_O 与输入电压 U_1 之间的关系为

$$U_O = \left(1 + \frac{R_F}{R_1}\right) U_1$$

由于运放的放大倍数 A 很大，因此运放可以作为模拟信号比较器。例如，若 $U_+ > U_-$，则输出电压 U_O 近似等于正电源电压值；若 $U_+ < U_-$，则输出电压 U_O 近似等于负电源电压值。

D/A 转换器通常由译码网络、模拟开关、求和运算放大器和基准电压源等部分组成，根据译码网络的不同,可以对 D/A 转换电路进行分类,如权电阻网络 D/A 转换器、倒 T 形电阻网络型 D/A 转换器、权电容型 D/A 转换器等。

7.1.1 权电阻 DA 转换器

4 位权电阻 D/A 转换器电路如图 7.1.4 所示。图中开关分别受数字信号 $D_3 \sim D_0$ 控制,当数字信号为 1 时,开关的动触点连接 U_{REF};数字信号为 0 时,开关的动触点连接地线。

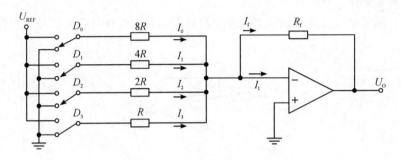

图 7.1.4 4 位权电阻 D/A 转换器电路图

由于运放同相端接地,因此反相端为虚地,电位为 0,则有

$$I_0 = \frac{U_{REF}}{8R}D_0, \ I_1 = \frac{U_{REF}}{4R}D_1, \ I_2 = \frac{U_{REF}}{2R}D_2, \ I_3 = \frac{U_{REF}}{R}D_3$$

由于运放输入阻抗很大,因此运放输入电流 $I_1 = 0$,则有

$$I_f = I_0 + I_1 + I_2 + I_3 = \frac{1}{R}\left(\frac{U_{REF}}{2^3}D_0 + \frac{U_{REF}}{2^2}D_1 + \frac{U_{REF}}{2^1}D_2 + \frac{U_{REF}}{2^0}D_3\right)$$

$$= \frac{U_{REF}}{R}\left(\frac{D_0}{2^3} + \frac{D_1}{2^2} + \frac{D_2}{2^1} + \frac{D_3}{2^0}\right) = \frac{U_{REF}}{2^3 R}(2^0 D_0 + 2^1 D_1 + 2^2 D_2 + 2^3 D_3)$$

而运放的输出电压为 $U_O = -I_f R_f$。

这种形式的 D/A 转换器的缺点是电阻的阻值太多。例如,一个 8 位 D/A 转换器需要 8 个电阻,阻值范围从 R 到 $128R$,要保证这么大范围的阻值精度是很难的,特别是在大规模生产中。

【例 7.1.1】 如果图 7.1.5(a) 的电压波形施加在图 7.1.5(b) 所示权电阻 D/A 转换器的输入端,试决定该电路的输出电压(这里假设运放电源为正、负 15 V)。

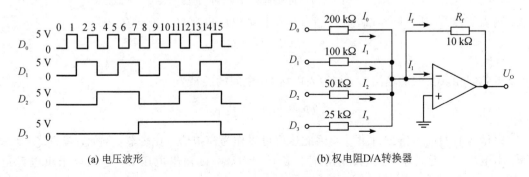

(a) 电压波形

(b) 权电阻 D/A 转换器

图 7.1.5 例 7.1.1 的波形和 D/A 转换器电路图

解 首先计算对于各个权重的电流，由于输入端为二进制数字 1，相当于所加幅度为 5 V 的脉冲电压，所以有

$$I_0 = \frac{5}{200} = 0.025 \text{ mA}, \quad I_1 = \frac{5}{100} = 0.05 \text{ mA}, \quad I_2 = \frac{5}{50} = 0.1 \text{ mA}, \quad I_3 = \frac{5}{25} = 0.2 \text{ mA}$$

由此可以得到对应此电流的电压：

$$U_O(D_0) = -R_f \cdot I_0 = 10 \times 0.025 = -0.25 \text{ V}, \quad U_O(D_1) = -R_f \cdot I_1 = 10 \times 0.05 = -0.5 \text{ V}$$

$$U_O(D_2) = -R_f \cdot I_2 = 10 \times 0.1 = -1 \text{ V}, \quad U_O(D_3) = -R_f \cdot I_3 = 10 \times 0.2 = -2 \text{ V}$$

当所加输入二进制码为 0000 时，输出电压为 0 V；当输入二进制码为 0001 时，输出电压为 -0.25 V；当输入二进制码为 0010 时，输出电压为 -0.5 V；当输入二进制码为 0011 时，输出电压为 -0.25 V$+(-0.5$ V$) = -0.75$ V。每一个增加的二进制码就相当于给输出电压增加 -0.25 V。所以对于这样的二进制码，输出就像一个从 0 到 -3.75 V、梯级为 -0.25 V 的梯子，输出电压的波形如图 7.1.6 所示。

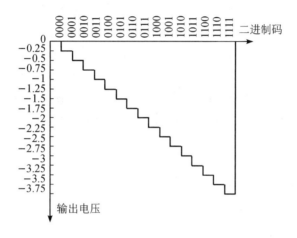

图 7.1.6 例 7.1.1 的 D/A 转换器的输出电压

7.1.2 输出电流型 R/2R 电阻网络 DA 转换器

图 7.1.7 是 4 位输出电流型 R/2R 电阻网络 D/A 转换器电路。

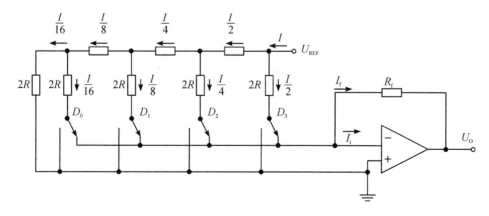

图 7.1.7 4 位输出电流型电阻网络 D/A 转换器

由图可知，运放反相输入端 V_- 的电位总是接近于 0 V（虚地），所以无论数字量 D_3、D_2、D_1、D_0 控制的开关是连接虚地还是实地，流过各个支路的电流都保持不变。为计算流过各个支路的电流，可以把电阻网络等效成图 7.1.8 的形式。

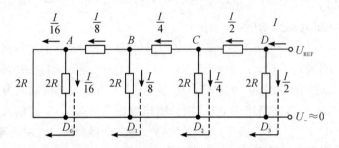

图 7.1.8　计算各个支路电流的等效网络

可以看出，从 D、C、B 和 A 点向左看的等效电阻都是 R，因此从参考电源流向电阻网络的电流为 $I = U_{REF}/R$，而每个支路电流依次为 $I/2$、$I/4$、$I/8$、$I/16$。各个支路电流在数字量 D_3、D_2、D_1 和 D_0 的控制下流向运放的反相端或地线。若数字量为 1，则流入运放的反相端；若数字量为 0，则流入地线。即若 $D_3 = 1$，则有 $I/2$ 电流流入运放的反相端；若 $D_2 = 1$，则有 $I/4$ 电流流入运放的反相端；若 $D_1 = 1$，则有 $I/8$ 电流流入运放的反相端；若 $D_0 = 1$，则有 $I/16$ 电流流入运放的反相端。将流入运放反相端的电流写成表达式：

$$I_\Sigma = \frac{1}{2}D_3 + \frac{1}{4}D_2 + \frac{1}{8}D_1 + \frac{1}{16}D_0$$

这里 $I = U_{REF}/R$。而运放输出的模拟电压为

$$
\begin{aligned}
U_O &= -I_\Sigma R = -\left(\frac{U_{REF}}{2R}D_3 + \frac{U_{REF}}{4R}D_2 + \frac{U_{REF}}{8R}D_1 + U\frac{U_{REF}}{16R}D_0\right)R \\
&= -U_{REF}\left(\frac{1}{2}D_3 + \frac{1}{4}D_2 + \frac{1}{8}D_1 + \frac{1}{16}D_0\right) \\
&= -\frac{U_{REF}}{2^4}(2^3 D_3 + 2^2 D_2 + 2^1 D_1 + 2^0 D_0) \\
&= -\frac{U_{REF}}{2^4}(D_3 \sim D_0)
\end{aligned}
$$

式中，$D_3 \sim D_0$ 是 4 位数字量输入。数字量 D_3、D_2、D_1 和 D_0 为 1 表示开关连通运放的反相端，则该项保留；为 0 表示开关连通地线，则该项不保留。

由此得到 n 位输出电流型 R/2R 电阻网络 D/A 转换器的输出电压为

$$U_O = -\frac{U_{REF}}{2^n}(D_{n-1} \sim D_0)$$

式中，$D_{n-1} \sim D_0$ 是 n 位数字输入。

例如，4 位输出电流型 R/2R 电阻网络 D/A 转换器数字输入为 1001，参考电压为 5 V，则运放的输出电压为

$$U_O = -5\left(\frac{1}{2}(1) + \frac{1}{4}(0) + \frac{1}{8}(0) + \frac{1}{16}(1)\right) = -(2.5 + 0.3125) = -2.8125 \text{ V}$$

7.1.3 DA 转换器的技术指标

D/A 转换器的技术指标通常包括台阶电压、分辨率、精度、建立时间等。

1. 台阶电压

台阶电压是 D/A 转换器输入数码每位代表的电压值。n 位 D/A 转换器具有满量程理想输出电压 U_{full}，则台阶电压为：$U_{Step} = U_{full}/2^n$。

台阶电压也是 D/A 转换器最低位 LSB 所代表的电压。根据前述 D/A 转换器的工作原理，D/A 转换器的满量程理想输出电压 U_{full} 就是参考电压 U_{REF}，而实际满量程输出电压与满量程理想输出电压之间相差一个台阶电压，这是因为理想满量程输出对应的数字量为 2^n，而实际满量程输出的数字量为 $2^n - 1$。

例如，对于理想满量程电压为 5 V 的 8 位 D/A 转换器，其台阶电压为

$$U_{Step} = \frac{5\ V}{2^8} = \frac{5000\ mV}{256} = 19.5\ mV$$

8 位 D/A 转换器在数码为 0000 0000 时，输出电压 V_O 为 0 V；

当数码为 0000 0001 时，输出电压为 19.5 mV；

……

当数码为 1111 1110 时，输出电压为 4.96 V；

当数码为 1111 1111 时，输出电压为 4.98 V。

综上所述，D/A 转换器只能输出台阶电压值，而无法输出台阶电压之间的模拟电压值。

2. 分辨率

D/A 转换器的分辨率是每个台阶代表的模拟电压值占理想满量程输出电压 U_{full} 的百分比，因此 n 位 D/A 转换器的分辨率为

$$分辨率 = \frac{U_{Step}}{U_{full}} = \frac{1}{2^n}$$

因为分辨率与 D/A 转换器的位数成固定关系，所以有时人们也常把 D/A 转换器的位数称为分辨率，位数越大，分辨率越高。

例如，8 位 D/A 转换器的分辨率约 0.4%；

10 位 D/A 转换器的分辨率约 0.1%；

12 位 D/A 转换器的分辨率约 0.024%；

16 位 D/A 转换器的分辨率约 0.0015%。

3. 精度

D/A 转换器的精度是实际输出与理想输出之间的偏差，通常用 D/A 转换器满量程输出电压的百分比误差表示。例如，如果 D/A 转换器满量程输出电压为 10 V，实际输出是 9.990 V，误差为 10 mV，则精度用百分比误差表示为 (10 V − 9.990 V)/10 V = 0.1%。

影响 D/A 转换器精度的因素主要有分辨率、单调性、偏移误差、增益误差、微分非线性误差与线性误差等。

1）偏移误差

偏移误差又称为零点误差或失调误差。当 D/A 转换器的输入数字为全 0 时，则 D/A 转换器的输出电压应该为 0 V，但是由于偏移误差的存在，当 D/A 转换器输入数字为 0 时，输出电压不为 0 V，这个差值就是偏移误差。偏移误差示意如图 7.1.9(a) 所示。

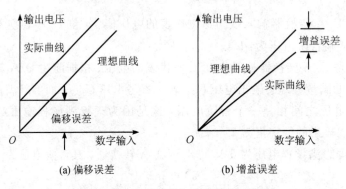

(a) 偏移误差　　　　　　(b) 增益误差

图 7.1.9　偏移误差与增益误差示意图

在一定温度下偏移误差可以用在模拟输出电压上叠加一个可调整电压的方法消除。

2）增益误差

增益误差即实际 D/A 转换器转换函数（直线）与理想转换函数（直线）之间的角度差引起的误差，常由参考电压 U_{REF} 引起。由于 $U_O = (U_{REF}/2^n) \times$ 输入数字，因此 $U_{REF}/2^n$ 是增益系数。增益误差示意如图 7.1.9(b) 所示。在消除偏移误差后，向 D/A 转换器输入全 1 数码，其实际输出与理想输出之间的偏差就是增益误差，一般以 LSB 为单位表示，或用相对满量程输出的百分比表示。当温度固定时，可以通过调整参考电压 U_{REF} 来校正增益误差。

3）线性误差

线性误差是 D/A 转换器实际传输特性与理想传输特性之间的最大偏差，并用该偏差相对于满量程输出电压的百分数表示。线性误差又称为积分非线性误差，因此线性误差描述的是传递函数的形状。线性误差示意如图 7.1.10(a) 所示。D/A 转换器的非线性误差不容易用外部校正方法补偿，但是可以通过调整零点和满量程输出点使该误差均匀分布在理想直线的两侧，从而使非线性误差最小，这种情况如图 7.1.10(b) 所示。

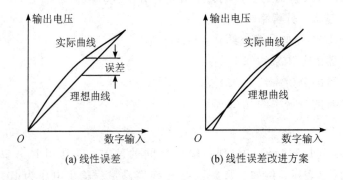

(a) 线性误差　　　　　　(b) 线性误差改进方案

图 7.1.10　线性误差示意图

4）单调性

以加法计数器作为输入的 D/A 转换器，如果输出为像楼梯的递升电压，则称为单调

D/A 转换器。

但有时由于模拟开关内阻、电阻网络中电阻值不一致、制作工艺等问题，D/A 转换器会出现非单调性引起的误差，图 7.1.11 为单调性输出与具有误差的非单调性输出的情况。图 7.1.11(a)是单调性输出的情况，图 7.1.11(b)、(c)是非单调性输出的情况。

(a) 单调性误差   (b) 非单调性误差 1   (c) 非单调性误差 2

图 7.1.11　单调性输出与具有误差的非单调性输出

5）微分非线性误差

两相邻输入数字对应模拟量之差，减去 1 个 LSB 对应的模拟量，就是微分非线性误差。例如，实测输入数字 001 与 010 之间的模拟量之差为 1.5LSB。该误差主要由 D/A 转换器电阻网络中的电阻、切换开关导通电阻等误差引起。

如果用 LSB 来描述微分非线性误差，则－1LSB 表示转换器的输出出现了丢码，也就是转换器输出不随数字量的增加而增加，而是数字量增加一个 LSB，但是输出没有跟着增加一个 LSB 的电压。转换器不丢码是一项重要的技术指标。

4. 建立时间

建立时间是完成一次转换需要的时间，就是从数字量加到 D/A 转换器的输入端，到输出达到该数字量产生对应模拟量的 99.95% 所需要的时间。该时间越短说明转换速度越快，或者说转换频率越高，通常建立时间的范围为 0.05～20 μs 之间。

7.1.4　DA 转换器 0832

D/A 转换器 0832 是采用 CMOS 工艺的 8 位 D/A 转换器。该转换器内有两级输入寄存器，使 D/A 转换器 0832 芯片具备双缓冲、单缓冲和直通三种输入方式，以适应各种电路的需要（如要求多路 D/A 异步输入、同步转换等）。该转换器的转换结果可用电流或电压形式输出。引脚兼容 TTL 电平，可直接与 TTL 电路或单片机电路连接。

D/A 转换器 0832 的主要参数如下：

① 8 位分辨率。

② 在零点与满量程调整后，最大非线性误差：0.2%FSR(满量程)。

③ 在零点与满量程调整后，最大微分非线性误差：0.4%FSR(满量程)。

④ 最大增益误差：±1%FSR(满量程)。

⑤ 电流建立时间：1 μs。

1. 内部结构

D/A 转换器 0832 的内部结构如图 7.1.12 所示，图中 8 位输入寄存器由 8 个 D 触发器构成，常用于连接单片机，接收单片机送来的数字信号；8 位 D/A 转换寄存器也是由 8 个

D 触发器构成的,该寄存器接受输入寄存器送来的数字信号,锁存后直接送到 8 位 D/A 转换器实现 D/A 转换。

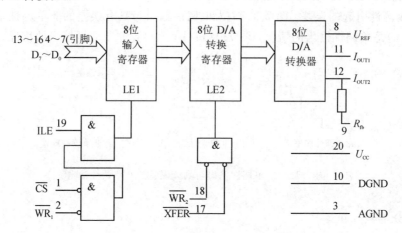

图 7.1.12 D/A 转换器 0832 的内部结构

双缓冲的第一个优点是可以按照数据源的时序随时更新 D/A 转换器输入寄存器的数据,第二个优点是可在系统中用一个触发信号同时更新多个 D/A 转换器输出的模拟电压。

2. 控制信号

ILE:数据锁存允许控制信号,高电平时寄存器跟随输入数据,低电平时锁存数据。

$\overline{\text{CS}}$:片选信号输入信号,低电平有效。

$\overline{\text{WR}_1}$:写输入寄存器信号,低电平有效。

上述 3 个信号形成控制 8 位输入寄存器的输入信号 $\text{LE}_1 = \text{ILE}(\overline{\overline{\text{CS}} \cdot \overline{\text{WR}_1}})$。$\text{LE}_1$ 高电平时,数据进入输入寄存器;LE_1 低电平时,数据锁存在输入寄存器中。

$\overline{\text{XFER}}$:数据传送控制信号,低电平有效。

$\overline{\text{WR}_2}$:写 D/A 转换寄存器信号,低电平有效。

上述 2 个信号形成控制 8 位 D/A 转换寄存器的输入信号 $\text{LE}_1 = \overline{\overline{\text{XFER}} \cdot \overline{\text{WR}_2}}$。$\text{LE}_2$ 高电平时,数据进入 D/A 转换寄存器;LE_2 低电平时,数据锁存在 D/A 转换寄存器中。

$D_0 \sim D_7$:数据输入引脚。

I_{OUT1}:电流输出引脚 1。当输入为全 1 时,I_{OUT1} 最大,当输入全 0 时,I_{OUT1} 为 0。

I_{OUT2}:电流输出引脚 2。I_{OUT2} 与 I_{OUT1} 之和为一常数。

R_{fb}:连接芯片内部的反馈电阻 R_f 的引脚。该电阻的阻值与 T 形网络电阻 R 相等,阻值为 15 kΩ。

U_{REF}:参考电源引脚($-10 \sim +10$ V),高精度参考电压源通过该引脚连接 R/2R T 形网络。

U_{CC}:电源引脚(5~15 V)。

DGND:地线引脚 10。在电流输出情况下,该引脚与 I_{OUT1}、I_{OUT2} 引脚之间的电平偏移 U_{OS} 将引起线性误差增加,误差可用公式 $\dfrac{U_{\text{OS}}}{3U_{\text{REF}}}$ 计算。例如,当 $U_{\text{REF}} = 10$ V 时,若引脚 10 与 I_{OUT1}、I_{OUT2} 的电动势差 U_{OS} 为 9 mV,则线性误差增加 0.03%,因此应该保证 U_{OS} 为最小。

AGND：地线引脚 3。该引脚的电压偏移可使逻辑输入阈值变化。

3. 实际应用电路

（1）输出电流型 R/2R 网络连接方式。D/A 转换器 0832 按照输出电流型 R/2R 网络连接的电路如图 7.1.13 所示。图中的 D/A 转换器 0832 与单片机连接，由单片机提供 D/A 转换器 0832 工作在单缓冲模式所需的数据与控制信号，采用基准源电路 TL431 的参考电源 $U_{REF}=-2.5$ V，利用内部电阻 R_{fb}，运放 LM258 连接成反相放大器，输出电压为

$$U_{OUT}=-\frac{U_{REF}}{2^8}\times（数字输入）=-\frac{2.5\,V}{256}\times（数字输入）=-0.009\,765\,6\times（数字输入）$$

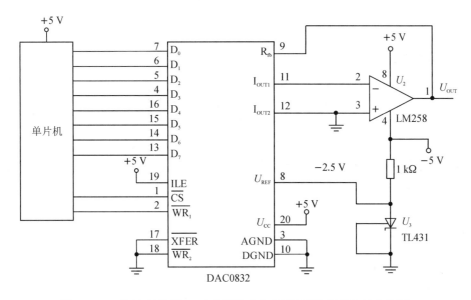

图 7.1.13　D/A 转换器 0832 按照输出电流型 R/2R 网络连接电路图

（2）输出电压型 R/2R 网络连接方式。D/A 转换器 0832 按照输出电压型 R/2R 网络连接的电路如图 7.1.14 所示。

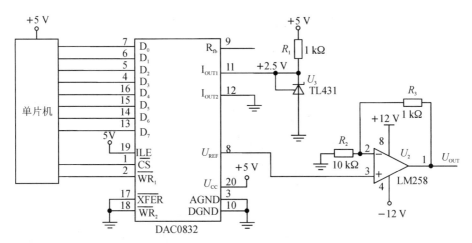

图 7.1.14　D/A 转换器 0832 按照输出电压型 R/2R 网络连接图

I_{OUT1} 引脚连接采用基准源电路 TL431 的参考电源为 $I_{OUT1}=+2.5\text{ V}$，I_{OUT2} 引脚接地，U_{REF} 引脚输出正比例于输入数字的电压，该电压经过放大倍数为 2 的同相放大器放大输出。输出电压表达式为

$$U_{OUT}=\frac{U_{REF}}{2^8}\left(1+\frac{R_3}{R_2}\right)\times(\text{数字输入})=\frac{2.5\text{ V}}{256}\left(1+\frac{10}{10}\right)\times(\text{数字输入})$$
$$=0.019\ 53\text{ V}\times(\text{数字输入})$$

7.2   A/D 转换器

1. A/D 转换的一般原理和步骤

在很多系统中，A/D 转换是不可缺少的重要组成部分，A/D 转换器的功能是将输入的模拟电压量转换成相应的数字量输出。A/D 转换器的电路结构形式有多种，按工作原理可将 A/D 转换器分为直接型和间接型两大类。前者直接将模拟电压量转换成输出的数字代码，而后者先将模拟电压量转换成一个中间量（如时间或频率），然后再将中间量转换成数字代码。

下面首先说明 A/D 转换的一般原理和步骤，然后分别介绍并行比较型、逐次渐近比较型和双积分型 A/D 转换器。A/D 转换过程是通过采样、保持、量化和编码这四个步骤完成的。

1）采样

采样是对在时间上连续变化的模拟量进行的，得到的是一系列在时间上离散的模拟量，如图 7.2.1 所示。

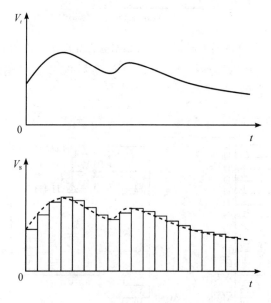

图 7.2.1   输入模拟信号的采样保持信号

可以看到，为了用采样信号 V_s 有效地表示输入信号 V_I，必须有足够高的采样频率 f_s。任何模拟信号进行谐波分析时都可以表示为若干正弦信号之和，若谐波中最高的频率为 f_{max}，则根据采样定理，若 $f_s>2f_{max}$，采样信号 V_s 就能较为准确地反映输入信号 V_I。

2）保持

由于采样时间极短，采样输出为一串断续的窄脉冲。把一个采样信号数字化需要一定的时间，因此在两次采样之间应将采样的模拟信号存储起来以便进行数字化，这一过程称为保持。

3）量化

数字信号在时间上是离散的，在数值上的变化也是不连续的。也就是说，任何一个数字量的大小都是以某个最小数量单位的整数倍来表示的。因此，在用数字量表示采样所得的模拟信号时，也必须把它化成这个最小数量单位的整数倍，所规定的最小数量单位称为量化单位，用 Δ 表示。

4）编码

将量化的结果用二进制代码（或其他进制）表示称为编码。这个二进制代码就是 A/D 转换的输出信号。

输入模拟信号通过采样保持后转换成阶梯的模拟信号，其阶梯幅值仍然是连续可变的，所以它不一定能被量化单位 Δ 整除，因而不可避免地会引入量化误差。首先对于一定的输入电压范围，输出的数字量的位数越高，数字信号最低位中的"1"所表示的数量 Δ 就越小，因此量化误差也越小。而对于一定的输入电压范围、一定位数的数字量输出、不同的量化方法，量化误差的大小也不同。

设输入电压 U_I 的变化范围为 $0 \sim U_\text{M}$，输出为 n 位的二进制代码。以 $U_\text{M} = 1\ \text{V}$、$n = 3$ 为例。第一种方法取 $\Delta = U_\text{M}/2^n = 1/2^3 = (1/8)\ \text{V}$，规定 0Δ 表示 $0\ \text{V} < U_\text{I} < (1/8)\ \text{V}$，对应的输出二进制代码为 000；$1\Delta$ 表示 $(1/8)\ \text{V} < U_\text{I} < (2/8)\ \text{V}$，对应的输出二进制代码为 001；…，$7\Delta$ 表示 $(7/8)\ \text{V} < U_\text{I} < 1\ \text{V}$，对应的输出二进制代码为 111，如图 7.2.2 所示。这种量化方法的最大量化误差为 Δ。

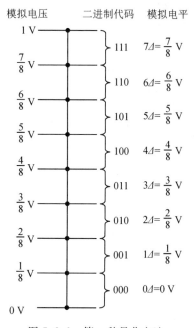

图 7.2.2　第一种量化方法

第二种方法取 $\Delta = 2U_M/(2^{n+1}-1) = (2/15)$ V，并规定 0Δ 表示 0 V$<U_I<(1/15)$ V，对应的输出二进制代码为 000；1Δ 表示 $(1/15)$ V$<U_I<(3/15)$ V，对应的输出二进制代码为 001；$\cdots$，7Δ 表示 $(13/15)$ V$<U_I<1$ V，对应的输出二进制代码为 111，如图 7.2.3 所示。这种量化方法的最大量化误差为 $\Delta/2$。

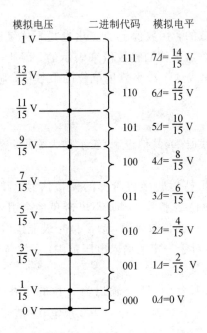

图 7.2.3　第二种量化方法

2. 采样-保持电路

采样-保持电路的基本形式如图 7.2.4 所示，它由 N 沟道 MOS 管充当的采样开关 V、存储电容 C_H 和运算放大器 A 等组成。

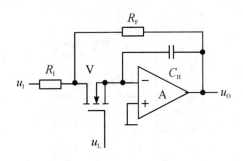

图 7.2.4　采样-保持电路

当采样控制信号 $u_L=1$ 时，V 导通，输入信号 u_I 经电阻 R_I 向电容 C_H 充电。取 $R_I=R_F$，若忽略运算放大器的输入电流，则充电结束后 $u_O=u_C=-u_I$。当采样控制信号 u_L 从高电平返回低电平时，MOS 管 V 截止，由于电容 C_H 上的电压 u_C 在一段时间内基本保持不变，即采样的结果被保持下来直到下一个采样控制信号 $u_L=1$ 的到来。运算放大器的输入阻抗越高，电容 C_H 的漏电越小，u_O 保持的时间越长。

7.2.1 并行 AD 转换器

利用比较器和优先编码器可以组成速度最快的模数转换器。图 7.2.5 是 3 位并行 A/D 转换器。

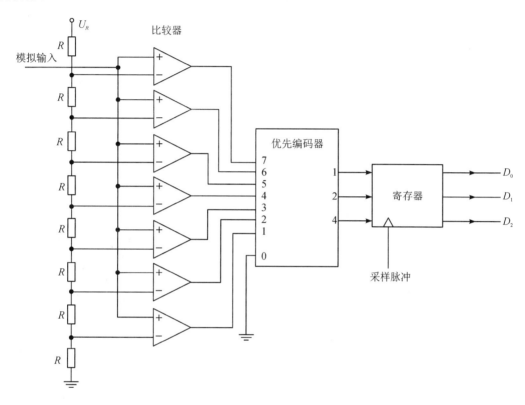

图 7.2.5 3 位并行 A/D 转换器

由图可知，比较器反相端电压是参考电压 U_R 通过串联电阻分档的电压，加在比较器同相端的输入电压通过与各个比较器反相端比较，输入电压比哪些分档电压高，则哪些比较器就输出高电平，但是由于比较器输出连接优先编码器的输入，因此只有最高分档电压比较器输出的高电平被编码。

该转换器每个采样脉冲输出一次编码，因此采样脉冲速率越高，则转换速度就越高。若需要 n 位 A/D 转换器，则需要 2^{n-1} 个比较器，所以对于位数多的 A/D 转换器，其内部比较器的数量是巨大的，这是并行 A/D 转换器的缺点。

7.2.2 双积分 A/D 转换器

在数字仪表或其他测量仪器中，例如数字万用表，经常使用的模数转换器是双积分 A/D 转换器。双积分 A/D 转换器原理如图 7.2.6 所示。

双积分 A/D 转换器由切换开关、积分器、比较器、计数器、锁存器和控制逻辑等电路组成。下面分析该转换器的工作原理。双积分转换器的工作原理分为两个阶段，第一阶段是定时积分阶段，第二阶段是定电压积分阶段。定时积分阶段的工作情况如图 7.2.7 所示。

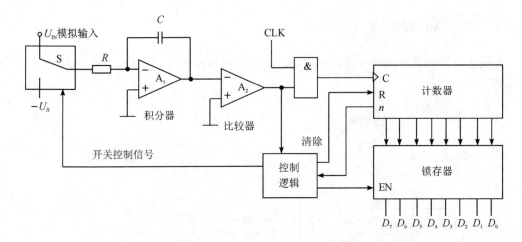

图 7.2.6　双积分 A/D 转换器原理图

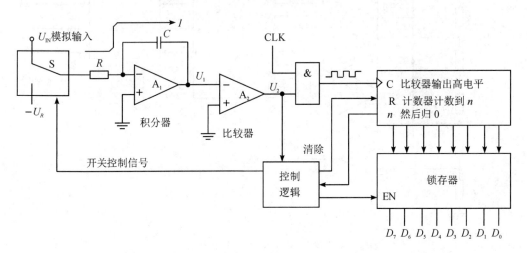

图 7.2.7　定时积分的工作情况

在该阶段，首先对电容 C 放电，积分器输出 0 V 电压，计数器接收清除信号而复位。随后控制逻辑发出信号使开关 S 接通输入模拟正电压 U_{IN}，由于积分器的反相端是虚地，因此电容 C 的充电电流 I 是常数，积分器的输出电压按照某个斜率向负方向线性变化。在积分器输出负电压期间，比较器输出高电平，与门打开，计数器开始对 CLK 计数。当计数器计满 n 个数时，计数器归 0。这一定时积分阶段的时间为 $T_1 = nT_C$（这里 T_C 是计数脉冲 CLK 的周期）。在这段时间结束时，积分器的输出电压为

$$U_1 = \frac{1}{C}\int_0^{T_1} -\frac{U_{IN}}{R}\mathrm{d}t = -\frac{T_1}{RC}U_{IN}$$

计数器归 0 后，发出信号到控制逻辑，使开关 S 接通参考负电压，开始第二阶段。这时第一阶段结束、第二阶段开始时的状态如图 7.2.8 所示。

由于切换开关 S 刚接通负参考电压 $-U_R$ 时，比较器输出仍为高电平，因此计数器归 0 后接着计数。这时积分器对负参考电压 $-U_R$ 积分，积分器的输出电压 U_1 不断升高，当积分器的输出大于 0 V 时，比较器输出低电平，与门关闭，计数器停止计数，控制逻辑给出使能脉冲将计数器的计数值 n_X 存入锁存器，然后复位计数器开始下一次转换。

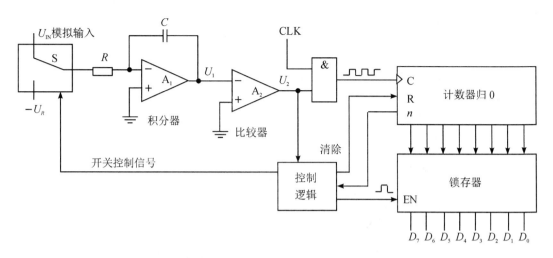

图 7.2.8　第一阶段结束、第二阶段开始时的状态

第二阶段的工作状态如图 7.2.9 所示。当积分器在对负参考电压 $-U_R$ 积分时，如果积分器的输出电压上升到 0 V 时所需的时间为 T_2，则有

$$U_1 = \frac{1}{C} \int_0^{T_2} \frac{U_R}{R} \mathrm{d}t - \frac{T_1}{RC} U_{\mathrm{IN}}$$

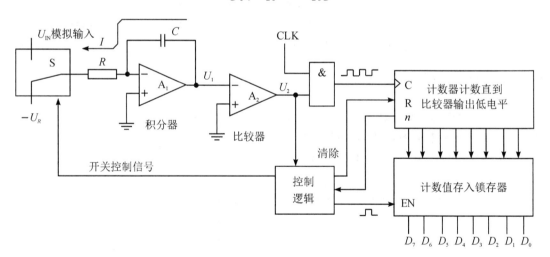

图 7.2.9　第二阶段的工作状态

电压 U_1 为 0 V 时计数器停止计数，所以有

$$\frac{T_2}{RC} U_R = \frac{T_1}{RC} U_{\mathrm{IN}}$$

$$T_2 = \frac{T_1}{U_R} U_{\mathrm{IN}}$$

由于在第二阶段计数器的计数值是 n_X，因此令 $T_2 = n_X T_C$。所以有

$$n_X T_C = \frac{n T_C}{U_R} U_{\mathrm{IN}}$$

最后得到

$$n_X = \frac{n}{U_R} U_{IN}$$

由于 n 是常数，因此 n_X 是与输入电压 U_{IN} 成正比的数。两个阶段双积分器输出电压的变化如图 7.2.10 所示。

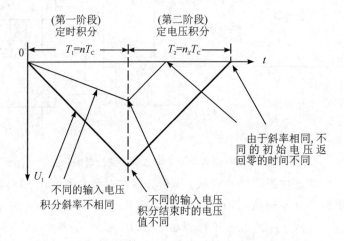

图 7.2.10 双积分器输出电压 U_1 变化图

双积分转换器具有抑制交流噪声干扰、结构简单和精度高的特点，其转换精度取决于参考电压和时钟周期的精度。双积分转换的不足之处是转换速度慢且时间不固定。

7.2.3 逐次比较式 AD 转换器

目前逐次比较式 A/D 转换器的使用较为普遍。该转换方式的转换速度是除并行、流水线转换外最快的一种，而且转换时间固定不变。

4 位逐次比较式 A/D 转换器框图如图 7.2.11 所示。

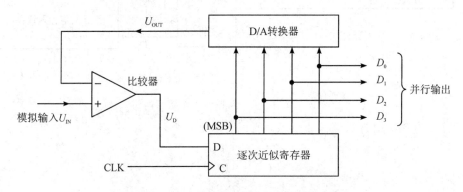

图 7.2.11 4 位逐次比较式 A/D 转换器框图

从图中可以看出，逐次比较式 A/D 转换器由逐次近似寄存器、D/A 转换器和比较器组成。转换器的工作原理如下。

首先 D/A 转换器的输入从最高位向最低位逐次置 1，每次置 1 完毕后，比较器就会产生一个输出，指示 D/A 转换器的输出电压是否比输入的模拟电压大。如果 D/A 转换器的输出电压大于输入的模拟电压，则比较器输出低电平，使存储该位的逐次近似寄存器复位；若 D/A 转换器的输出电压比输入的模拟电压小，比较器输出高电平，则保留存储该位的逐次近似寄存器数据。转换器从最高位开始，按此方法逐次比较，直至最低位后，转换结束。

为了更好地理解逐次比较式 A/D 转换器的工作原理，现在举一个 4 位逐次比较式 A/D 转换器的例子。该例中 D/A 转换器的输入输出之间具有如下关系：当输入为 2^3 时输出 8 V 电压，当输入为 2^2 时输出 4 V 电压，当输入为 2^1 时输出 2 V 电压，当输入为 2^0 时输出 1 V 电压。

如果在 A/D 转换器的输入端加 5.1 V 的模拟电压，则工作过程如下：

① 逐次近似寄存器 2^3 位置位，同时 D/A 转换器的 2^3 位置 1，D/A 转换器输出 8 V 电压送入反相器的比较输入端。由于比较器的反相输入端电压(8 V)高于同相输入端电压(5.1 V)，因此比较器输出低电平，逐次近似寄存器中该位(2^3 位)被复位，输出 0000。

② 逐次近似寄存器 2^2 位置位，同时 D/A 转换器的 2^2 位置 1，D/A 转换器输出 4 V 电压，由于比较器的反相输入端电压(4 V)低于同相输入端电压(5.1 V)，因此比较器输出高电平，逐次近似寄存器中该位(2^2 位)被保留，输出 0100。

③ 逐次近似寄存器 2^1 位置位，同时 D/A 转换器的 2^1 位置 1，这时 D/A 转换器的输入数字量为 0110，所以输出 6 V 电压。由于比较器的反相输入端电压(6 V)高于同相输入端电压(5.1 V)，因此比较器输出低电平，逐次近似寄存器中该位(2^1 位)被复位，输出 0100。

④ 逐次近似寄存器 2^0 位置位，同时 D/A 转换器的最低位 2^0 位(LSB)置 1，这时 D/A 转换器的输入数字量为 0101，所以输出 5 V 电压。由于比较器的反相输入端电压(5 V)低于同相输入端电压(5.1 V)，因此比较器输出高电平，逐次近似寄存器中该位(2^0 位)被保留，输出 0101。

当逐次近似寄存器的 4 位触发器都置过 1 以后，转换完成，这时逐次近似寄存器中存有二进制数据 0101，这就是 5.1 V 输入模拟电压的近似二进制表示。由此可见，位数越多，精度也越高。

一个转换周期完成后，将逐次近似寄存器清零，开始下一次转换。

逐次比较式 A/D 转换器的转换时间取决于转换中数字位数 n 的多少，完成每位数字的转换需要一个时钟周期。由前面的分析可知，第 n 个时钟脉冲作用后，转换完成，所以该转换器的转换最小时间是 nT_C(这里 T_C 是时钟脉冲的周期)。

7.2.4　A/D 转换器的技术指标

A/D 转换器的技术指标包括分辨率、量化误差、偏移误差、增益误差、非线性误差、绝对精度与相对精度，A/D 转换器的转换速率等。

1. 分辨率

分辨率表示输出数字量变化一个相邻数码所需输入模拟电压的变化量，也是输出数字量的最低位(LSB)代表的模拟电压量。例如，8 位 A/D 转换器能够分辨满量程输入的 $1/2^8$，若满度输入电压为 5 V，则可以分辨输入电压的最小值为 5 V$/2^8 = 19.53$ mV。而 10 位 A/D 转换器，若是满度输入电压为 5 V，那么这个 A/D 转换器的输出能区分输入模拟电压的最小值为 5 V$/2^{10} = 4.88$ mV。

还可以用百分数表示分辨率：$(1/2^n) \times 100\%$。例如，对于 12 位 A/D 转换器，其百分比分辨率为：$(1/4096) \times 100\% = 0.0244\%$。有些双积分 A/D 转换器，分辨率用位数表示，如 3 位半，满量程数字为 1999，则百分比分辨率为 $(1/1999) \times 100\% = 0.05\%$。

2. 量化误差

量化误差是由有限数字对模拟电压值进行离散取值（量化）而引起的误差，是由 A/D 转换器的位数有限引起的，如图 7.2.12 所示，量化误差是理想转换直线与实际转换曲线之间的偏差。

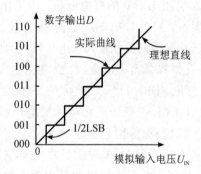

图 7.2.12　A/D 转换器的量化误差示意图

在图 7.2.12 中，当输入电压未达到 A/D 转换器分辨率的 1/2 时，输出数字是 000，因此有 1/2LSB 的误差；当输入电压达到分辨率的 1/2 时，输出数字为 001，因此也有 1/2LSB 的误差。提高分辨率可以减小量化误差。

3. 偏移误差

偏移误差是指理想转换直线原点与实际转换曲线原点之间的距离，A/D 转换器误差示意如图 7.2.13 所示。

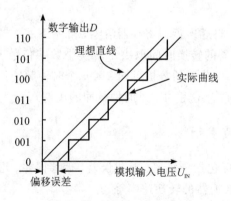

图 7.2.13　偏移误差示意图

由图 7.2.13 可以看出，当 A/D 转换器的输入电压逐步增加，使 A/D 转换器输出数字从 000 跳到 001，这时的输入电压与 1/2LSB 代表的电压之差就是偏移误差，偏移误差可以通过移动输入电压范围的方法消除。

4. 增益误差

增益误差又称为满度误差，是输出满度数字时实际输入电压与理想输入电压之差。A/D

转换器的增益误差示意如图 7.2.14 所示。

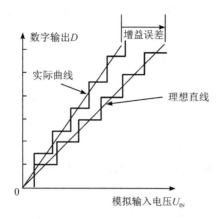

图 7.2.14 A/D 转换器的增益误差

由于 A/D 转换器的数字输出 D 为

$$D = \frac{2^n}{U_R} \cdot U_{IN}$$

因此参考电压 U_R 可以影响 A/D 转换器的增益，引起增益误差。

5. 非线性误差

积分非线性、微分非线性与增益非线性等都是非线性误差，如果不详细区分误差原因，则非线性误差是实际转换曲线与理想转换直线之间的最大纵向偏移。非线性误差示意如图7.2.15 所示。

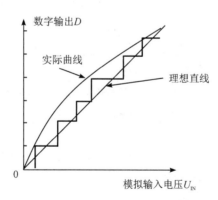

图 7.2.15 A/D 转换器的非线性误差

6. 绝对精度与相对精度

对于某 A/D 转换器输出的任何数字，其对应的实际模拟输入电压与理想模拟输入电压之间差别的最大值称为绝对精度。

对应某 A/D 转换器输出数字的实际模拟输入电压与理想模拟输入电压之间差别的最大值除以满量程模拟输入电压称为相对精度。

7. A/D 转换器的转换速率

A/D 转换器的转换速率是每秒完成转换的次数，主要取决于转换器的类型，不同转换器的转换速率相差很多。

并联型与流水线 A/D 转换器的转换速率最快,如 8 位二进制数据输出的并联型 A/D 转换器的转换速率可达 50 ns 以内。

逐次比较式 A/D 转换器的转换速率排第二,多数产品的转换速率都在 $10\sim100\ \mu s$ 以内。个别 8 位转换器转换时间小于 $1\ \mu s$。

双积分与 $\Delta\text{-}\Sigma$ 型 A/D 转换器的转换速率很慢,一般在数十毫秒至数百毫秒之间。

7.2.5　A/D 转换器 0804

A/D 转换器 0804 是一种 8 位逐次比较式 A/D 转换器,主要参数如下:

电源电压:5 V,范围为 $4.5\sim6.3$ V,极限为 6.5 V。

分辨率:8 位,在 $U_{REF}/2=2.5$ V 时的最大不可调整误差为 $\pm1\text{LSB}$。

典型时钟频率:640 kHz,典型转换时间为 $100\ \mu s$。

逻辑接口与 TTL 电平兼容,灌电流能力 1.6 mA,拉电流能力 $360\ \mu A$。

芯片自带时钟发生电路(需要外接电阻和电容)。为与单片机的总线进行连接,该芯片的数据输出端具有三态输出功能。

该芯片各个引脚功能如表 7.2.1 所示。

表 7.2.1　A/D 转换器 0804 引脚功能表

引脚号	名称	功 能 说 明
1	$\overline{CS}$	芯片选择引脚
2	$\overline{RD}$	读数据引脚,$\overline{CS}=0$ 与 $\overline{RD}=0$,则可读取 A/D 转换结果
3	$\overline{WR}$	A/D 转换器转换控制引脚,在 $\overline{CS}=0$ 时,$\overline{WR}$ 送低电平脉冲,A/D 转换器开始转换
4	CLK	转换时钟输入引脚
5	$\overline{INTR}$	转换完成引脚。开始转换后,当 $\overline{INTR}=0$ 时表示转换完成,当数据读出后,$\overline{INTR}=1$,为下次转换做准备
6	U_{IN+}	模拟差动输入正端
7	U_{IN-}	模拟差动输入负端。A/D 转换器输入电压为 $U_{IN+}-U_{IN-}$
8	AGND	模拟信号地
9	$U_{REF}/2$	参考电压
10	DGND	数字信号地
11~18	$D_7\sim D_0$	数据输出
19	CLKR	产生 A/D 转换器转换时钟的外接电阻引脚
20	U_{CC}	电源电压引脚,也是参考电压端

该芯片的工作原理如下:

芯片内部的 D/A 转换器逐次输出电压与输入电压($U_{IN+}-U_{IN-}$)进行比较以决定逐次比较寄存器中每一位数据的复位与保留。从 MSB 开始,在 8 次比较(64 个时钟周期)后,8

位二进制数据传送到输出锁存器中，同时 INTR 端输出低电平，表示转换完成。

若把 $\overline{\text{INTR}}$ 端与 $\overline{\text{WR}}$ 端连接，同时 $\overline{\text{CS}}$ 接低电平，则该转换器可以自动进行转换。

在 A/D 转换过程中，若再次启动转换，则终止正在进行的转换，开始新的转换，数据寄存器仍保存上次转换结果。

输入电压范围为 $U_{\text{IN+}} \sim U_{\text{IN-}}$，由 $U_{\text{REF}}/2$ 引脚的电压确定，$U_{\text{REF}}/2$ 引脚的电压应该为输入电压的 $1/2$。例如，输入电压范围为 $1\sim 4$ V，则 $U_{\text{REF}}/2$ 引脚电压应该为 1.5 V。若输入电压与 A/D 转换器的电源电压相等，则不需要在 $U_{\text{REF}}/2$ 引脚连接外电源，这时 $U_{\text{REF}}/2$ 由内部对电源分压产生，数值等于 $U_{\text{CC}}/2$。

A/D 转换器 0804 的数字输出 $D_{\text{OUT1}} = (U_{\text{IN+}} - U_{\text{IN-}}) \cdot 256/V_{\text{REF}}$。其中，$U_{\text{IN-}}$ 可用于移动输入电平，例如，若 $U_{\text{IN-}} = 0$ V，则 $U_{\text{IN+}}$ 就是输入电压；若 $U_{\text{IN-}} = 1$ V，则输入电压为 $U_{\text{IN+}} - 1$ V，这时 $U_{\text{IN+}}$ 应该大于 -1 V。

图 7.2.16 是 A/D 转换器 0804 组成的 A/D 转换电路接线图。图中，$\overline{\text{INTR}}$ 引脚与 $\overline{\text{WR}}$ 引脚连接，可以在 A/D 转换器 0804 转换完成、$\overline{\text{INTR}} = 0$ 时，使 $\overline{\text{WR}} = 0$，再次进行转换。OC 输出缓冲器 7417 与 R_1 和 C_1 组成的启动电路用于上电后第 1 次转换。电阻 R_2 与 C_2 组成了 A/D 转换器 0804 的时钟，时钟频率为

$$f = \frac{1}{1.1 R_2 C_2} = \frac{1}{1.1 \times 10 \text{ k}\Omega \times 150 \text{ pF}} = 606 \text{ kHz}$$

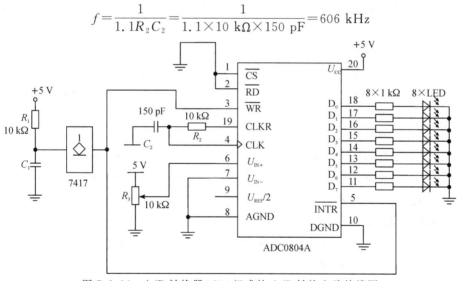

图 7.2.16　A/D 转换器 0804 组成的 A/D 转换电路接线图

由于 $U_{\text{IN-}}$ 接地，故在 $U_{\text{IN+}}$ 引脚处连接的电位器可用于调节模拟输入电压。$U_{\text{REF}}/2$ 引脚未连接外部参考电压，所以该引脚电压为 $U_{\text{CC}}/2 = 2.5$ V。$U_{\text{REF}} = 5$ V，所以该转换器的输入电压范围为 5 V。

$\overline{\text{RD}}$ 端接地，转换结果可直接输出到数据输出端 $D_7 \sim D_0$ 连接的发光二极管。$\overline{\text{CS}}$ 端接地，A/D 转换器 0804 可进行转换并输出转换结果。

本 章 小 结

数字电路处理模拟信号涉及两种场合：采集模拟量输入和用数字信号产生模拟输出控

制。本章分别介绍了 D/A 数模转换和 A/D 模数转换的原理和实现。其中，D/A 转换介绍了权电阻、输出电流型 R/2R 电阻网络两种类型及技术指标；A/D 转换介绍了并行、双积分型和逐次比较型的原理和转换步骤。最后，以 0832 和 0804 为例介绍了转换器的性能指标和电路设计方案。

习　题

7.1　D/A 转换器的功能是什么？

7.2　A/D 转换器的功能是什么？

7.3　就逐次渐近型和双积分型 2 种 A/D 转换器而言，（　　）抗干扰能力强，（　　）转换速度快。

7.4　逐次渐近型 A/D 转换器的转换速度可表示为完成 1 次转换所需的时间（　　）。

7.5　在(A)并联比较型(并行)A/D 转换器、(B)双积分型 A/D 转换器、(C)逐次渐近型 A/D 转换器 3 种类型的 A/D 转换器中，转换速度最高的是（　　）；转换速度最低的是（　　）；转换精度最高的是（　　）；转换精度最低的是（　　）；转换速度与转换精度均较高的是（　　）。

7.6　n 位 D/A 转换器的分辨率可表示为（　　）。

7.7　衡量 A/D 转换器性能的 2 个主要指标是（　　）和（　　）。

7.8　已知被转换的上限频率为 10 kHz，则 A/D 转换器的采样频率应高于（　　），完成一次转换所用时间应小于（　　）。

7.9　A/D 转换的一般步骤包括（　　）、（　　）、（　　）和（　　）。

7.10　8 位 D/A 转换器当输入数字量只有最高位为高电平时输出电压为 5 V，若只有最低位为高电平，则输出电压为（　　）。若输入为 10001000，则输出电压为（　　）。

7.11　电路如图 7.1 所示，当输入信号某位 D_i 为 0 时，对应的开关 S_i 接地；$D_i=1$ 时，S_i 接基准电压 U_{REF}。试问：

(1) $U_{\text{REF}}=10$ V，输入信号 $D_4 D_3 D_2 D_1 D_0=10011$，则输出模拟电压 U_O 是多少？

(2) 电路的分辨率为多少？

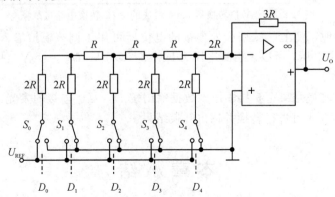

图 7.1　习题 7.11 图

7.12　在 10 位二进制数 D/A 转换器中，已知其最大满度输出模拟电压 $U_{om}=5$ V，求最小分辨电压 U_{LSB} 和分辨率。

7.13　在双积分型 A/D 转换器中，输入电压 U_I 和参考电压 U_{REF} 在极性和数值上应满足什么关系？如果 $|U_I|>|U_{REF}|$，电路能完成模数转换吗？为什么？

7.14　逐次渐近型 A/D 转换器的转换速度可表示为完成 1 次转换所需的时间。若将逐次逼近型 A/D 转换器的输出扩展到 10 位，取时钟信号的频率为 1 MHz，试计算完成一次转换操作需要的时间。

7.15　图 7.2 所示电路是用 CB7520 和同步十六进制计数器 74LS161 组成的波形发生器电路，试画出输出电压 u_O 的波形。

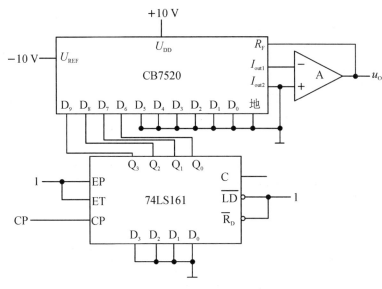

图 7.2　习题 7.15 图

7.16　图 7.3 为 AD7524 为 8 位 D/A 转换器，其输出如下：

$$u_O = -\frac{U_{REF}}{2^8}\left(\sum_{i=0}^{7} D_i \cdot 2^i\right)$$

2716 为 EPROM，它的起始 16 个地址单元中所存的数据如表 7.1 所示。74LS161 为可同步置数的 4 位二进制加法计数器。

(1) 画出 74LS161 所构成计数器的完整的状态转换图。

(2) 定量画出 CP 作用下的输出 u_O 的波形（至少画出 16 个时钟周期下的波形）。

表 7.1　习题 7.16 表

地　　址				数　　据			
A_3	A_2	A_1	A_0	D_3	D_2	D_1	D_0
0	0	0	0	0	0	0	0
0	0	0	1	0	0	1	0
0	0	1	0	0	1	0	0
0	0	1	1	0	1	1	0

地　址				数　据			
A_3	A_2	A_1	A_0	D_3	D_2	D_1	D_0
0	1	0	0	1	0	0	0
0	1	0	1	1	0	0	0
0	1	1	0	0	1	1	0
0	1	1	1	0	1	0	0
1	0	0	0	0	0	1	0
1	0	0	1	0	0	0	0
1	0	1	0	1	0	0	0
1	0	1	1	0	1	1	0
1	1	0	0	0	0	1	0
1	1	0	1	0	1	0	0
1	1	1	0	0	0	1	0
1	1	1	1	0	1	0	0

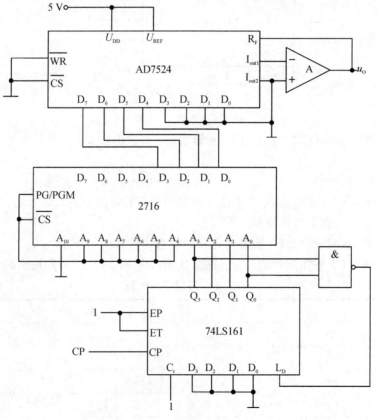

图 7.3　习题 7.16 图

第 8 章 Verilog HDL 语言

硬件描述语言 HDL(Hardware Description Language)是一种用形式化方法来描述数字电路和系统的语言。利用 HDL 可以从抽象到具体逐层描述电路的设计思想,用一系列的分层次模块来表示极其复杂的数字电路系统。Verilog HDL 和 VHDL 是在 20 世纪 80 年代中期开发出来的,是目前世界上最流行的两种硬件描述语言,且均为 IEEE 标准。

Verilog HDL 是一种以文本形式来描述数字系统硬件的结构和行为的语言,用它能够表示逻辑电路图、逻辑表达式,还能够表示数字逻辑系统所完成的逻辑功能。Verilog HDL 用于模拟从随机和纯行为到门级和开关级等层次的数字电路功能,也用于从许多抽象(寄存器传输级)描述合并(即自动产生)门级描述。门级描述 Verilog HDL 一般用于支持高层次的设计(或基于语言的设计),其中,电子设计在用自动合并工具进行详细设计前要通过高层次的完全抽象仿真来检验。Verilog HDL 也广泛应用于 IC 的门级检验,包括仿真、故障仿真和定时检验。

8.1 Verilog HDL 语言简介

1. Verilog HDL 语言概念及背景

随着电子设计技术的飞速发展,专用集成电路(ASIC)和用户现场可编程门阵列(FPGA)的复杂度越来越高。数字通信、工业自动化控制等领域所用的数字电路及系统其复杂程度也越来越高,特别是需要设计具有实时处理能力的信号处理专用集成电路,并把整个电子系统综合到一个芯片上。由于电路制造工艺技术进步非常迅速,电路设计手段跟不上技术的进步。在数字逻辑设计领域,迫切需要一种共同的工业标准来统一对数字逻辑电路及系统的描述,这样就能把系统设计工作分解为逻辑设计(前端)和电路实现(后端)两个互相独立而又相关的部分。由于逻辑设计的相对独立性,可以把专家们设计的各种常用数字逻辑电路和系统部件(如 FFT 算法、DCT 算法部件)建成宏单元(Megcell)或软核(SoftCore)库,供广大设计者引用,以减少重复劳动,提高工作效率。电路的实现则可借助综合工具和布局布线工具(与具体工艺技术有关)来自动完成。

Verilog HDL 是一种硬件描述语言,是在开发 FPGA、ASIC 时使用的语言,可以在算法级、门级到开关级的多种抽象设计层次上对数字系统建模。它可以描述设计的行为特性、数据流特性、结构组成以及包含响应监控和设计验证方面的时延和波形产生机制。此外，Verilog 提供了编程语言接口，通过该接口用户可以在模拟、验证期间从外部访问设计，包括模拟的具体控制和运行。

Verilog HDL 不仅定义了语法，还对每个语法结构都定义了清晰的模拟、仿真语义。因此，用这种语言编写的模型能够使用 Verilog HDL 仿真器进行验证。Verilog HDL 从 C 语言中继承了多种操作符和结构，所以从结构上看两者有很多相似之处。

2. Verilog 的历史

Verilog HDL 是由 GDA(Gateway Design Automation)公司的 PhilMoorby 在 1983 年末首创的，最初只设计了一个仿真与验证工具，之后又陆续开发了相关的故障模拟与时序分析工具。1985 年，Moorby 推出第三个商用仿真器 Verilog-XL，获得了巨大的成功，从而使 Verilog HDL 迅速得到推广应用。1989 年，CADENCE 公司收购了 GDA 公司，使得 Verilog HDL 成为了该公司的独家专利。1990 年，CADENCE 公司公开发表了 Verilog HDL，并成立 LVI 组织以促进 Verilog HDL 成为 IEEE 标准，即 IEEE Standard 1364 - 1995。Verilog - 1995 后的版本是 Verilog 2001，称作 Verilog 2.0。SystemVerilog 是近几年发展起来的，称作 Verilog 3.0。SystemVerilog 是在 IEEE1364 - 2001 Verilog 硬件描述语言(HDL)的基础上进行了扩展，扩充了 C 语言数据类型、结构、压缩和非压缩数组、接口、断言等等，使 SystemVerilog 在一个更高的抽象层次上实现了设计建模的能力。SystemVerilog 由 Accellera 开发，它主要定位在芯片的实现和验证流程上，为系统级的设计流程提供了强大的连接能力。

3. Verilog 的主要描述能力

Verilog HDL 是出色的寄存器传输级设计语言和门级描述语言，这是 Verilog HDL 成功的根本。下面列出 Verilog 硬件描述语言的主要能力。

（1）基本逻辑门，例如 and、or 和 nand 等都内置在语言中。

（2）用户定义原语(UDP)创建的灵活性。用户定义的原语既可以是组合逻辑原语，又可以是时序逻辑原语。

（3）开关级基本结构模型，例如 pmos 和 nmos 等也被内置在语言中。

（4）提供显式语言结构指定设计中的端口到端口的时延，路径时延和设计的时序检查。

（5）可采用三种不同方式或混合方式对设计建模。这些方式包括：

① 行为描述方式——使用过程化结构建模。

② 数据流方式——使用连续赋值语句方式建模。

③ 结构化方式——使用门和模块实例语句描述建模。

（6）Verilog HDL 中有两类数据类型：线网数据类型和寄存器数据类型。线网类型表示构件间的物理连线，而寄存器类型表示抽象的数据存储元件。

（7）能够描述层次设计，可使用模块实例结构描述任何层次。

（8）设计的规模可以是任意的；语言不对设计的规模(大小)施加任何限制。

（9）Verilog HDL 不是某些公司的专有语言而是 IEEE 标准。

（10）人和机器都可阅读 Verilog HDL 语言，因此它可作为 EDA 的工具和设计者之间的交互语言。

（11）Verilog HDL 语言的描述能力能够通过使用编程语言接口（PLI）机制进一步扩展。PLI 是允许外部函数访问 Verilog 模块内信息、允许设计者与模拟器交互的例程集合。

（12）设计能够在多个层次上加以描述，从开关级、门级、寄存器传送级（RTL）到算法级，包括进程和队列级。

（13）能够使用内置开关级原语在开关级对设计完整建模。

（14）同一语言可用于生成模拟激励和指定测试的验证约束条件，例如输入值的指定。

（15）Verilog HDL 能够监控模拟验证的执行，即模拟验证执行过程中设计的值能够被监控和显示。这些值也能够用于与期望值比较，在不匹配的情况下，打印报告消息。

（16）在行为级描述中，Verilog HDL 不但能够在 RTL 级上进行设计描述，而且能够在体系结构级描述及其算法级行为上进行设计描述。

（17）能够使用门和模块实例化语句在结构级进行结构描述。

（18）Verilog HDL 还具有内置逻辑函数，例如 &（按位与）和 |（按位或）。

（19）对高级编程语言结构均适用，例如，在条件语句、情况语句和循环语句中都可以使用。

（20）可以显式地对并发和定时进行建模。

（21）提供强有力的文件读写能力。

（22）语言在特定情况下是非确定性的，即在不同的模拟器上同一模型可以产生不同的结果。例如，事件队列上的事件顺序在标准中没有定义。

8.2　Verilog HDL 基本语法

8.2.1　Verilog HDL 基本语法介绍

Verilog HDL 是一种用于数字逻辑电路设计的语言。用 Verilog HDL 描述的电路设计就是该电路的 Verilog HDL 模型。Verilog HDL 既是一种行为描述的语言，又是一种结构描述的语言。也就是说，既可以用电路的功能描述，又可以用元器件及它们之间的连接来建立所设计电路的 Verilog HDL 模型。Verilog HDL 模型可以是实际电路的不同级别的抽象，这些抽象的级别和它们对应的模型类型共有以下五种：

（1）系统级（system）：用高级语言结构实现设计模块的外部性能的模型。

（2）算法级（algorithm）：用高级语言结构实现设计算法的模型。

（3）RTL 级（Register Transfer Level）：描述数据在寄存器之间的流动和如何处理这些数据的模型。

（4）门级（gate level）：描述逻辑门以及逻辑门之间的连接的模型。

（5）开关级（switch level）：描述器件中三极管和储存节点以及它们之间的连接的模型。

一个复杂电路系统的完整 Verilog HDL 模型是由若干个 Verilog HDL 模块构成的，每一个模块又可以由若干个子模块构成。其中有些模块需要综合成具体电路，而有些模块只是用来与用户所设计的模块进行交互的现存电路或激励信号源。利用 Verilog HDL 语言结构所提供的这种功能，就可以构造一个模块间的清晰层次结构来描述极其复杂的大型设计，并对所作设计的逻辑电路进行严格的验证。

（1）Verilog HDL 行为描述语言作为一种结构化和过程性的语言，其语法结构非常适合于算法级和 RTL 级的模型设计。这种行为描述语言具有以下 7 个功能：

① 可描述顺序执行或并行执行的程序结构。

② 用延迟表达式或事件表达式来明确地控制过程的启动时间。

③ 通过命名的事件来触发其他过程里的激活行为或停止行为。

④ 提供了条件、if-else、case、循环程序结构。

⑤ 提供了可带参数且非零延续时间的任务（task）程序结构。

⑥ 提供了可定义新的操作符的函数结构（function）。

⑦ 提供了用于建立表达式的算术运算符、逻辑运算符、位运算符。

（2）Verilog HDL 语言作为一种结构化的语言也非常适合于门级和开关级的模型设计。因其结构化的特点又使它具有以下功能：

① 提供了一套完整的组合型原语（primitive）。

② 提供了双向通路和电阻器件的原语。

③ 可建立 MOS 器件的电荷分享和电荷衰减动态模型。

Verilog HDL 的构造性语句可以精确地建立信号的模型。这是因为在 Verilog HDL 中，提供了延迟和输出强度的原语来建立精确程度很高的信号模型。信号值可以有不同的强度，可以通过设定宽范围的模糊值来降低不确定条件的影响。

Verilog HDL 作为一种高级的硬件描述编程语言，有着类似 C 语言的风格。其中有许多语句如 if 语句、case 语句等和 C 语言中的对应语句十分相似。如果读者已经具备 C 语言编程的基础，那么学习 Verilog HDL 并不困难，只要对 Verilog HDL 某些语句的特殊方面着重理解，并加强上机练习就能很好地掌握它，利用它的强大功能来设计复杂的数字逻辑电路。

8.2.2　Verilog HDL 基本语法分析

1. 简单的 Verilog HDL 程序介绍

下面先介绍几个简单的 Verilog HDL 程序，然后从中分析 Verilog HDL 程序的特性。

1）4 个例子程序

【例 8.2.1】

```
module   adder (count, sum, a, b, cin);
    input [2：0] a, b;
    input cin;
    output count;
    output [2：0] sum;
        assign {count, sum} = a + b + cin;
    endmodule
```

这个例子通过连续赋值语句描述了一个名为 adder 的三位加法器，可以根据两个三比特数 a、b 和进位（cin）计算出和（sum）和进位（count）。从例子中可以看出整个 Verilog

HDL 程序是嵌套在 module 和 endmodule 说明语句里的。

【例 8.2.2】

```
module compare ( equal, a, b );
    output   equal;                //说明输出信号 equal
    input [1:0] a, b;             //说明输入信号 a, b
        assign   equal=(a==b)? 1: 0; /* 如果 a、b 两个输入信号相等, 输出为 1。
                                          否则为 0*/
endmodule
```

这个程序通过连续赋值语句描述了一个名为 compare 的比较器。对两比特数 a、b 进行比较, 如 a 与 b 相等, 则输出 equal 为高电平, 否则为低电平。在这个程序中, /*……*/和//……表示注释部分, 注释只是为了方便程序员理解程序, 对编译是不起作用的。

【例 8.2.3】

```
module   trist2(out, in, enable);
    output   out;
    input   in, enable;
    bufif1   mybuf(out, in, enable);
endmodule
```

这个程序描述了一个名为 trist2 的三态驱动器。程序通过调用一个在 Verilog 语言库中现存的三态驱动器实例元件 bufif1 来实现其功能。

【例 8.2.4】

```
module   trist1(out, in, enable);
    output   out;
    input   in, enable;
        mytri   tri_inst(out, in, enable);        //调用由 mytri 模块定义的实例元件 tri_inst
endmodule

module mytri(out, in, enable);
    output   out;
    input   in, enable;
        assign   out = enable? in : 'bz;
endmodule
```

本例通过另一种方法描述了一个三态门。本例中存在两个模块。模块 trist1 调用由模块 mytri 定义的实例元件 tri_inst。模块 trist1 是顶层模块。模块 mytri 则被称为子模块。

2) 程序特性分析

通过上面的例子可以看出:

(1) Verilog HDL 程序是由模块构成的。每个模块的内容都嵌在 module 和 endmodule 两个语句之间。每个模块实现特定的功能, 模块是可以进行层次嵌套的。正因为如此, 才可以将大型的数字电路设计分割成不同的小模块来实现特定的功能, 最后通过顶层模块调用子模块来实现整体功能。

(2) 每个模块要进行端口定义, 并说明输入输出口, 然后对模块的功能进行行为逻辑描述。

（3）Verilog HDL 程序的书写格式自由，一行可以写几个语句，一个语句也可以分写多行。

（4）除 endmodule 语句外，每个语句和数据定义的最后必须有分号。

（5）可以用/＊……＊/和//……对 Verilog HDL 程序的任何部分作注释。

一般来说，Verilog HDL 中模块的概念可以从以下几个方面加以考察：

（1）模块的结构。Verilog HDL 的基本设计单元是"模块"（block）。一个模块是由两部分组成的，一部分描述接口，另一部分描述逻辑功能，即定义输入是如何影响输出的。以图 8.2.1 模块的结构为例说明。

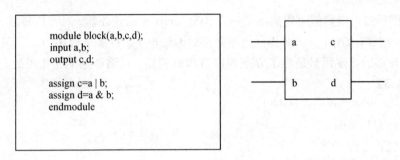

图 8.2.1　Verilog HDL 模块的结构

程序模块旁边有一个电路图的符号。在许多方面，程序模块和电路图符号是一致的，这是因为电路图符号的引脚也就是程序模块的接口。而程序模块描述了电路图符号所实现的逻辑功能。上面的 Verilog HDL 设计中，模块中的第二、第三行说明接口的信号流向，第四、第五行说明了模块的逻辑功能。以上就是设计一个简单的 Verilog HDL 程序模块所需的全部内容。从上面的例子可以看出，Verilog HDL 结构完全嵌在 module 和 endmodule 说明语句之间，每个 Verilog HDL 程序包括 4 个主要部分：端口定义、I/O 说明、内部信号说明和功能定义。

（2）模块的端口定义。模块的端口说明了模块的输入输出口。其格式如下：

　　　　module 模块名（端口 1，端口 2，端口 3，端口 4，……）；

（3）模块内容。模块的内容包括 I/O 说明、内部信号说明、功能定义。

① I/O 说明的格式如下：

　　　　输入口：input 端口名 1，端口名 2，……，端口名 i；　　　//共有 i 个输入口
　　　　输出口：output 端口名 1，端口名 2，……，端口名 j；　　　//共有 j 个输出口

I/O 说明也可以写在端口说明语句里。其格式如下：

module module_name(input port1，input port2，…，
　　　　　　　　　　　output port1，output port2…）；

② 内部信号说明：在模块内用到的与端口有关的 reg 和 wire 变量的说明。

如 reg【width－1：0】R 变量 1，R 变量 2…；

wire【width－1：0】W 变量 1，W 变量 2…；

　　……

③ 功能定义：模块中最重要的部分是逻辑功能定义部分。有三种方法可在模块中产生逻辑，以下用三例说明。

a. "assign"说明语句。

如：assign　a ＝ b & c；

这种方法的句法很简单，只需写一个"assign"，后面再加一个表达式即可。例子中的表达式描述了一个有两个输入的与门。

b. 实例元件。

如：and and_inst(q，a，b)；

采用实例元件的方法像在电路图输入方式下调入库元件一样。键入元件的名字和相连的引脚即可，表示在设计中用到一个跟与门(and)一样的名为 and_inst 的与门，其输入端为 a，b，输出为 q。要求每个实例元件的名字必须是唯一的，以避免与其他调用与门(and)的实例混淆。

c. "always"块。

如：always @(posedge clk or posedge clr)

    begin

        if(clr)q <= 0；

        else if(en) q <=d；

    end

采用"assign"语句是描述组合逻辑最常用的方法之一。而"always"块既可用于描述组合逻辑也可描述时序逻辑。上面的例子用"always"块生成了一个带有异步清除端的 D 触发器。"always"块可用很多种描述手段来表达逻辑，例如上例中就用了 if…else 语句来表达逻辑关系。如按一定的风格来编写"always"块，可以通过综合工具把源代码自动综合成用门级结构表示的组合或时序逻辑电路。

注意：如果用 Verilog HDL 模块实现一定的功能，首先应该清楚哪些是同时发生的，哪些是顺序发生的。上面 3 个例子分别采用了"assign"语句、实例元件和"always"块。这 3 个例子描述的逻辑功能是同时执行的。也就是说，如果把这 3 项写到一个 Verilog 模块文件中去，它们的次序不会影响逻辑功能的实现。这 3 项是同时执行的，也就是并发的。

然而，在"always"模块内部，逻辑是按照指定的顺序执行的。"always"块中的语句称为"顺序语句"，因为它们是顺序执行的。请注意，两个或更多的"always"模块也是同时执行的，但是模块内部的语句是顺序执行的。看一下"always"内的语句，你就会明白它是如何实现功能的。if…else…，if 必须按顺序先执行，否则其功能就没有任何意义。如果 else 语句在 if 语句之前执行，功能就不符合要求。为了能实现上述描述的功能，"always"模块内部的语句将按照书写的顺序执行。

2. 数据类型及其常量、变量

数据类型是用来表示数字电路硬件中的数据储存和传送元素的，Verilog HDL 中共有19 种数据类型。在此介绍 4 个最基本的数据类型，它们是 reg 型、wire 型、integer 型、parameter 型。

1) 常量

在程序运行过程中，其值不能被改变的量称为常量。常量可分为数字型和参数型。

(1) 数字型。下面首先对在 Verilog HDL 语言中使用的数字及其表示方式进行介绍。

① 整数。在 Verilog HDL 中，整型常量即整常量有以下 4 种进制表示形式：

a. 二进制整数(b 或 B)。

b. 十进制整数(d 或 D)。

c. 十六进制整数(h 或 H)。

d. 八进制整数(o 或 O)。

数字表达方式有以下 3 种：

a. ＜位宽＞＜进制＞＜数字＞，这是一种全面的描述方式。

b. ＜进制＞＜数字＞，在这种描述方式中，数字的位宽采用缺省位宽(这由具体的机器系统决定，但至少 32 位)。

c. ＜数字＞，在这种描述方式中，采用缺省位宽和进制，即十进制。

在数字表达方式中，位宽指明了数字的精确位数。例如，一个 4 位二进制数的数字的位宽为 4，一个 4 位十六进制数的数字的位宽为 16(因为每单个十六进制数就要用 4 位二进制数来表示)，示例如下：

$8'b10101100$　　　　//位宽为 8 的数的二进制表示，$'b$ 表示二进制

$8'ha2$　　　　　　　//位宽为 8 的数的十六进制表示，$'h$ 表示十六进制

② x 和 z 值。在数字电路中，x 代表不定值，z 代表高阻值。一个 x 可以用来定义十六进制数的 4 位二进制数的状态，八进制数的 3 位，二进制数的 1 位。z 的表示方式同 x 类似。z 还有一种表达方式是可以写作"？"。在使用 case 表达式时建议使用这种写法，以提高程序的可读性，示例如下：

$4'b10x0$　　　　//位宽为 4 的二进制数从低位数起第二位为不定值

$4'b101z$　　　　//位宽为 4 的二进制数从低位数起第一位为高阻值

$12'dz$　　　　　//位宽为 12 的十进制数其值为高阻值(第一种表达方式)

$12'd?$　　　　　//位宽为 12 的十进制数其值为高阻值(第二种表达方式)

$8'h4x$　　　　　//位宽为 8 的十六进制数其低四位值为不定值

③ 负数。一个数字若被定义为负数，只需在位宽表达式前加一个减号，减号必须写在数字定义表达式的最前面。注意减号不可以放在位宽和进制之间，也不可以放在进制和具体的数之间。见下例：

$-8'd5$　　　　//这个表达式代表 5 的补数(用八位二进制数表示)

$8'd-5$　　　　//非法格式

④ 下画线(underscore_)。下画线可以用来分隔位数比较多的数的表达，以提高程序可读性，但不可以用在位宽和进制处，只能用在具体的数字之间，示例如下：

$16'b1010\_1011\_1111\_1010$　　　　　　//合法格式

$8'b\_0011\_1010$　　　　　　　　　　//非法格式

当常量不说明位数时，默认值是 32 位；每个字母用 8 位的 ASCII 码值表示。

例：

$10=32'd10=32'b1010$

$1=32'd1=32'b1$

$-1=-32'd1=32'hFFFFFFFF$

$'BX=32'BX=32'B\underbrace{BXXXXXXX\cdots X}_{32\ 位}$

$''AB''=16'B01000001\_01000010$

(2) 参数型。在 Verilog HDL 中用 parameter 来定义常量，即用 parameter 来定义一个标识符代表一个常量，称为符号常量，即标识符形式的常量。采用标识符代表一个常量可提高程序的可读性和可维护性。parameter 型数据是一种常量型的数据，其格式说明如下：

　　　　parameter 参数名 1＝表达式，参数名 2＝表达式，…，参数名 n＝表达式；

parameter 是参数型数据的确认符，确认符后跟着一个用逗号分隔开的赋值语句表。在每一个赋值语句的右边必须是一个常量表达。也就是说，该表达式只能包含数字或先前已定义过的参数，示例如下：

　　　　parameter　msb＝7;　　　　　　　　　　//定义参数 msb 为常量 7

　　　　parameter　e＝25，f＝29;　　　　　　　　//定义二个常量参数

　　　　parameter　r＝5.7;　　　　　　　　　　 //说明 r 为一个实型参数

　　　　parameter　byte_size＝8，byte_msb＝byte_size－1;　//用常量表达式赋值

　　　　parameter　average_delay ＝ (r＋f)/2;　　//用常量表达式赋值

　　参数型常量经常用于定义延迟时间和变量宽度。在模块或实例引用时可通过参数传递改变在被引用模块或实例中已定义的参数。

　　2) 变量

　　变量即在程序运行过程中其值可以改变的量，在 Verilog HDL 中变量的数据类型有很多种，这里只对常用的几种如网络数据类型、寄存器数据类型和存储器数据类型等进行介绍。

　　网络数据类型表示结构实体(例如门)之间的物理连接。网络类型的变量不能储存值，而且它必须受到驱动器(例如门或连续赋值语句，assign)的驱动。如果没有驱动器连接到网络类型的变量上，则该变量就是高阻的，即其值为 z。常用的网络数据类型包括 wire 型和 tri 型。这两种类型的变量都用于连接器件单元，它们具有相同的语法格式和功能。之所以提供这两种名字来表达相同的概念是为了与模型中所使用的变量的实际情况相一致。wire 型变量通常是用来表示单个门驱动或连续赋值语句驱动的网络型数据，tri 型变量则用来表示多驱动器驱动的网络型数据。如果 wire 型或 tri 型变量没有定义逻辑强度（logic strength），在多驱动源的情况下，逻辑值会发生冲突从而产生不确定值。

　　(1) wire 型。wire 型数据常用来表示用于以 assign 关键字指定的组合逻辑信号。Verilog HDL 程序模块中，输入输出信号类型缺省时自动定义为 wire 型。wire 型信号可以用作任何方程式的输入，也可以用作"assign"语句或实例元件的输出。

　　wire 型信号的格式同 reg 型信号的类似，其格式如下：

　　　　wire [n－1：0]数据名 1，数据名 2，…，数据名 i;　　//共有 i 条总线，每条总线内有 n 条线路

或

　　　　wire [n：1]数据名 1，数据名 2，…，数据名 i;

　　wire 是 wire 型数据的确认符，[n－1：0]和[n：1]代表该数据的位宽，即该数据有几位。最后跟着的是数据的名字。如果一次定义多个数据，数据名之间用逗号隔开。说明语句的最后要用分号表示语句结束。看下面的几个例子。

　　wire a;　　　　　　　　//定义了一个 1 位名为 a 的 wire 型数据

　　wire [7：0]b;　　　　　　//定义了一个 8 位名为 b 的 wire 型数据

　　wire [4：1]c,　　d;　　　//定义了 2 个 4 位名为 c 和 d 的 wire 型数据

　　(2) reg 型。寄存器型是数据储存单元的抽象，reg 是寄存器数据类型的关键字。通过赋值语句可以改变寄存器储存的值，其作用与改变触发器储存的值相当。Verilog HDL 语言提供了功能强大的结构语句，使设计者能有效地控制是否执行这些赋值语句。这些控制结构用来描述硬件触发条件，例如时钟的上升沿和多路器的选通信号等。reg 类型数据的缺省初始值为不定值 x。

reg 型数据常用来表示"always"模块内的指定信号，代表触发器。通常，在设计中要由"always"模块通过使用行为描述语句来表达逻辑关系。在"always"模块内被赋值的每一个信号都必须定义成 reg 型。

reg 型数据的格式如下：

reg [n−1：0]数据名 1，数据名 2，…，数据名 i；

或

reg [n：1]数据名 1，数据名 2，…，数据名 i；

reg 是 reg 型数据的确认标识符，[n−1：0]和[n：1]代表该数据的位宽，即该数据有几位(bit)，后跟着的是数据名字。如果一次定义多个数据，数据名之间用逗号隔开。说明语句的最后要用分号表示语句结束。看下面的几个例子：

reg rega;   //定义了一个 1 位名为 rega 的 reg 型数据

reg [3：0]regb;   //定义了一个 4 位的名为 regb 的 reg 型数据

reg [4：1]regc, regd;   //定义了 2 个 4 位的名为 regc 和 regd 的 reg 型数据

对于 reg 型数据，其赋值语句的作用就像改变一组触发器存储的值。在 Verilog HDL 中有许多构造(construct)用来控制何时执行或是否执行这些赋值语句。这些控制构造可用来描述硬件触发器的各种具体情况，如触发条件用时钟的上升沿等，或用来描述具体判断逻辑的细节，如各种多路选择器。reg 型数据的缺省初始值是不定值。reg 型数据可以赋正值，也可以赋负值。但当一个 reg 型数据是一个表达式中的操作数时，它的值被当作是无符号值，即正值。例如，当一个 4 位寄存器用作表达式中的操作数时，如果开始寄存器被赋以值为−1，则在表达式中进行运算时，其值被认为是+15。

（3）memory 型。Verilog HDL 通过对 reg 型变量建立数组来实现对存储器的建模，可以描述 RAM 型存储器、ROM 型存储器和 reg 文件。数组中的每一个元素可通过一个数组索引进行寻址。在 Verilog HDL 语言中没有多维数组存在。memory 型数据是通过扩展 reg 型数据的地址范围生成的。其格式如下：

reg [n−1：0]存储器名[m−1：0]；

或

reg [n−1：0]存储器名[m：1]；

在这里，reg[n−1：0]定义了存储器中每一个存储单元的大小，即该存储单元是一个 n 位的寄存器。存储器名后的[m−1：0]或[m：1]则定义了该存储器中有多少个这样的寄存器。最后用分号结束定义语句。下面举例说明：

reg [7：0]mema[255：0]；

这个例子定义了一个名为 mema 的存储器，该存储器有 256 个 8 位的寄存器。该存储器的地址范围是 0~255。注意：对存储器进行地址索引的表达式必须是常量表达式。

另外，在同一个数据类型说明语句里，可以同时定义存储器(memory)型数据和寄存器(reg)型数据，示例如下：

parameter   wordsize=16,   //定义 2 个参数

memsize=256;

reg [wordsize−1：0] mem[memsize−1：0],Writereg, readreg;

尽管 memory 型数据和 reg 型数据的定义格式很相似，但要注意其不同之处。如一个由 n 个 1 位寄存器构成的存储器组是不同于一个 n 位的寄存器的。见下例：

```
reg [n−1: 0] rega；                 //一个 n 位的寄存器
reg mema [n−1: 0]；                 //一个由 n 个 1 位寄存器构成的存储器组
```

一个 n 位的寄存器可以在一条赋值语句里进行赋值，而一个完整的存储器则不行。见下例：

```
rega ＝0；                          //合法赋值语句
mema ＝0；                          //非法赋值语句
```

如果想对 memory 中的存储单元进行读写操作，必须指定该单元在存储器中的地址。下面的写法是正确的。

```
mema[3]＝0；                        //给 memory 中的第 3 个存储单元赋值为 0
```

进行寻址的地址索引可以是表达式，这样就可以对存储器中的不同单元进行操作。表达式的值可以取决于电路中其他的寄存器的值，例如可以用一个加法计数器来做 RAM 的地址索引。

3. 运算符及表达式

Verilog HDL 语言的运算符范围很广，按其功能可分为以下几类：

(1) 算术运算符($+$, $-$, $\times$, $/$, $\%$)。

(2) 赋值运算符($=$, $<=$)。

(3) 关系运算符($>$, $<$, $>=$, $<=$)。

(4) 逻辑运算符($\&\&$, $||$, $!$)。

(5) 条件运算符($?$:)。

(6) 位运算符($\sim$, $|$, $\hat{}$, $\&$, $\hat{}\sim$)。

(7) 移位运算符($<<$, $>>$)。

(8) 拼接运算符($\{\ \}$)。

(9) 其他。

在 Verilog HDL 语言中，运算符所带的操作数是不同的，按其所带操作数的个数，运算符可分为 3 种：

(1) 单目运算符(unary operator)：可以带 1 个操作数，操作数放在运算符的右边。

(2) 二目运算符(binary operator)：可以带 2 个操作数，操作数放在运算符的两边。

(3) 三目运算符(ternary operator)：可以带 3 个操作数，这 3 个操作数用三目运算符分隔开。3 种运算符举例如下：

```
clock ＝ ~clock；                   // ~是一个单目取反运算符，clock 是操作数
c ＝ a | b；                        // |是一个二目按位或运算符，a 和 b 是操作数
r ＝ s ? t : u；                    // ? :是一个三目条件运算符，s，t，u 是操作数
```

4. 赋值语句和块语句

1) 赋值语句

在 Verilog HDL 语言中，信号有两种赋值方式。

(1) 非阻塞(Non_Blocking)赋值方式(如 b $<=$ a；)。这是一种比较常用的赋值方式(特别在编写可综合模块时)。块结束后才完成赋值操作，b 的值并不是立刻就改变的。

(2) 阻塞(Blocking)赋值方式(如 b $=$ a；)。赋值语句执行完后，块才结束。b 的值在赋值语句执行完后立刻就改变。这种方式可能会产生意想不到的结果。

非阻塞赋值方式和阻塞赋值方式的区别常给设计人员带来问题,即给"always"块内的reg型信号的赋值方式不易把握。"always"模块内非阻塞式赋值方式的赋值并不是马上执行的,也就是说"always"块内的下一条语句执行后,b并不等于a,而是保持原来的值。"always"块结束后,才进行赋值。而阻塞赋值方式是马上执行的。也就是说执行下一条语句时,b已等于a。尽管这种方式看起来很直观,但是可能引起麻烦。下面举例说明。

【例8.2.5】

```
always @( posedge clk )
begin
    b<=a;
    c<=b;
end
```

例8.2.5中的"always"块中用了非阻塞赋值方式,定义了两个reg型信号b和c,CLK信号的上升沿到来时,b就等于a,c就等于b,这里应该用到了两个触发器。请注意:赋值是在"always"块结束后执行的,c应为原来b的值。这个"always"块实际描述的电路功能如图8.2.2所示。

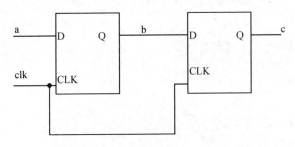

图8.2.2　非阻塞赋值方式示意图

【例8.2.6】

```
always @(posedge clk)
begin
    b=a;
    c=b;
end
```

例8.2.6中的"always"块用了阻塞赋值方式。CLK信号的上升沿到来时,将发生如下的变化:b马上取a的值,c马上取b的值(即等于a),生成的电路如图8.2.3所示,只用了一个触发器来寄存a的值,又输出给b和c。如果采用例8.2.5所示的非阻塞赋值方式,就可以避免这种错误。

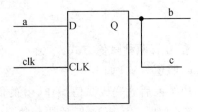

图8.2.3　阻塞赋值方式示意图

2）块语句

块语句通常用来将两条或多条语句组合在一起，使其在格式上看更像一条语句。块语句有两种，一种是 begin_end 语句，通常用来标识顺序执行的语句，用它来标识的块称为顺序块。一种是 fork_join 语句，通常用来标识并行执行的语句，用它来标识的块称为并行块。

（1）顺序块。顺序块有以下 3 个特点：

① 块内的语句按顺序执行，即只有前面一条语句执行完毕后，下面的语句才能执行。

② 每条语句的延迟时间是相对于前一条语句的仿真时间而言的。

③ 直到最后一条语句执行完，程序流程控制才跳出该语句块。

顺序块的格式如下：

```
begin
    语句 1；
    语句 2；
    ……
    语句 n；
end
```

或

```
begin：块名
    块内说明语句
    语句 1；
    语句 2；
    ……
    语句 n；
end
```

其中，块名即该块的名字，一个标识名。块内说明语句可以是参数说明语句、reg 型变量说明语句、integer 型变量说明语句、real 型变量说明语句。

下面举例说明。

【例 8.2.7】

```
begin
    areg = breg；
    creg = areg；                //creg 的值为 breg 的值
end
```

从该例可以看出，第一条赋值语句先执行，areg 的值更新为 breg 的值，然后程序流程控制转到第二条赋值语句，creg 的值更新为 areg 的值。因为这两条赋值语句之间没有任何延迟时间，creg 的值实为 breg 的值。当然可以在顺序块里延迟控制时间来分开两个赋值语句的执行时间，见例 8.2.8。

【例 8.2.8】

```
begin
    areg = breg；
    #10creg = areg；
    //在两条赋值语句间延迟 10 个时间单位
end
```

【例 8.2.9】

```
    parameter d=50；              //说明 d 是一个参数
    reg [7：0]r；                 //说明 r 是一个 8 位的寄存器变量
    begin                         //由一系列延迟产生的波形
        #d   r = 'h35；
        #d   r = 'hE2；
        #d   r = 'h00；
        #d   r = 'hF7；
        #d   -> end_wave；       //触发事件 end_wave
    end
```

这个例子中用顺序块和延迟控制组合来产生一个时序波形。

（2）并行块。并行块有以下 4 个特点：

① 块内语句是同时执行的，即程序流程控制一进入到该并行块，块内语句则开始同时并行地执行。

② 块内每条语句的延迟时间是相对于程序流程控制进入到块内时的仿真时间的。

③ 延迟时间是用来给赋值语句提供执行时序的。

④ 当按时间时序排序在最后的语句执行完后或一个 disable 语句执行时，程序流程控制跳出该程序块。

并行块的格式如下：

```
    fork
        语句 1；
        语句 2；
        ……
        语句 n；
    join
```

或

```
    fork：块名
        块内说明语句
        语句 1；
        语句 2；
        ……
        语句 n；
    join
```

其中，块名即标识该块的一个名字，相当于一个标识符。块内声明语句可以是参数声明语句、reg 型变量说明语句、integer 型变量说明语句、real 型变量说明语句、time 型变量说明语句、event 事件声明语句。

下面以例 8.2.10 说明。

【例 8.2.10】

```
    fork
        #50    r = 'h35；
        #100   r = 'hE2；
```

```
        ♯150    r = 'h00;
        ♯200    r = 'hF7;
        ♯250    —>   end_wave;              //触发事件 end_wave
    join
```

例 8.2.10 中并行块替代了例 8.2.9 中的顺序块来产生波形,用这两种方法生成的波形是一样的。

本 章 小 结

本章介绍了 Verilog HDL 语言的概念、背景及描述能力;简单介绍了 Verilog HDL 的基本语法,包括程序结构、数据类型、常量、变量、运算符、表达式、赋值语句、块语句等。

习　题

8.1　Verilog HDL 语言有什么作用?

8.2　Verilog HDL 的主要描述能流包括什么?

8.3　模块结构由哪些部分组成?

附录 A　集成二进制计数器芯片介绍

集成 4 位二进制同步加法计数器均采用 8421 BCD 码，其中 4 个内部触发器 $Q_0 \sim Q_3$ 中 Q_3 为最高位。74161 的引出端功能排列图与逻辑功能示意如图 A.1 所示。CP 输入计数脉冲以同步方式加到各个触发器的时钟信号端。$\overline{CR}$ 是低电平有效的异步清零端，即当清零信号到来时，无需等待时钟脉冲，将计数器直接清零。$\overline{LD}$ 是低电平有效的同步并行置数控制端，若并行置数信号为 0 时，时钟脉冲上升沿到来后，计数器状态 $Q_0 \sim Q_3$ 被置数为 $D_0 \sim D_3$。CT_T 和 CT_P 是计数器的两个工作状态控制端，CO 是进位信号输出端。当异步清零端无效时进位信号 $CO = CT_T \cdot Q_3^n Q_2^n Q_1^n Q_0^n$；当异步清零端有效时，进位信号 CO 等于 0。$D_0 \sim D_3$ 是并行输入数据端，$Q_0 \sim Q_3$ 是计数器状态输出端。在计数器计数时，由时钟脉冲上升沿触发计数器计数状态的转换。集成计数器 74161 的状态见表 A.1。

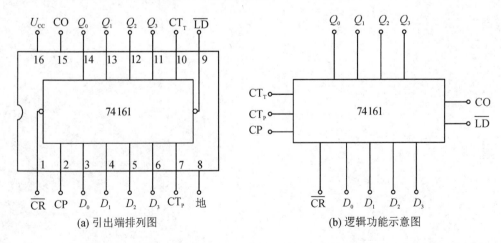

(a) 引出端排列图　　　　(b) 逻辑功能示意图

图 A.1　集成计数器 74161 的引出端功能排列图与逻辑功能示意图

表 A.1 74161 的状态表

输 入									输 出					注
$\overline{\text{CR}}$	$\overline{\text{LD}}$	CT_P	CT_T	CP	D_0	D_1	D_2	D_3	Q_0^{n+1}	Q_1^{n+1}	Q_2^{n+1}	Q_3^{n+1}	CO	
0	×	×	×	×	×	×	×	×	0	0	0	0	0	清零
1	0	×	×	↑	d_0	d_1	d_2	d_3	d_0	d_1	d_2	d_3		置数 $CO = CT_T \cdot Q_3^n Q_2^n Q_1^n Q_0^n$
1	1	1	1	↑	×	×	×	×	计数					$CO = Q_3^n Q_2^n Q_1^n Q_0^n$
1	1	0	×	×	×	×	×	×	保持					$CO = CT_T \cdot Q_3^n Q_2^n Q_1^n Q_0^n$
1	1	×	0	×	×	×	×	×	保持				0	

集成计数器 74163 与 74161 的逻辑功能、计数工作原理和外引线排列基本相同，不同之处仅在于 74163 采用了同步清零方式，即当清零端有效时，计数器需等待时钟脉冲上升沿到来后才能将计数器清零。74163 的状态表如表 A.2 所示。

表 A.2 74163 的状态表

输 入									输 出					注
$\overline{\text{CR}}$	$\overline{\text{LD}}$	CT_P	CT_T	CP	D_0	D_1	D_2	D_3	Q_0^{n+1}	Q_1^{n+1}	Q_2^{n+1}	Q_3^{n+1}	CO	
0	×	×	×	↑	×	×	×	×	0	0	0	0	0	清零
1	0	×	×	↑	d_0	d_1	d_2	d_3	d_0	d_1	d_2	d_3		置数 $CO = CT_T \cdot Q_3^n Q_2^n Q_1^n Q_0^n$
1	1	1	1	↑	×	×	×	×	计数					$CO = Q_3^n Q_2^n Q_1^n Q_0^n$
1	1	0	×	×	×	×	×	×	保持					$CO = CT_T \cdot Q_3^n Q_2^n Q_1^n Q_0^n$
1	1	×	0	×	×	×	×	×	保持					

CC4520 是 CMOS 双 4 位二进制同步加法计数器。图 A.2 是它的引出端排列功能和其中一个计数器单元的逻辑功能示意。表 A.3 给出了 CC4520 的状态。

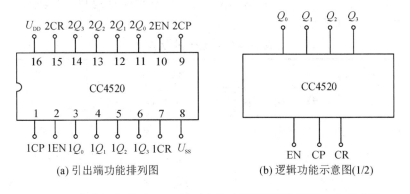

(a) 引出端功能排列图   (b) 逻辑功能示意图(1/2)

图 A.2 集成计数器 CC4520 的引出端功能排列图与逻辑功能示意图

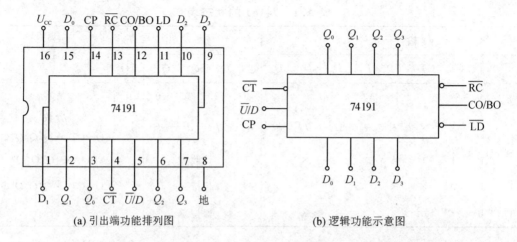

(a) 引出端功能排列图   (b) 逻辑功能示意图

图 A.3   集成可逆计数器 74191(单时钟)的引出端功能排列图与逻辑功能示意图

表 A.3   CC4520 的状态表

输入			输出				注
CR	EN	CP	Q_3^{n+1}	Q_2^{n+1}	Q_1^{n+1}	Q_0^{n+1}	
1	×	×	0	0	0	0	清零
0	1	↑	加计数				上升沿有效
0	↓	0	加计数				下降沿有效
0	0	×	保持				
0	×	1	保持				

从状态表可以看出，EN 作为芯片使能端而 CP 作为计数脉冲输入端时，计数器可以实现上升沿触发的加计数功能；CP 作为芯片使能端而 EN 作为计数脉冲输入端时，计数器可以实现下降沿触发的加计数功能。CR 是高电平有效的异步清零端。

集成 4 位二进制同步可逆计数器分有单时钟和双时钟两种类型，它们的典型例子分别是 74191 和 74193 芯片。74191(单时钟)芯片的引出端功能排列和逻辑功能示意如图 A.3 所示，其状态如表 A.4 所示。

表 A.4   74191 的状态表

输入								输出				注
$\overline{LD}$	$\overline{CT}$	$\overline{U}/D$	CP	D_0	D_1	D_2	D_3	Q_3^{n+1}	Q_2^{n+1}	Q_1^{n+1}	Q_0^{n+1}	
0	×	×	×	d_0	d_1	d_2	d_3	d_0	d_1	d_2	d_3	并行异步置数
1	0	0	↑	×	×	×	×	加法计数				$CO/BO = Q_3^n Q_2^n Q_1^n Q_0^n$
1	0	1	↑	×	×	×	×	减法计数				$CO/BO = \overline{Q_3^n Q_2^n Q_1^n Q_0^n}$
1	1	×	×	×	×	×	×	保持				

$\overline{U}/D$ 为加/减计数控制端；$\overline{CT}$ 是使能端；$\overline{LD}$ 是异步置数控制端；$D_0 \sim D_3$ 是并行数据输入端；$Q_0 \sim Q_3$ 是状态输出端；CO/BO 是进位/借位信号输出端；$\overline{RC}$ 是多个芯片级联时级间串行计数使能端，当有多个可逆计数器级联使用时，$\overline{RC}$ 端产生的输出进位脉冲波形与输入计数脉冲波形相同，即 $\overline{CT}=0$ 时，$\overline{RC}=\overline{\overline{CP} \cdot CO/BO \cdot CT}$ 波形和 CP 波形一致。集成单时钟 4 位二进制同步可逆计数器还有 74169、CC4516 等。

74193 引出端功能排列和逻辑功能示意如图 A.4 所示。CR 是高电平有效的异步清零端；$\overline{LD}$ 是低电平有效的异步置数控制端；CP_U 是加计数脉冲输入端，CP_D 是减计数脉冲输入端；$\overline{CO}$ 是进位脉冲输出端，$\overline{BO}$ 是借位脉冲输出端；$D_0 \sim D_3$ 是并行数据输入端；$Q_0 \sim Q_3$ 是计数器状态输出端。

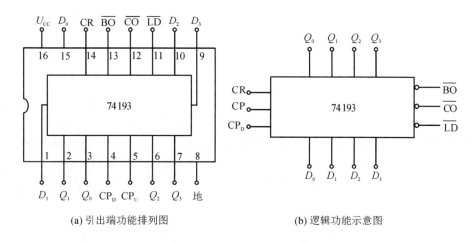

(a) 引出端功能排列图　　　　　　　(b) 逻辑功能示意图

图 A.4　集成可逆计数器 74193(双时钟)的引出端功能排列图和逻辑功能示意图

进位脉冲输出端 $\overline{CO}$ 和借位脉冲输出端 $\overline{BO}$ 是供多个双时钟可逆计数器级联时使用的。当计数器状态为 1111 时，$\overline{CO}=CP_U$，其波形与加计数脉冲相同；当计数器状态为 0000 时，$\overline{BO}=CP_D$，其波形与减计数脉冲相同。多个 74193 级联时，把低位的 $\overline{CO}$、$\overline{BO}$ 分别与高位的 CP_U、CP_D 连接起来，将各芯片的 CR 端连接在一起、$\overline{LD}$ 端连接在一起就可以了。

CC40193 也是双时钟 4 位二进制可逆计数器。

附录 B 集成寄存器芯片介绍

集成移位寄存器比较典型的例子是 8 位单向移位寄存器 74164 和 4 位双向移位寄存器 74LS194。前者引出端功能排列和逻辑功能示意如图 B.1 所示，其中 $D_S = D_{SA} \cdot D_{SB}$ 是数码串行输入端，$Q_0 \sim Q_7$ 是数码并行输出端，CP 是移位操作时钟信号。74164 的状态如表 B.1 所示。

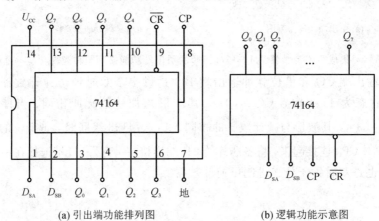

(a) 引出端功能排列图 (b) 逻辑功能示意图

图 B.1 8 位单向移位寄存器 74164

表 B.1 74164 的状态表

输入			输出								注
$\overline{CR}$	$D_{SA} \cdot D_{SB}$	CP	Q_0^{n+1}	Q_1^{n+1}	Q_2^{n+1}	Q_3^{n+1}	Q_4^{n+1}	Q_5^{n+1}	Q_6^{n+1}	Q_7^{n+1}	
0	×	×	0	0	0	0	0	0	0	0	清零
1	×	0	Q_0^n	Q_1^n	Q_2^n	Q_3^n	Q_4^n	Q_5^n	Q_6^n	Q_7^n	保持
1	1	↑	1	Q_0^n	Q_1^n	Q_2^n	Q_3^n	Q_4^n	Q_5^n	Q_6^n	输入一个 1
1	0	↑	0	Q_0^n	Q_1^n	Q_2^n	Q_3^n	Q_4^n	Q_5^n	Q_6^n	输入一个 0

它具有异步清零、保持和 CP 上升沿触发的送数功能：当 $\overline{\text{CR}}=1$ 时，CP 上升沿将加在 $D_{\text{S}}=D_{\text{SA}} \cdot D_{\text{SB}}$ 端的二进制数码一次一位送入移位寄存器中，而寄存器中的数依次右移一位。

4 位双向移位寄存器 74LS194 的引出端排列和逻辑功能示意如图 B.2 所示，其中 M_0、M_1 是工作状态控制端，D_{SR}、D_{SL} 分别为右移和左移串行数码输入端，$D_0 \sim D_3$ 是数码并行输入端，$Q_0 \sim Q_3$ 是数码并行输出端，CP 是移位操作时钟信号。它的状态见表 B.2。

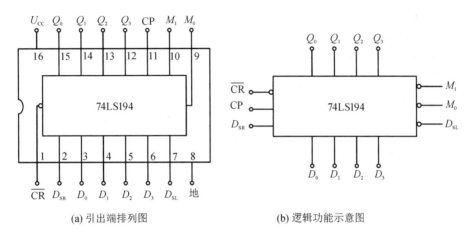

(a) 引出端排列图　　　　　　　　　(b) 逻辑功能示意图

图 B.2　4 位双向移位寄存器 74194

表 B.2　74LS194 的状态表

		输		入							输	出		注
$\overline{\text{CR}}$	M_0	M_1	D_{SB}	D_{SL}	CP	D_0	D_1	D_2	D_3	Q_0^{n+1}	Q_1^{n+1}	Q_2^{n+1}	Q_3^{n+1}	
0	×	×	×	×	×	×	×	×	×	0	0	0	0	清零
1	×	×	×	×	0	×	×	×	×	Q_0	Q_1	Q_2	Q_3	保持
1	1	1	×	×	↑	d_0	d_1	d_2	d_3	d_0	d_1	d_2	d_3	并行输入
1	0	1	1	×	↑	×	×	×	×	1	Q_0	Q_1	Q_2	右移输入 1
1	0	1	0	×	↑	×	×	×	×	0	Q_0	Q_1	Q_2	右移输入 0
1	1	0	×	1	↑	×	×	×	×	Q_1	Q_2	Q_3	1	左移输入 1
1	1	0	×	0	↑	×	×	×	×	Q_1	Q_2	Q_3	0	左移输入 0
1	0	0	×	×	×	×	×	×	×	Q_0	Q_1	Q_2	Q_3	保持

它具有异步清零、保持功能以及并行送数功能：当 $\overline{\text{CR}}=1$、$M_1=M_0=1$ 时，CP 上升沿可将加在并行输入端 $D_0 \sim D_3$ 的数码 $d_0 \sim d_3$ 送入寄存器中。另外，当 $\overline{\text{CR}}=1$、$M_1=0$、$M_0=1$ 时，CP 上升沿可依次将加在 D_{SR} 端的数码从时钟触发器 FF_0 串行送入寄存器中；当 $\overline{\text{CR}}=1$、$M_1=1$、$M_0=0$ 时，CP 上升沿可依次将加在 D_{SL} 端的数码从时钟触发器 FF_3 串行送入寄存器。

参 考 文 献

［1］　清华大学电子学教研组，余孟尝. 数字电子技术基础简明教程［M］. 3 版. 北京：高等
教育出版社，2006.

［2］　阎石，王红. 数字电子技术基础［M］. 5 版. 北京：高等教育出版社，2006.

［3］　MANO M M，CILETTI M D. Digital Design［M］. 6th ed. London：Pearson，2017.

［4］　TOCCI R J，SWIDMER N，MOSS G. Digital Systems：Principles and Applications
［M］. London：Pearson，2007.

［5］　陈光梦. 数字逻辑基础［M］. 3 版. 上海：复旦大学出版社，2012.